高等职业教育财务会计类专业新形态一体化教材

审计实务

彭新嫒 主 编
秦 敏 杨 帆 胡静丽 贾瑞敏 副主编

清华大学出版社
北京

内 容 简 介

本书为山东省职业教育在线精品课程"审计基础与实务"配套教材,为潍坊市"课程思政"精品课程配套教材。本书以培养学生的审计执业能力为目标,以注册会计师审计为中心内容,以浅显易懂的语言、生动丰富的案例和旁征博引的职场故事,系统阐述了审计的基本理论与实务。本书筛选设计了10个学习情境,每个学习情境下设计若干任务。每个学习情境开篇均设置"情境导航""学习目标""课程思政"及"情境认知",每个任务设计"任务导入""任务分析""相关知识""实务辨析""思政元素融入""情境案例""学中做"等环节,内容富有启发性和趣味性,体现课程改革最新成果;在重点学习情境中设置"实训项目",配备相应全真实训内容,实现"理实一体、学做合一";每个学习情境后设有"思政德育课堂"栏目,结合审计案例,凝练课程思政元素,将知识、能力和正确价值观的培养有机结合。本书通过植入二维码等方式,对书中一些重要知识点提供动画、微课、实务操作视频等丰富的课程资源。

本书适合作为应用型本科及高职高专财务会计类相关专业课程的教学用书,也适合作为企业相关财务人员的培训用书。

本书封面贴有清华大学出版社防伪标签,无标签者不得销售。
版权所有,侵权必究。举报: 010-62782989,beiqinquan@tup.tsinghua.edu.cn。

图书在版编目(CIP)数据

审计实务/彭新媛主编. —北京:清华大学出版社,2023.8
高等职业教育财务会计类专业新形态一体化教材
ISBN 978-7-302-62990-0

Ⅰ.①审… Ⅱ.①彭… Ⅲ.①审计学—高等职业教育—教材 Ⅳ.①F239.0

中国国家版本馆 CIP 数据核字(2023)第 039700 号

责任编辑:左卫霞
封面设计:傅瑞学
责任校对:刘 静
责任印制:宋 林

出版发行:清华大学出版社
网　　址:http://www.tup.com.cn,http://www.wqbook.com
地　　址:北京清华大学学研大厦A座　　邮　编:100084
社 总 机:010-83470000　　邮　购:010-62786544
投稿与读者服务:010-62776969,c-service@tup.tsinghua.edu.cn
质量反馈:010-62772015,zhiliang@tup.tsinghua.edu.cn
课件下载:http://www.tup.com.cn,010-83470410

印 装 者:艺通印刷(天津)有限公司
经　　销:全国新华书店
开　　本:185mm×260mm　　印　张:18　　字　数:413千字
版　　次:2023年8月第1版　　印　次:2023年8月第1次印刷
定　　价:59.00元

产品编号:091663-01

前言

高等职业教育课程体系的改革，旨在以真实的工作任务或产品为载体，将行业企业技术标准和通用权威的职业资格标准引入课程，使职业教育回归其本真的状态。本书编写的初衷是打造一本"化繁复为轻简、化严肃为活泼、化枯燥为有趣"的专业教材，鉴于此，本书以培养学生的审计执业能力为目标，以注册会计师审计为中心内容，以浅显易懂的语言、生动丰富的案例和旁征博引的职场故事，系统地阐述了审计的基本理论与实务。

具体来说，本书具有以下特色。

1. 凝练课程思政元素，落实立德树人目标

党和国家历来高度重视审计工作。2023年5月，习近平总书记主持召开二十届中央审计委员会第一次会议强调，发挥审计在推进党的自我革命中的独特作用，进一步推进新时代审计工作高质量发展。编者深入学习贯彻党的二十大精神，按照教育部《高等学校课程思政建设指导纲要》相关要求，以"立德树人"为根本目标，挖掘提炼专业知识体系中所蕴含的思想价值和精神内涵，选取监管案例、思政视频、权威报道、网红歌曲、影视剧等丰富素材，凝练课程思政元素并潜移默化地嵌入德育理念，实现同频共振的协同效果。

2. 校企合作，实现"理实一体、学做合一"

为激发学生的学习兴趣，编写团队与锦绣人生（北京）教育科技有限公司合作开发了"审计实务教学实训平台"，各教学任务均有目的地引入了相关审计工作中具有典型意义的案例。通过教学过程中动态性的双向交流，将学生带入审计人员的典型工作场景中，进而锻炼学生的职业分析、职业判断能力，激发学生的创造性思维，实现"理实一体、学做合一"。

3. 内容新，数字化教学资源丰富

本书充分反映新企业会计准则、审计准则等相关内容，全面提升教材在高职教育教学过程中的适用性。本书编写团队在智慧树网建设了审计基础与实务在线开放课程，扫描下页下方二维码即可在线学习该课程。本书还通过植入二维码等方式，对一些重要知识点提供动画、微课、实务操作视频等丰富的数字化教学资源，可满足线上线下混合教学模式的需要。

4. 编写体例新颖，符合职教特色

本书筛选设计了10个学习情境，每个情境下设置一些特色栏目，如"情境认知""任务

导入""情境案例""学中做""思政元素融入""实训项目""思政德育课堂"等,使教材形式新颖,内容富有启发性和趣味性,有一定的广度和深度,为师生在教与学的过程中充分发挥主观能动性搭建平台。

5. 充分体现"1+X 证书制度试点方案"要求

本书有机融入1+X 证书制度试点第四批职业教育培训评价组织及职业技能等级证书"智能审计"部分考试内容,反映考情动态,助力学生顺利通过技能证书考试,实现书证融通。

本书由山东经贸职业学院与山东北方联合会计师事务所(普通合伙)合作开发,彭新媛担任主编,秦敏、杨帆、胡静丽、贾瑞敏担任副主编。具体编写分工如下:学习情境一～学习情境三、学习情境六由彭新媛(山东经贸职业学院,副教授)编写,学习情境四、学习情境九由贾瑞敏(山东经贸职业学院)编写,学习情境五由胡静丽(山东开放大学,高级会计师)编写,学习情境七、学习情境八由杨帆(山东经贸职业学院)编写,学习情境十由秦敏(山东经贸职业学院,副教授)编写。企业专家新道科技股份有限公司王静静提供素材,参与任务及实训项目开发。本书由山东经贸职业学院会计系主任侯君邦教授审稿。

本书是2021年度山东省职业教育教学改革研究立项项目"基于智慧云平台的高职审计专业线上线下混合式'金课'教学模式研究"(编号:2021404)与"'三教改革'视域下打造优质'双课'助力职业教育提质培优"(编号:2021413)的阶段性研究成果,为山东省职业教育技艺技能传承创新平台——智能会计技术技能创新平台建设成果。

由于时间仓促和作者水平有限,书中不足之处在所难免,敬请广大读者批评指正。

特别说明:本教材练习资料中所有的内容,包括单位名称、地址、开户行、账号、电话、人名等均为虚构,如有雷同纯属巧合。

编 者
2023 年 1 月

审计基础与实务
在线开放课程

目录

学习情境一 水中望月 雾里看花——审计初体验 ... 1
    任务一 了解审计的概念与保证程度 ... 2
    任务二 熟知审计要素 ... 6
    任务三 明确审计目标 ... 9
    任务四 认识审计证据与审计工作底稿 ... 13
    任务五 掌握审计的技术方法 ... 21
    任务六 恪守注册会计师职业道德规范 ... 27
    思政德育课堂 ... 34
    职业能力训练 ... 36

学习情境二 千里之行 始于足下——承接审计业务 ... 40
    任务一 明确业务承接要求 ... 41
    任务二 了解被审计单位的基本情况 ... 44
    任务三 签订审计业务约定书 ... 51
    思政德育课堂 ... 57
    职业能力训练 ... 58
    实训项目 ... 61

学习情境三 兵马未动 粮草先行——编制审计计划 ... 62
    任务一 制订审计计划 ... 63
    任务二 确定审计重要性 ... 69
    任务三 探析审计风险 ... 75
    思政德育课堂 ... 80
    职业能力训练 ... 80
    实训项目 ... 83

学习情境四 防微杜渐 规避风险——实施风险评估程序 ... 85
    任务一 风险识别和评估概述 ... 86
    任务二 了解被审计单位及环境 ... 89
    任务三 评估重大错报风险 ... 95

　　　　任务四　确定针对评估的重大错报风险采取的应对措施……………… 100
　　　　思政德育课堂……………………………………………………………… 108
　　　　职业能力训练……………………………………………………………… 109

113　**学习情境五　恪守原则　不忘初心——销售与收款循环审计**
　　　　任务一　销售与收款循环的业务活动和相关内部控制………………… 114
　　　　任务二　销售与收款循环的重大错报风险……………………………… 120
　　　　任务三　销售与收款循环的控制测试…………………………………… 126
　　　　任务四　营业收入审计…………………………………………………… 131
　　　　任务五　应收账款与坏账准备审计……………………………………… 137
　　　　思政德育课堂……………………………………………………………… 143
　　　　职业能力训练……………………………………………………………… 144
　　　　实训项目…………………………………………………………………… 148

149　**学习情境六　与时俱进　科学高效——采购与付款循环审计**
　　　　任务一　采购与付款循环的业务活动和相关内部控制………………… 150
　　　　任务二　采购与付款循环的重大错报风险……………………………… 155
　　　　任务三　采购与付款循环的控制测试…………………………………… 158
　　　　任务四　应付账款审计…………………………………………………… 161
　　　　任务五　固定资产审计…………………………………………………… 166
　　　　思政德育课堂……………………………………………………………… 170
　　　　职业能力训练……………………………………………………………… 171
　　　　实训项目…………………………………………………………………… 174

176　**学习情境七　环环相扣　循序渐进——生产与存货循环审计**
　　　　任务一　生产与存货循环的业务活动和相关内部控制………………… 177
　　　　任务二　生产与存货循环的重大错报风险……………………………… 181
　　　　任务三　生产与存货循环的控制测试…………………………………… 184
　　　　任务四　存货审计………………………………………………………… 188
　　　　任务五　营业成本审计…………………………………………………… 194
　　　　思政德育课堂……………………………………………………………… 197
　　　　职业能力训练……………………………………………………………… 198
　　　　实训项目…………………………………………………………………… 203

204　**学习情境八　运筹帷幄　事半功倍——筹资与投资循环审计**
　　　　任务一　筹资与投资循环的控制测试…………………………………… 205
　　　　任务二　借款审计………………………………………………………… 212
　　　　任务三　长期股权投资审计……………………………………………… 217

　　　　思政德育课堂……………………………………………………… 220
　　　　职业能力训练……………………………………………………… 221

学习情境九　诚信为本　操守为重——货币资金审计　224
　　　　任务一　货币资金的控制测试………………………………… 225
　　　　任务二　货币资金的重大错报风险…………………………… 228
　　　　任务三　测试货币资金的内部控制…………………………… 232
　　　　任务四　库存现金审计………………………………………… 234
　　　　任务五　银行存款审计………………………………………… 238
　　　　思政德育课堂……………………………………………………… 242
　　　　职业能力训练……………………………………………………… 243
　　　　实训项目…………………………………………………………… 247

学习情境十　落实成果　形成结论——完成审计工作与编制审计报告　248
　　　　任务一　完成审计工作………………………………………… 249
　　　　任务二　编制审计报告………………………………………… 262
　　　　思政德育课堂……………………………………………………… 274
　　　　职业能力训练……………………………………………………… 275
　　　　实训项目…………………………………………………………… 279

参考文献　280

水中望月 雾里看花——审计初体验

学习情境一

情境导航

要学习如何进行审计工作,首先要了解什么是审计。审计与之前学习的财务会计有着密切的关系,是对会计信息的真实性、公允性进行监督、评价、鉴证的经济监督活动。但是,审计有与财务会计不同的方法及规范体系,对初学审计的学生来说,首先要对审计有基本的认知,才能为以后学习并掌握审计的基本技能打下基础。本情境包括以下6个任务:了解审计的概念与保证程度;熟知审计要素;明确审计目标;认识审计证据与审计工作底稿;掌握审计的技术方法;恪守注册会计师职业道德规范。

学习目标

- 认识什么是审计,理解审计的含义及保证程度。
- 熟知审计要素,即审计业务的三方关系人、财务报表、财务报表编制基础、审计证据和审计报告。
- 明确审计目标,包括审计的总体目标与具体目标。
- 认识审计证据的特征与审计工作底稿的内容。
- 掌握审计的技术方法,并能够运用这些方法解决审计实务。
- 知悉审计职业道德规范的要求。

课程思政

- 树立公平意识、法治意识。
- 以党的二十大精神为指引,培养爱岗敬业的职业素养。
- 恪守注册会计师职业道德规范。

情境认知

审计不等于"查账"

沈诚实准备应聘利信会计师事务所的审计助理工作,于是向审计专业的江老师请教面试经验。

沈诚实:"江老师,审计不就是查账吗?我学了3年的会计,应该能够胜任。"

江老师:"小沈,你的观点不正确。查账只是审计的一部分,并没有涉及审计的本质。"

沈诚实:"江老师,那审计的本质是什么呢?"

江老师:"财务报表审计是指注册会计师对财务报表是否不存在重大错报提供合理保证,以积极方式提出意见,增强除管理层之外的预期使用者对财务报表信赖的程度。"

任务一 了解审计的概念与保证程度

任务导入

沈诚实过五关斩六将,通过了面试、笔试,终于应聘到利信会计师事务所担任审计助理。一天上午,沈诚实正在忙于整理某企业的代理记账凭证,忽然在牧原食品厂财务处工作的邻居林会计师来访,沈诚实兴奋地与林会计师攀谈起来,一口一个"林会计师",把刚评上会计师的林姐叫得满脸笑容。一会儿,林会计师走后,客户高经理走过来:"小沈,你这个邻居不简单哟,这么年轻就是会计师啊!"沈诚实微笑着说:"高经理,他是会计师,不是注册会计师,会计师与注册会计师是不同的。"

具体任务:查阅相关资料后,向高经理解释"会计师"与"注册会计师"有哪些不同。

一、审计的概念

(一)审计的含义

财务报表审计是指注册会计师对财务报表是否不存在重大错报提供合理保证,以积极方式提出意见,增强除管理层之外的预期使用者对财务报表信赖的程度。

微课:审计认知

(二)审计含义的理解

(1)审计的用户。财务报表的预期使用者。

(2)审计的目的。改善财务报表的质量或内涵,增强预期使用者对财务报表的信赖程度,即以合理保证的方式提高财务报表的可信度。

(3)合理保证。合理保证是一种高水平保证。由于审计存在固有限制,注册会计师据以得出结论和形成审计意见的大多数审计证据是说服性而非结论性的,因此,审计只能提供合理保证,不能提供绝对保证。

(4)审计的基础。审计的基础包括独立性(客观程度)和专业性(胜任能力)。注册会计师应当独立于被审计单位和预期使用者。

(5)审计的最终产品。审计报告。

【实务辨析1-1·单选题】 下列有关财务报表审计的说法中,错误的是( )。

A. 审计不涉及为如何利用信息提供建议

文档:实务辨析
1-1分析

B. 审计的目的是增强预期使用者对财务报告的信赖程度
C. 审计只提供合理保证,不提供绝对保证
D. 审计的最终产品是审计报告和已审计财务报表

二、保证程度

(一) 注册会计师执业的业务种类

注册会计师提供的专业服务包括鉴证业务和相关服务。

1. 鉴证业务
(1) 审计业务。
(2) 审阅业务。
(3) 其他鉴证业务。

2. 相关服务
(1) 代编财务信息。
(2) 对财务信息执行商定程序:注册会计师对特定财务数据、单一财务报表或整套财务报表等财务信息执行与特定主体商定的具有审计性质的程序,并就执行的商定程序及结果出具报告。
(3) 税务咨询和管理咨询等。

(二) 合理保证与有限保证的区别

鉴证业务的保证程度分为合理保证(如审计业务)与有限保证(如审阅业务)。合理保证与有限保证的区别见表1-1。

表1-1 合理保证与有限保证的区别

区别	合理保证(财务报表审计)	有限保证(财务报表审阅)
保证程度	高水平	有意义水平,低于审计业务
证据收集程序	包括检查、观察、询问、函证、重新计算、重新执行、分析程序等	主要采用询问和分析程序获取证据
所需证据数量	较多	较少
检查风险	较低	较高
财务报表的可信性	较高	较低
提出结论的方式	积极方式	消极方式
	我们认为,ABC公司财务报表在所有重大方面按照企业会计准则的规定编制,公允反映了ABC公司20×1年12月31日的财务状况以及20×1年度的经营成果和现金流量	根据我们的审阅,我们没有注意到任何事项使我们相信,ABC公司财务报表没有按照企业会计准则的规定编制,未能在所有重大方面公允反映被审阅单位的财务状况、经营成果和现金流量

【实务辨析1-2·单选题】 下列有关财务报表审计和财务报表审阅的区别的说法中,错误的是( )。

A. 财务报表审计所需的审计证据的数量多于财务报表审阅
B. 财务报表审计采用的证据收集程序少于财务报表审阅
C. 财务报表审计提供的保证水平高于财务报表审阅

文档:实务辨析1-2分析

D. 财务报表审计提出结论的方式与财务报表审阅不同

三、注册会计师审计和政府审计

（一）注册会计师审计和政府审计的基本含义

1. 注册会计师审计

注册会计师审计是指注册会计师接受客户委托，对客户财务报表进行独立检查并发表意见。

2. 政府审计

政府审计是指政府审计机关（审计署和地方审计厅局）依法对政府部门的财政收支进行的检查监督，还包括对国有的金融机构和企事业组织的财务收支进行的检查监督。

（二）二者的区别

1. 审计目的和对象不同

政府审计：对政府财政收支、国有金融机构和企事业组织财务收支进行审计，确定其是否真实、合法和具有效益。

注册会计师审计：对企业财务报表进行审计，确定其是否符合企业会计准则和相关会计制度，是否公允编制。

2. 审计的标准不同

政府审计：《中华人民共和国审计法》和审计署制定的《中华人民共和国国家审计准则》。

注册会计师审计：《中华人民共和国注册会计师法》和财政部批准发布的中国注册会计师审计准则。

3. 经费或收入来源不同

政府审计：行政行为，经费列入财政预算，由政府予以保证。

注册会计师审计：市场行为，有偿服务，与审计客户协商确定，但独立性不应受其干扰。

4. 取证权限不同

政府审计：有关单位都有责任配合，具有更大的强制力，各有关单位和个人应当支持、协助，如实反映情况，提供有关证明材料。

注册会计师审计：有关单位都有责任配合，受到市场行为的局限，很大程度上有赖于企业及相关单位配合和协助，没有行政强制力。

5. 对发现问题的处理方式不同

政府审计：作出审计决定或者向有关主管机关提出处理、处罚意见。

注册会计师审计：只能提请企业调整或披露，没有行政强制力，同时出具恰当意见的审计报告。

思政元素融入 | 不忘初心，砥砺前行

思政素材：红色审计守初心（审计署宣传片）

"印刷一期报纸只要12磅油墨，却报账24磅半"，这个审计发现的细节于1934年

刊登在了当时的中央政府机关报《红色中华》上,意在敲响警钟。这算得上是中国共产党开展审计监督并进行公开的早期案例之一。

回望百年大党的历程,这样的小故事背后是中国共产党严格的审计制度。1934年1月,中华苏维埃共和国临时中央政府专门设立了中央审计委员会,负责审核国家岁入与岁出,监督国家预算执行,并与中央人民委员会、最高法院并列。这样高规格的设置突出了审计的独立性与权威性,也昭示着中国共产党始终刀刃向内的决心。(扫码观看完整视频)

思政讨论:一份份账簿单据、一张张粮票,见证了中国共产党领导下的审计事业从无到有,在支持革命战争、防止贪污浪费、保持廉洁奉公等方面发挥了积极作用。观看视频,学习中国共产党勇于自我革命、自我监督的精神,作为新时代的青年应不忘初心,砥砺前行。

视频:红色审计守初心

四、职业责任和期望差距

(一)财务报表使用人期望

财务报表使用人期望注册会计师评价被审计单位管理层的会计确认、计量与披露,判断财务报表是否不存在重大错报(而无论这种错报是否出于故意)。

(二)注册会计师的职业责任

注册会计师的职业责任是指注册会计师作为一个职业应尽的义务,在很大程度上反映财务报表使用人的期望。

(三)期望差距

社会公众与注册会计师职业界在对职业责任的认识上存在的差距便形成了"期望差距"。

相关审计准则,要求注册会计师在执业过程中充分关注舞弊风险,合理制订审计计划,实施必要的审计程序,最终为发现财务报表中的重大舞弊提供合理保证。

五、审计报告和信息差距

原来的审计报告采用的是短式标准审计报告模式,审计报告的标准化具有格式统一、要素一致、内容简洁、意见明确等优点,但也存在着信息含量低、相关性差等缺陷。这种缺陷导致公众产生"信息差距"。

2015年年初,国际审计与鉴证准则理事会改革现行的审计报告模式,增加审计报告要素,特别是引进关键审计事项部分,使财务报表使用者可以获得更为相关、更具有决策有用性的信息。

为了贯彻落实《国务院办公厅关于进一步规范财务审计秩序 促进注册会计师行业健康发展的意见》(国办发〔2021〕30号)中"持续提升审计质量"和"完善审计准则体系"的要求,规范和指导注册会计师开展实务工作,保持我国审计准则与国际准则的持续动态趋同,2022年12月,中国注册会计师协会修订了《中国注册会计师审计准则第1211号——重大错报风险的识别和评估》《中国注册会计师审计准则第1321号——会计估计和相关披露的审计》两项审计准则,并对《中国注册会计师审计准则第1101号——注册会计师的总体目标和审计工作的基本要求》等23项准则进行了一致性修订。

任务分析

在我国,"会计师"是指具有会计师职称的人,会计师是一种专业技术职务资格。会计专业技术职务分为会计员、初级会计师、会计师、高级会计师,其中会计员和初级会计师为初级职称、会计师为中级职称、高级会计师为高级职称。凡从事会计工作的人员都可以参加全国统一考试取得专业技术职务资格,然后由所在单位聘任,这种"会计师"不能从事注册会计师审计业务。在我国从事注册会计师审计业务的人叫作"注册会计师",需要通过全国统一的注册会计师考试,并具有两年以上从事独立审计业务工作实践经验才能进行注册登记。注册会计师只有在会计师事务所工作,才能从事法定审计业务。

任务二 熟知审计要素

任务导入

沈诚实如愿以偿度过试用期,正式担任注册会计师孟翔的审计助理。一天,孟老师问了徒弟小沈几个问题,小沈感觉一头雾水。

孟老师:"小沈,你知道财务报表审计业务有哪些基本要素吗?"

沈诚实:"孟老师,我觉得最重要的是财务报表和审计报告吧。"

孟老师:"你说的不完全哦,对财务报表审计而言,审计业务要素包括审计业务的三方关系人、财务报表、财务报表编制基础、审计证据和审计报告5个方面。"

具体任务:逐项分析审计业务要素。

注册会计师通过收集充分、适当的证据来评价财务报表是否在所有重大方面符合会计准则,并出具审计报告,从而提高财务报表的可信性。因此,对财务报表审计而言,审计业务要素包括5个方面,即审计业务的三方关系人、财务报表、财务报表编制基础、审计证据和审计报告。

一、审计业务的三方关系人

审计业务的三方关系人是指被审计单位管理层(责任方)、注册会计师和预期使用者。是否存在三方关系是判断某项业务是否属于审计业务的重要标准之一。

(一)被审计单位管理层(责任方)

针对财务报表审计业务,责任方是指对财务报表负责的组织或人员,即被审计单位管理层。执行审计工作的基础(前提)是管理层和治理层(如适用)认可并理解其应当承担的下列责任。

（1）按适用的财务报告编制基础编制财务报表，使其实现公允反映。

（2）设计、执行和维护必要的内部控制，以使财务报表不存在由于舞弊或错误导致的重大错报。

（3）向注册会计师提供必要的工作条件，包括允许注册会计师接触与编制财务报表相关的所有信息，向注册会计师提供审计所需的其他信息（如关联方等），允许注册会计师在获取审计证据时不受限制地接触其认为必要的内部人员和其他相关人员。

（二）注册会计师

（1）注册会计师是指取得注册会计师证书并在会计师事务所执业的人员，通常是指项目合伙人或项目组其他成员，有时也指其所在的会计师事务所。

（2）注册会计师的责任：按照审计准则的规定对财务报表发表审计意见。

（3）确认责任的方式：签署审计报告。

（三）预期使用者

预期使用者是指预期使用审计报告和财务报表的组织或人员，主要是指与财务报表有重要和共同利益的主要利益相关者。例如股东、债权人、监管机构等。注册会计师应当根据法律、法规的规定或与委托人签订的协议识别预期使用者。例如，企业向银行贷款，银行要求企业提供一份经审计的反映财务状况的财务报表，那么银行就是该审计报告的预期使用者。

在某些情况下，责任方和预期使用者可能来自同一企业，但并不意味着两者是同一方。

（1）责任方与预期使用者来自同一企业，但不是同一方。例如，某上市实体同时设有董事会和监事会，监事会需要对董事会和管理层负责编制的财务报表进行监督。此时，责任方和预期使用者虽然来自同一企业，但不是同一方。

（2）责任方与预期使用者来自同一企业，是同一方。例如，一家集团公司的集团管理层（预期使用者）可能聘请注册会计师对该集团全资子公司管理层直接负责的特定经营管理活动进行审计，但集团管理层（预期使用者）对全资子公司承担最终责任。此时，责任方与预期使用者不仅来自同一企业，也是同一方。

思政元素融入 ｜ **诚信独立、客观公正、责任担当**

思政素材：永动的脉搏——中国注册会计师与您同行（注册会计师行业宣传片）

为深化市场和公众对注册会计师行业专业服务价值、服务能力、服务内容和服务种类的了解和认知，实现注册会计师专业服务供给和需求的良性互动，中国注册会计师协会组织拍摄了行业宣传片《永动的脉搏——中国注册会计师与您同行》。该片分为4个故事段落，宣传展现注册会计师的工作与经济社会生活各方面、各领域息息相关，犹如永动的脉搏，生生不息。（扫码观看完整视频）

视频：永动的脉搏——中国注册会计师与您同行

思政讨论：以党的二十大精神为指引，提高政治站位，做信仰过硬的审计人；提升工作本领，做担当过硬的审计人；树立底线意识，做作风过硬的审计人。

二、财务报表

在财务报表审计中,审计对象是历史的财务状况、经营业绩和现金流量,审计对象的载体是财务报表。整套财务报表通常包括资产负债表、利润表、现金流量表、所有者权益(或股东权益)变动表和相关附注。财务报表通常是指整套财务报表,有时也指单一财务报表(单一财务报表和相关附注也可能构成整套财务报表)。披露包括适用的财务报告编制基础所要求的、明确允许的或通过其他形式允许作出的解释性或描述性信息。披露是财务报表不可分割的组成部分,主要在财务报表附注中反映,也可能在财务报表中反映,或在财务报表中的交叉索引中提及。

三、财务报表编制基础

注册会计师在运用职业判断对审计对象作出合理一致的评价或计量时,需要有适当的标准。在财务报表审计中,财务报告编制基础即是标准。财务报告编制基础分为通用目的编制基础和特殊目的编制基础。通用目的编制基础,旨在满足广大财务报表使用者共同的财务信息需求的财务报告编制基础,主要是指企业会计准则和相关会计制度;特殊目的编制基础,旨在满足财务报表特定使用者对财务信息需求的财务报告编制基础,包括计税核算基础、监管机构的报告要求和合同的约定等。

四、审计证据

(1) 审计证据是指注册会计师为了得出审计结论和形成审计意见而使用的必要信息。

(2) 审计证据的性质:充分性(对审计证据数量的衡量)和适当性(对审计证据质量的衡量,包括相关性和可靠性)。

注册会计师可以考虑获取证据的成本与所获取信息有用性之间的关系,但不应仅以获取证据的困难和成本为由减少不可替代的程序。

【实务辨析 1-3·单选题】 下列有关审计证据的说法中,错误的是(　　)。
A. 审计证据包括从公开渠道获取的与管理层认定相矛盾的信息
B. 审计证据包括会计师事务所接受与保持客户或业务时实施质量控制程序获取的信息
C. 审计证据包括被审计单位聘请的专家编制的信息
D. 信息的缺乏本身不构成审计证据

文档:实务辨析 1-3 分析

五、审计报告

注册会计师应当针对财务报表在所有重大方面是否符合适当的财务报表编制基础,以书面报告的形式发表能够提供合理保证程度的意见。

（1）审计业务的三方关系人。分别指注册会计师、被审计单位管理层（责任方）、预期使用者。

（2）财务报表。在财务报表审计中，审计对象是历史的财务状况、经营业绩和现金流量，审计对象的载体是财务报表。

（3）财务报表编制基础。这里的财务报告编制基础可以理解为企业会计准则和相关会计制度。

（4）审计证据。审计证据是指注册会计师为了得出审计结论和形成审计意见而使用的必要信息。

（5）审计报告。注册会计师按照职业道德守则和审计准则的要求，设计和实施必要的审计程序，获取充分、适当的审计证据，形成审计结论，发表审计意见，出具审计报告。

任务三　明确审计目标

沈诚实在肽华公司实施审计业务时发现，有一些发票未被订入账簿中，与相关财务人员沟通后发现，因人手不足，这些费用发票已经报销，但是还未来得及进行账务处理。

具体任务：分析这种情形违反了哪种认定。

一、审计的总体目标

在执行财务报表审计工作时，注册会计师的总体目标如下。

（1）对财务报表整体是否不存在由于舞弊或错误导致的重大错报获取合理保证，使得注册会计师能够对财务报表是否在所有重大方面按照适用的财务报告编制基础编制发表审计意见。

（2）按照审计准则的规定，根据审计结果对财务报表出具审计报告，并与管理层和治理层沟通。

在注册会计师的总体目标下，注册会计师需要运用审计准则规定的目标评价是否已获取充分、适当的审计证据。如果根据评价的结果认为没有获取充分、适当的审计证据，那么注册会计师可以采取下列一项或多项措施。

① 评价通过遵守其他审计准则是否已经获取或将会获取进一步的相关审计证据。

② 在执行一项或多项审计准则的要求时，扩大审计工作的范围。

③ 实施注册会计师根据具体情况认为必要的其他程序。

微课：审计目标

二、认定

认定是指管理层在财务报表中做出的明确或隐含的表达,注册会计师将其用于考虑可能发生的不同类型的潜在错报。

(一)认定类别

利润表用于关于所审计期间各类交易、事项及相关披露的认定。

资产负债表用于关于期末账户余额及相关披露的认定。

(二)关于所审计期间各类交易、事项及相关披露的认定

关于所审计期间各类交易、事项及相关披露的认定通常分为下列类别。

(1)发生。记录或披露的交易或事项已发生,且与被审计单位有关。

【情境案例 1-1】 肽华公司的商品采用委托丰华公司代销方式销售。沈诚实在审计时发现,肽华公司在发出商品给丰华公司代销时就确认了收入,是否违反发生认定?营业收入项目违反了发生认定。

(2)完整性。所有应当记录的交易和事项均已记录,所有应当包括在财务报表中的相关披露均已包括。

(3)准确性。与交易和事项有关的金额及其他数据已恰当记录,相关披露已得到恰当计量和描述。

【情境案例 1-2】 肽华公司应确认营业收入 985 万元,实际入账 958 万元,违反了准确性认定。

(4)截止。交易和事项已记录于正确的会计期间。

【情境案例 1-3】 检查肽华公司 2023 年 1 月 5 日确认一笔营业收入时,发现发货时间为 2022 年 12 月 27 日,则处理营业收入业务违反了什么认定?注意区分是违反了发生、完整性认定,还是截止认定。处理营业收入业务违反了截止认定。

(5)分类。交易和事项已记录于恰当的账户。

(6)列报。交易和事项已被恰当地汇总或分解,且表述清楚,相关披露在适用的财务报告编制基础下是相关的、可理解的。

【学中做 1-1】 以下情形分别违反了哪一类认定?

(1)至 2022 年 12 月 31 日,另泰公司承接的 B 公司建筑工程项目的完工百分比为 90%,但另泰公司将合同约定的全部工程价款确认为当期营业收入。

(2)另泰公司新推出了 7 天无理由退换货的购物政策,无法合理估计无条件退货的情况。在向 C 公司发出商品后,在合同约定的无条件退货期满之前确认了营业收入。

(3)另泰公司 2022 年年底向 D 公司发出商品并收到货款,但没有确认营业收入。

(4)另泰公司 2023 年年初向 E 公司提交赊销的商品,但于 2022 年年底确认为营业收入。

文档:学中做 1-1 解析

（三）关于期末账户余额及相关披露的认定

关于期末账户余额及相关披露的认定通常分为下列几种类别。

（1）存在。记录的资产、负债和所有者权益是存在的。

（2）权利和义务。记录的资产由被审计单位拥有或控制，记录的负债是被审计单位应当履行的偿还义务。

（3）完整性。所有应当记录的资产、负债和所有者权益均已记录，所有应当包括在财务报表中的相关披露均已包括。

（4）准确性、计价和分摊。资产、负债和所有者权益以恰当的金额包括在财务报表中，与之相关的计价或分摊调整已恰当记录，相关披露已得到恰当计量和描述。

（5）分类。资产、负债和所有者权益已记录于恰当的账户。

（6）列报。资产、负债和所有者权益已被恰当地汇总或分解且表述清楚，相关披露在适用的财务报告编制基础下是相关的、可理解的。

思政元素融入 ｜ 为国而审·为民而计

思政素材：审计人，家国情（审计署宣传片）

为实现"两个一百年"奋斗目标、中华民族伟大复兴的中国梦，审计人捍卫财经法纪的尊严，守护公共资金的安全，促进廉政建设，保障国民经济和社会健康发展，体验着审计职业的崇高、艰辛和快乐。（扫码观看完整视频）

视频：审计人，家国情

思政讨论：中国特色社会主义审计，与国家治理同频共振，与改革发展风雨同舟。社稷沧桑生，为民赤子心。为国而审，为民而计，是审计人的家国情怀。看好政府的钱袋子，看好百姓的活命钱，是审计人做出的庄严承诺。请观看审计署宣传片《审计人，家国情》，联系注册会计师审计目标讨论交流。

三、具体审计目标

注册会计师根据认定确定每个项目的具体审计目标，并以此作为评估重大错报风险以及设计和实施进一步审计程序的基础。注册会计师通常将认定转化为能够通过审计程序予以实现的审计目标。

微课：确定审计目标案例分析

（一）与所审计期间各类交易、事项及相关披露相关的审计目标

与所审计期间各类交易、事项及相关披露相关的审计目标见表1-2。

表1-2 与所审计期间各类交易、事项及相关披露相关的审计目标

认定	具体审计目标	举　例
发生	确认已记录的交易是真实的（不得高估、虚构、多记）	登记入账的销售交易确系已经发货给真实的客户

续表

认定	具体审计目标	举例
完整性	确认已发生的交易确实已经记录，所有应包括在财务报表中的相关披露均已包括（不得低估、遗漏、少记）	所有销售交易均已登记入账
准确性	确认已记录的交易是按正确金额反映的，相关披露得到恰当计量和描述（不能多，也不能少）	登记入账的销售数量确系已发货的数量，已正确开具账单并登记入账
截止	确认接近于资产负债表日的交易记录于恰当的期间（不能提前或者推迟）	销售交易的记录及时
分类	确认被审计单位记录的交易经过适当分类	被审计单位正确地将库存商品的销售记入"营业收入"账户，将处置固定资产的净损益记入"营业外收入"账户等
列报	交易和事项已被恰当地汇总或分解，且表述清楚，相关披露在适用的财务报告编制基础上是相关的、可理解的	

（二）与期末账户余额及相关披露相关的审计目标

与期末账户余额及相关披露相关的审计目标见表1-3。

表1-3 与期末账户余额及相关披露相关的审计目标

认定	具体审计目标	举例
存在	确认记录的金额确实存在	资产负债表的存货存在
权利和义务	确认资产归属于被审计单位，负债属于被审计单位的义务	资产负债表中的固定资产确实为公司拥有
完整性	确认已存在的金额均已记录，所有应当在财务报表中的相关披露均已包括	应收账款记录完整
准确性、计价和分摊	资产、负债和所有者权益以恰当的金额包括在财务报表中，与之相关的计价或分摊调整已恰当记录，相关披露已得到恰当计量和描述（金额正确）	以净值记录应收款项
分类	资产、负债和所有者权益已记录于恰当的账户	
列报	资产、负债和所有者权益已被恰当地汇总或分解且表述清楚，相关披露在适用的财务报告编制基础上是相关的、可理解的	

（三）认定、审计目标和审计程序之间的关系举例

认定、审计目标和审计程序之间的关系举例见表1-4。

表1-4 认定、审计目标和审计程序之间的关系举例

认定	具体审计目标	审计程序
存在	资产负债表列示的存货存在	实施存货监盘程序

续表

认定	具体审计目标	审计程序
完整性	销售收入包括所有已发货的交易	检查发货单和销售发票的编号以及销售明细账
准确性	应收账款反映的销售业务是否基于正确的价格和数量，计算是否准确	比较价格清单与发票上的价格、发货单与销售订购单上的数量是否一致，重新计算发票上的金额
准确性	以净值记录应收款项	检查应收账款账龄分析表、评估计提的坏账准备是否充足
截止	销售业务记录在恰当的期间	比较上一年度最后几天和下一年度最初几天的发货单日期与记账日期
权利和义务	资产负债表中的固定资产确实为公司所有	查阅所有权证书、购货合同、结算单和保险单

任务分析

可能涉及发生认定和完整性认定。例如，发生销货退回后未做账务处理，则营业收入处理违背了发生认定，而不是完整性认定。

任务四 认识审计证据与审计工作底稿

任务导入

沈诚实在对泰华公司2022年度财务报表进行审计时，收集到以下6组审计证据。

(1) 收料单与购货发票。
(2) 销货发票副本与产品出库单。
(3) 领料单与材料成本计算表。
(4) 工资计算单与工资发放单。
(5) 存货盘点表与存货监盘记录。
(6) 银行询证函回函与银行对账单。

具体任务：
(1) 如何获取审计证据？
(2) 分别说明每组审计证据中哪项审计证据较为可靠。

简单地说，审计证据是指能证明被审计单位经济活动真相的一切凭据。具体言之，审计证据是指注册会计师为了得出审计结论和形成审计意见而使用的所有信息，包括构成财务报表基础的会计记录所含有的信息和其他的信息。为保证审计工作的质量，保证审计意见和结论的正确性，审计人员必须掌握充分适当的审计证据。

微课：熟悉
审计证据

一、审计证据的特征

审计证据对保证审计质量,实现审计目标具有重要意义。注册会计师应当获取充分、适当的审计证据,以得出合理的审计结论,作为形成审计意见的基础。同时,注册会计师应当保持职业怀疑态度,运用职业判断能力,评价审计证据的充分性和适当性。因此,可以认为充分性和适当性是审计证据的基本特征。

(一)审计证据的充分性

审计证据的充分性是对审计证据数量的衡量,主要与注册会计师确定的样本量有关,它是审计人员为得出审计结论所需要的审计证据的最低数量要求。

客观公正的审计意见必须建立在足够数量的审计证据基础上,但这并不意味着审计证据越多越好。为使审计工作有效率、有效益,审计人员通常把所需要的审计证据数量降到最低限度。在判断审计证据是否充分时,审计人员需要考虑以下几个主要因素。

1. 错报风险

错报风险是指被审计单位财务报表中存在错报、漏报的可能性。一般来说,错报风险越大,需要的审计证据越多。

2. 审计证据质量

审计证据质量是指审计证据证明力的大小,通常取决于审计证据的相关性与可靠性。一般而言,审计证据质量越高,需要的审计证据的数量越少。虽然审计证据数量与质量相关,但如果审计证据的质量存在缺陷,仅靠获取更多的审计证据可能无法弥补其质量上的缺陷。

(二)审计证据的适当性

审计证据的适当性是对审计证据质量的衡量,即审计证据在支持各类交易、账户余额、列报(包括披露)的相关认定,或发现其中存在错报方面具有相关性和可靠性。只有相关且可靠的审计证据才是高质量的。

1. 审计证据的相关性

审计证据的相关性要求审计证据与具体的审计目标相关联。在确定相关性时,审计人员应当考虑以下几点。

(1)特定的审计程序可能只为某些认定提供相关的审计证据,而与其他认定无关。例如,对被审计单位的财产物资进行监盘,与确定财产的存在是相关的,但不能证明财产物资的所有权。

(2)针对同一项认定可以从不同来源获取审计证据或获取不同性质的审计证据。例如,为了确定应收账款的真实性,不仅可以查阅被审计单位的会计记录,也可以向债务单位发函询证。

(3)只与特定认定相关的审计证据并不能替代与其他认定相关的审计证据。例如,上述证明财产物资真实存在的审计证据就不能代替证明其所有权的审计证据。

2. 审计证据的可靠性

审计证据的可靠性要求审计证据如实地反映客观事实。审计证据的可靠性受其来源和性质的影响,并取决于获取审计证据的具体环境。审计人员通常按照以下原则考虑审计证据的可靠性。

(1) 从外部独立来源获取的审计证据比从其他来源获取的审计证据更可靠。

(2) 内部控制有效时,内部生成的审计证据比内部控制薄弱时内部生成的审计证据更可靠。

(3) 直接获取的审计证据比间接获取或推论得出的审计证据更可靠。

(4) 以文件记录形式(无论是纸质、电子或其他介质)存在的审计证据比口头形式存在的审计证据更可靠。

(5) 从原件获取的审计证据比从传真或复印件获取的审计证据更可靠。

审计证据的充分性和适当性密切相关,审计证据的适当性会影响其充分性。一般而言,审计证据的相关与可靠程度越高,则所需审计证据的数量就可减少;反之,审计证据的数量就要相应增加。

【学中做 1-2】 利信会计师事务所首次接受委托,审计上市公司海行集团 2022 年度财务报表,委派注册会计师孟翔担任项目合伙人。注册会计师孟翔确定财务报表整体的重要性为 1 200 万元。海行集团主要提供快递物流服务。

文档:学中做 1-2 解析

资料:审计工作底稿部分内容摘录如下。

海行集团 2022 年年末应收票据余额重大。孟翔于 2022 年 12 月 31 日检查了这些票据的复印件,并核对了相关信息,结果满意。

要求:指出注册会计师的做法是否恰当,并简要说明理由。

二、审计证据的分类

审计证据的分类方法有多种,常见的分类方法有以下几种。

(一) 按表现形式分类

按表现形式分类,审计证据可以分为实物证据、书面证据、口头证据和环境证据。

1. 实物证据

实物证据是指通过实际观察或清点所取得的、用以确定某些实物资产是否确实存在的证据。例如,库存现金的数额可以通过盘点加以验证,各种存货和固定资产也可以通过盘点的方式证明其是否确实存在。实物证据通常是证明实物资产是否存在的非常有说服力的证据,但实物资产的存在并不能完全证实被审计单位对其拥有所有权。例如,年终盘点的存货可能包括其他企业寄售或委托加工的部分,或者已经销售而等待发运的商品。此外,实物证据也难以判断实物资产的质量,资产质量的好坏将影响到资产的价值。因此,对于取得实物证据的账面资产,还应就其所有权归属及价值情况另行审计。

2. 书面证据

书面证据是指审计人员获取的、能够证明被审计事项真相的以书面形式表现的审计证据。它包括与审计有关的各种原始凭证、记账凭证、会计账簿和各种明细表、各种会议记录和文件、各种合同、通知书、报告书及函件等。从数量上看,书面证据在审计证据中是最多的,也是审计证据的主要组成部分。

3. 口头证据

口头证据是指被审计单位职员或其他有关人员对审计人员的提问所做的口头答复而形成的一类证据。一般而言，口头证据本身并不足以证明事情的真相，但审计人员可以通过口头证据发掘出一些重要的线索，从而有利于对被审计事项作进一步的调查，获取更为可靠的证据。例如，审计人员对应收账款进行账龄分析后，可以询问应收账款负责人对收回逾期应收账款的可能性的意见。如果其意见与审计人员自行估计的坏账损失基本一致，则这一口头证据就可成为证实审计人员有关坏账损失判断的重要证据。在审计过程中，审计人员应把各种重要的口头证据尽快地做成记录，并注明是何人、何时、在何种情况下所做的口头陈述，必要时还应获得被询问者的签名确认。相对而言，不同人员对同一问题所做的口头陈述相同时，口头证据就具有较高的可靠性。但在一般情况下，口头证据往往需要得到其他相应证据的支持。

4. 环境证据

环境证据也称状况证据，是指对被审计单位产生影响的各种环境事实，如有关内部控制情况、被审计单位管理人员的素质、各种管理条件和管理水平等。环境证据能够帮助审计人员了解被审计单位及经济活动所处的环境，是审计人员进行判断所必须掌握的资料。一般而言，被审计单位相关环境优良，其相关活动和记录的质量就较高；反之亦然。

(二) 按来源分类

按来源分类，审计证据可以分为外部证据、内部证据和亲历证据。

1. 外部证据

外部证据是指由被审计单位以外的单位或人员编制的书面证据。外部证据一般具有较强的证明力，可靠程度较高。外部证据又可以分为两类：一类是审计人员直接取得的书面证据，如应收账款函证信；另一类是由被审计单位取得并提交给审计人员的书面证据，如银行对账单、购货发票等。这类书面证据虽然由独立于被审计单位的第三者编制，但由于经过了被审计单位有关职员之手，存在被伪造或更改的可能性，因而其证明力会受到不同程度的影响。对这一类证据，审计人员应考虑其被更改或伪造的难易程度及其已被更改或伪造的可能性，视其重要程度采取相应的措施加以处理。

2. 内部证据

内部证据是指由被审计单位内部机构或人员编制并提供的书面证据。内部证据包括被审计单位的会计记录、被审计单位管理层的声明书等。由于内部证据是被审计单位内部的机构或人员编制并提供的，存在差错或被伪造的可能性较大。因此，一般而言，内部证据不如外部证据可靠。但是，如果内部证据在外部流转并获得其他单位或个人的认可（如销货发票、付款支票等），则也具有较强的可靠性。

3. 亲历证据

亲历证据是指审计人员自己编制的为证明某个事项的证据，如审计人员参加现金盘点编制的盘点表、分析表等。

(三) 按相关程度分类

按相关程度分类，审计证据可以分为直接证据和间接证据。

1. 直接证据

直接证据是指对审计事项具有直接证明力,能单独、直接证明审计事项的资料和事实。例如,审计人员亲自参与实物盘点而形成的盘点记录,就是证明实物存在的直接证据。审计人员有了直接证据,就无须再收集其他证据,可以直接得出审计结论。

2. 间接证据

间接证据是指对审计事项只起间接证明作用,需要与其他证据结合起来,才能证明审计事项真相的资料和事实。例如,在进行报表审计时,凭证并不能直接形成报表,因此对证明报表公允性来说,凭证就是间接证据。

审计工作中,单凭直接证据就能影响审计人员的意见和结论的情况并不多见。在直接证据以外,往往需要一系列间接证据才能对审计事项得出完整的结论。当然,直接和间接是相对的,凭证对报表来说是间接证据,但对账簿来说就是直接证据。

三、获取审计证据的审计程序

在审计过程中,注册会计师可根据需要单独或综合运用审计程序,以获取充分、适当的审计证据。审计程序是指审计人员在审计过程中的某个时间,对将要获取的某类审计证据如何进行收集的详细指令。利用审计程序获取审计证据涉及以下 4 个方面的决策:一是选用何种审计程序;二是对选定的审计程序应当选取多大的样本规模;三是应当从总体中选取哪些项目;四是何时执行这些程序。审计人员可以采用的审计程序包括检查记录或文件、检查有形资产、观察、询问、函证、重新计算、重新执行、分析程序。上述审计程序单独或组合起来,可用于风险评估程序、控制测试和实质性程序获取相应的审计证据。审计程序与审计证据的关系如图 1-1 所示。

【情境案例 1-4】 审计工作底稿部分内容摘录如下。

注册会计师孟翔收到的一份应收账款回函显示存在 2 万元差异,海行集团管理层解释是销

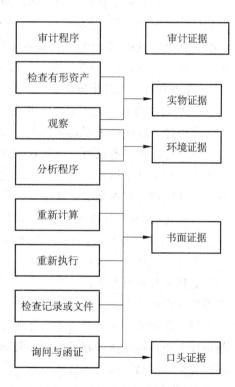

图 1-1 审计程序与审计证据的关系

售返利金额尚未商定所致,因差异较小,孟翔将询问结果记录于审计工作底稿,未实施其他审计程序。

针对上述资料,假定不考虑其他条件,注册会计师孟翔的做法不恰当,仅实施询问不足以获取充分适当的审计证据,还应当进一步调查差异的原因。

| 思政元素融入 | 创新思维,实事求是 |

思政素材:"完美证据"之间的较量

武汉市审计局在对某投资公司经责审计中,采用超声波仪器测量钢筋间距、钻芯取样测量钢筋大小及道路混凝土的厚度,将测量数据与施工图纸进行比对,巧用工具锁定证据,精准查实施工方未按图施工、偷工减料的事实。(扫码查看全篇文章)

文档:"完美证据"之间的较量

思政讨论:开阔审计思路,借助现代科技手段获取相关审计证据。

四、审计工作底稿

(一)审计工作底稿的含义和作用

审计工作底稿是指注册会计师对制订的审计计划、实施的审计程序、获取的相关审计证据,以及得出的审计结论做出的记录。审计工作底稿是审计证据的载体,是注册会计师在审计过程中形成的审计工作记录和获取的资料。它形成于审计过程,也反映整个审计过程。审计工作底稿在审计工作中具有极为重要的作用,主要表现在以下几个方面。

1. 审计工作底稿是形成审计结论、发表审计意见的直接依据

在审计工作底稿中汇集了各式各样的审计证据以及审计人员作出的职业判断。审计人员在审计过程中不仅要将收集到的所有审计证据完整地记录于审计工作底稿,还要将其根据这些审计证据形成的专业判断完整地记录在审计工作底稿中。审计人员在编制审计工作底稿的过程中事实上已经形成了初步的审计意见。因此,审计工作底稿便成为形成审计结论、发表审计意见的直接依据。

2. 审计工作底稿是评价、考核审计人员专业胜任能力,明确其审计责任的重要依据

审计人员在审计过程中是否执行了相关审计原则,所选择的审计程序是否恰当、作出的专业判断是否正确等都反映在审计工作底稿中。因此,审计机构及负责人或有关方面要考核一个审计人员的胜任能力,可以通过审阅其编制的审计工作底稿来评价专业判断能力和工作水平。一旦对某项审计业务有异议,还可以通过审核执行该项业务审计人员的审计工作底稿来明确其责任。一般而言,只要在审计工作底稿中显示出审计人员是按照相关审计准则并采用了合适的审计程序进行审计,审计人员的责任就可以解脱。

3. 审计工作底稿是审计质量控制与监督的主要依据

审计工作底稿可以清晰地反映出整个审计过程的轨迹。因此,审计质量的高低会体现在审计工作底稿中。审计机构和其他有关方面进行审计质量控制和监督,必须借助审计工作底稿。离开了审计工作底稿,审计质量控制与监督就无法落到实处。

4. 审计工作底稿对未来审计业务具有参考备查作用

同种类型的审计业务具有一定的共性,同一被审计单位的审计业务具有一定的连续

性,当年度的审计工作底稿不仅对当年的审计业务有作用,而且对未来审计业务也具有参考备查作用。特别是当被审计单位更换事务所或审计人员时,审计工作底稿的备查作用还包括解决审计工作的衔接问题。

【学中做1-3】 利信会计师事务所的沈诚实审计多家被审计单位2022年度财务报表。与审计工作底稿相关的部分事项如下。

沈诚实对肽华公司某张大额采购发票的真实性产生怀疑,通过税务机关的发票查询系统进行了验证,因未发现异常,未在审计工作底稿中记录查询过程。

文档:学中做1-3解析

要求:指出审计助理沈诚实的做法是否恰当,并简要说明理由。

思政元素融入	坚持准则,敬业奉献

思政素材:注会行业第一首"网红歌曲",她在做瑞华的底稿

"她在做瑞华的底稿,在21岁实习正青春年少,对账单三年一期堆在桌角,工作不差分毫,注会还是要考……差异不断地找,合并慢慢地调,一张张报表陪着她变老。"歌词是瑞华会计师事务所员工胡婧填的,非常励志。该首歌曲讲述一个女生从21岁进会计师事务所实习、正式入职、工作头五年考中国注册会计师资格,以及40多岁如何克服工作压力的故事。(扫码收听歌曲)

歌曲:《她在做瑞华的底稿》

思政讨论:轻松活跃听歌,感悟互动交流。课间聆听动人旋律,品读优美歌词,体会感受歌曲唱出的对注会行业的忠诚、热爱和行业青年澎湃的正能量。

(二)审计工作底稿的内容

审计工作底稿可以以纸质、电子或其他介质形式存在。在实务中,为便于复核,注册会计师可以将电子或其他介质形式存在的审计工作底稿通过打印等方式,转换成纸质的审计工作底稿并归档,同时单独保存这些电子或其他介质形式存在的审计工作底稿。审计工作底稿包含的内容非常丰富,可以说在审计过程中形成的所有记录都是审计工作底稿(其具体内容将在以后的审计实务操作中再作介绍)。通常,审计工作底稿包括以下全部或部分要素。

1. 审计工作底稿的标题

每张底稿都应当包括被审计单位的名称、审计项目的名称以及资产负债表日或底稿覆盖的会计期间(如果与交易相关)。

2. 审计过程记录

在审计工作底稿中需要记录审计证据的收集和评价情况。在记录审计过程时,应当特别注意以下几个重点方面:①具体项目或事项的识别特征;②重大事项及相关重大职业判断;③针对重大事项如何处理不一致的情况。

3. 审计结论

注册会计师恰当地记录审计结论非常重要,他们需要根据所实施的审计程序及获取

的审计证据得出结论,并以此作为对财务报表形成审计意见的基础。在记录审计结论时需注意,在审计工作底稿中记录的审计程序和审计证据是否足以支持所得出的审计结论。

4. 审计标识及说明

审计工作底稿中可使用各种审计标识,但应说明其含义,并保持前后一致。以下是注册会计师在审计工作底稿中列明标识并说明其含义的例子,供参考。在实务中,注册会计师也可以依据实际情况运用更多的审计标识。

∧:纵加核对。

<:横加核对。

B:与上年结转数核对一致。

T:与原始凭证核对一致。

G:与总分类账核对一致。

S:与明细账核对一致。

T/B:与试算平衡表核对一致。

C:已发询证函。

C\:已收回询证函。

5. 索引号及编号

通常,审计工作底稿需要注明索引号及顺序编号,相关审计工作底稿之间需要保持清晰的钩稽关系。在实务中,注册会计师可以按照所记录的审计工作的内容层次进行编号。例如,固定资产汇总表的编号为C1;按类别列示的固定资产明细表的编号为C1-1;列示单个固定资产原值及累计折旧的明细表编号,包括房屋建筑物(编号为C1-1-1)、机器设备(编号为C1-1-2)、运输工具(编号为C1-1-3)及其他设备(编号为C1-1-4)。相互引用时,需要在审计工作底稿中交叉注明索引号。

6. 编制人员和复核人员及执行日期

在记录实施审计程序的性质、时间和范围时,注册会计师应当记录:①审计工作的执行人员及完成该项审计工作的日期;②审计工作的复核人员及复核的日期和范围。在需要项目质量控制复核的情况下,还需要注明项目质量控制复核人员及复核的日期。通常,需要在每一张审计工作底稿上注明执行审计工作的人员和复核人员、完成该项审计工作的日期以及完成复核的日期。

任务分析

(1) 获取审计证据的程序包括检查记录或文件、检查有形资产、观察、询问、函证、重新计算、重新执行、分析程序。

(2) 审计证据可靠性比较如下。

① 购货发票比收料单可靠。这是因为购货发票来自公司以外的机构或人员,而收料单是公司自行编制的。

② 销货发票副本比产品出库单可靠。这是因为销货发票在外部流转,并获得公司以外的机构或个人的承认,而产品出库单只在公司内部流转。

③ 领料单比材料成本计算表可靠。这是因为领料单预先被连续编号,并且经过公司

不同部门人员的审核,而材料成本计算表只在会计部门内部流转。

④ 工资发放单比工资计算单可靠。这是因为工资发放单需经会计部门以外的工资领取人签字确认,而工资计算单只在会计部门内部流转。

⑤ 存货监盘记录比存货盘点表可靠。这是因为存货监盘记录是注册会计师自行编制的,而存货盘点表是公司提供的。

⑥ 银行询证函回函比银行对账单可靠。这是因为银行询证函回函是注册会师直接获取的,未经公司有关职员之手,而银行对账单经过公司有关职员之手,存在伪造、涂改的可能性。

任务五 掌握审计的技术方法

任务导入

2023年3月,沈诚实与注册会计师孟翔对盛美服装厂的销售业务进行审查,在对2022年各月销售收入进行对比时发现12月的销售收入增长幅度大,超出平时月份的计划收入很多。为了查明这一异常情况,孟翔与沈诚实审阅并核对了12月的主营业务收入、主营业务成本、应收账款、库存商品等明细账和有关凭证。发现一张12月20日编制的收款凭证未附原始凭证,会计分录如下:借记"应收账款"117万元,贷记"主营业务收入"100万元,贷记"应交税费——应交增值税(销项税额)"17万元。但库存商品明细账上没有相应记录,经询问仓库管理员得知,当时并未发货。

具体任务:

(1) 注册会计师在这项审计业务中怎样确定审计重点?

(2) 注册会计师在审计过程中运用了哪些审计方法?

(3) 根据目前收集到的证据,被审计单位的会计核算可能存在什么问题?

一、审查书面资料的方法

审查书面资料的方法在政府审计、内部审计和社会审计中广泛应用,是审计中最基本的方法。这类方法主要审查会计凭证、会计账簿和财务报表及计划、预算、章程、合同、会议记录等书面资料,因此也称查账法。按审查书面资料的技术可分为审阅法、核对法、验算法、分析法、查询法。

微课:审查书面资料的方法

(一) 审阅法

审阅法是根据有关政策、法规等审计标准,观察所审查的书面资料,鉴别资料本身及反映的经济活动是否真实、合法、合理、有效和正确的方法。审阅法主要审查会计凭证、账簿和报表及相关资料。

(1) 对原始凭证的审阅,主要看原始凭证上反映的经济业务是否符合规定。还要看凭证上记载的抬头、日期、数量、单价、金额等方面的字迹是否清晰、数字是否相符。如有不符合规定的情况或有涂改字迹、数字的情况，就有可能存在舞弊行为。还要审阅填发原始凭证的单位名称、地址和图章，审查凭证的各项手续是否完备。

(2) 对记账凭证的审阅，主要审阅记账凭证是否附有合法的原始凭证；记账凭证的记载是否符合会计准则的规定，是否依据会计原理，所记账户名称和会计分录是否正确，有无错用账户或错记方向的情况。

【情境案例1-5】 利信会计师事务所的注册会计师林静，在审查胶原化工厂2022年收入时，有一张转账凭证如表1-5所示。

表1-5 转账凭证

2022年12月18日　　　　　　　　　　　　　　　　　转字第110号

摘要	总账科目	明细科目	借方金额								贷方金额							
			十	万	千	百	十	元	角	分	十	万	千	百	十	元	角	分
销售A产品	应收账款	东方工厂	6	0	0	0	0	0	0	0								
	主营业务收入	A产品										6	0	0	0	0	0	0	0
合计金额			6	0	0	0	0	0	0	0		6	0	0	0	0	0	0	0

会计主管：　　　　记账：　　　　复核：　　　　出纳：　　　　制单：

经审阅，从分录和摘要来看都没有问题，但注册会计师林静发现该转账凭证未附任何原始凭证，也没有办理任何手续和签章，是一张空头转账凭证。林静又追查了应收账款的账簿记录，发现该厂在2023年1月又填制了一张相反的转账凭证，冲销上年的应收账款和销售收入。林静最后查明，该厂属于奖金暂未列入费用的企业，需从利润当中提取奖金。该厂当年因未完成利润计划，不能提取奖金，所以做了一笔虚增收入的分录，又在次年冲销。

(3) 对账簿的审阅，主要是审阅明细记录的内容是否真实、正确，其账户对应关系是否正确、合理，有无错误或舞弊，特别是注意审阅应收应付账款、材料成本差异、预提费用、待摊费用、管理费用、制造费用、销售费用、财务费用等容易掩盖错弊和经常反映会计转账事项的账簿。

(4) 对财务报表的审阅，主要是审阅报表项目是否按会计规范编制；其对应关系是否正确，双方合计数是否相符，并按各报表之间有关项目的钩稽关系，核对相关的数据是否一致；审阅各项目是否合理、合规、合法，有无违反法律、法规的现象，有无异常变化现象。

除此之外，对预算、章程、会议记录、合同协议等其他相关经济资料也应结合会计核算资料进行审阅，以便掌握情况，发现问题，获取证据。

(二)核对法

核对法就是把两个或两个以上相互联结的不同会计记录之间的有关数据相互验证、对比，用以确定会计记录是否正确的一种技术核查方法。采用核对法可以证实各种会计资料之间衔接是否正确,有无差错和弊端。

在审查会计资料时,一般可以进行以下核对。

(1) 证证核对。原始凭证与原始凭证汇总表、原始凭证与记账凭证、记账凭证与汇总记账凭证之间所进行的核对。

(2) 账证核对。记账凭证或某些原始凭证与账簿之间的核对。其中,又以会计凭证与明细账、日记账的核对为主。

(3) 账账核对。明细分类账、日记账、总分类账、其他辅助账簿之间的核对。

(4) 账表核对。将明细分类账、日记账、总分类账、其他辅助账簿与会计报表核对,会计报表包括资产负债表、利润表、现金流量表和所有者权益变动表等。

(5) 表表核对。将不同的报表上有关项目进行核对,主要是核对资产负债表、利润表、现金流量表和所有者权益变动表之间的相关数字是否相符。

(6) 账实核对。核对账面资料上反映的实物余额与实际存在的实物数是否相符。包括核对实物盘点表与有关账簿是否相符,核对银行对账单、客户往来清单等外来对账单是否与本单位有关账项的记载相符。

经过上述详细核对之后,可以发现会计资料中存在的差错和问题,然后进一步分析其性质。有的可能是一般工作的差错,有的则可能是违法乱纪行为,应依据问题的性质及严重程度进行处理,并确定对审计意见的影响。

(三) 验算法

验算法也称复算法,是指审核人员对会计资料中的某些数字重新计算,以验证其是否正确无误的方法。在实际工作中,有的单位或个人为了达到非法目的,故意在有关计算过程中制造差错,查账人员需要根据有关会计数据或信息,按照原计算所需要的科学方法与要求重新进行计算,并将计算结果与被审单位的原计算结果进行对照,看其是否相符,以判断被审单位经济业务处理的真实性和正确性。

在审计过程中,通常可以进行以下验算。

(1) 对凭证、账簿、报表中的有关项目的小计、合计、总计、累计、差额、乘积等进行计算。

(2) 对某些业务如固定资产折旧率、汇总损益、职工福利费的提取、有关税金的计算等进行重新计算,以验证原计算结果是否正确。

(3) 对有关成本、费用归集和分配的结果进行验算,以验证成本、费用的分配标准和方法是否正确。

(4) 对其他会计资料的数据、财务指标等进行验算。

(四) 分析法

分析法是指在审计时通过对被审项目有关内容的对比与分解,从中找出项目之间的差异以及各项目的构成因素,以揭示其中有无问题,从而对所提供的线索或主攻方向进一步审计的一种审计技术。

分析法在审计工作中运用较为广泛。通过分析发现存在的差距和问题以后,需进一步分析原因,提出改进的方法。分析法按其分析的技术分类,可以分为比较分析法、比率分析法、趋势分析法、账户分析法、账龄分析法、平衡分析法和因素分析法等方法。

1. 比较分析法

比较分析法是指将某项财务指标与性质相同的指标、标准进行对比,揭示单位财务状

况和经营成果的一种分析方法。比较分析法又可分为相对数比较分析法和绝对数比较分析法两种。

(1) 相对数比较分析法。相对数比较分析法是指通过被审计项目的百分比、比率或比重结构等相对数指标的对比来揭示差异并分析问题的一种方法,采用这种方法比较容易发现问题。例如,2022年主营业务收入比2021年增长了80%。

(2) 绝对数比较分析法。绝对数比较分析法是指通过被审计项目各期完成情况的绝对数比较来揭示差异并分析问题的一种方法。例如,2022年12月末应收账款余额比2021年12月底增加了1 200 000元。

2. 因素分析法

因素分析法(也称连锁替代法)是指为确定某一经济现象诸因素的影响方向和程度而采用的一种分析方法。影响方向用正或负表示,影响程度则用数据反映。通过因素分析可以帮助审计人员有针对性地提出改进建议和措施。

3. 趋势分析法

趋势分析法是指利用财务报表提供的数据资料,将各期实际指标与历史指标进行对比,提示单位财务状况和经营成果变化趋势的一种方法。

运用趋势分析法应注意:一是掌握分析的重点,审计人员应对财务报表的重要项目进行重点分析,提高分析的效率,避免平均使用力量;二是分析时可与比较分析法结合运用。

(五) 查询法

查询法是指审计人员为了了解有关情况或证实某一事实,以询问的方式进行检查的一种方法。在会计检查过程中发现异常现象和可疑的问题,都可以向被查单位外部或内部有关人员进行调查询问,以了解事实真相,从中取得检查线索或证据。

查询法可以分为面询和函询两种。

1. 面询

面询是指检查人员直接与有关人员谈话进行当面询问的调查方法。例如,检查人员在会计检查过程中遇到可疑问题,或需要向被查单位调查有关生产经营管理中存在的某些问题时,可采用这种查询方式,请有关人员作出答复或解释。

采用面询需要注意以下几个问题:①事先拟好详细的谈话提纲,以免遗漏重要的问题;②需要向个人了解情况时,应分别单独进行询问,切忌采取座谈会方式或同时向几个人查询;③正确使用询问的方式,严禁用揭示、引诱、威胁套供等办法;④根据被询问人的情况和口头查询的内容,做好谈话记录,必要时可以录音。记录稿需由被询问人签字,谈话内容必须严格保密。口头查询所得的证据的证明力虽然不如书面查询,但它可以明确有关人员的责任,帮助弄清一些情况,甚至从中获得重要线索,为进一步深入检查做好准备。

2. 函询

函询是指检查人员为了弄清某个问题,将询问的内容全部以书面提问的方式,请求被询问人予以答复的一种查询方法。函询又可分为积极式函询和消极式函询两种。

采用函询,检查人员要明确查询的目的,书面查询的文字应尽量简明扼要,避免产生歧义或冗长。

函询一般适用于对重要事项的调查。为了使调查简便易行，可事先编制并打印好调查表，然后以调查表方式进行查询。例如，调查被查单位内部控制制度的执行情况，就可用编制的内部控制调查表进行调查。由于书面询问往往受问题性质和询问人自身的限制，所以调查的可靠性不高。

二、证实客观事物的方法

证实客观事物的方法也是审计中经常运用的技术方法，这类方法包括盘点法、调节法、观察法和鉴定法。

微课：证实客观事物的方法

（一）盘点法

盘点法是指审核人员对被审计单位各项财产物资进行实地盘点，以确定其是否存在，并明确其数量、品种、规格及金额等实际情况，借以论证有关实物账户的余额是否真实的一种方法。盘点法按其组织方式分为直接盘点和监督盘点两种。

直接盘点是由审计人员亲自到现场盘点实物，证实书面资料与有关的财产物资是否相符的方法。在直接盘点方式下，对于容易出现舞弊行为的现金、银行存款和贵重的原材料，应采用突击性的盘点。突击性盘点是指事先不告知经管财产的人员在什么时间进行盘点，以防止经管人员在盘点前，将财产保管工作中的挪用、盗窃及其他弊端加以掩饰。对于大宗原材料、产成品等，应采用抽查性的盘点。抽查性的盘点是指不对所有的财产物资都进行盘点，而只是对一部分财产物资进行抽查核实，以便检查日常盘点工作质量的优劣，检验盘点记录是否真实和正确，查明财产物资是否安全、完整，有无损坏或被挪用、贪污和盗窃等情况。

监督盘点是指为了明确责任，审计人员不亲自进行盘点，而是由经管财产人员及其他有关人员进行实物盘点清查，审计人员只是在一旁对实物盘点进行监督，如发现疑点可以要求复盘核实。在监督盘点方式下，也可以采用突击性盘点和抽查性盘点形式。监督盘点一般用于数量较大的实物，如存货、厂房、机器设备等。

（二）调节法

调节法是指检查人员在检查某一项目时，由于现在的数据与需要证实的数据在时点上不一致，为了验证其数字的正确性，而对其中某些因素进行必要增减，从而推算出需要证实某项数据的一种方法。调节法主要是一种取得被审计单位报告日实物证据的方法，如对年度财务报表的审计是在下年初才开始进行，由于生产经营活动的进行，实物流动不断，现场审查时的实物数量与报告日账面数量已发生变动，就需要通过调节法来证实报告日账实是否相符。

运用调节法可以编制银行存款余额调节表，也可以证实财产物资是否账实相符。当盘点日与书面资料结存日不同时，结合实物盘点，将盘点日期与结存日期之间新发生的出入数量与结存日有关财产物资的结存数进行调节，以验证或推算结存日期有关财产物资的应结存数。这种做法的前提是对结存日与盘点日之间的收入、发出数量必须核实正确，否则推算的结果有误。其计算公式为

结存日应存数量＝盘点日盘点数量＋结存日至盘点日发出数量－结存日至盘点日收入数量

【学中做1-4】 利信会计师事务所的审计助理沈诚实,在审查丞曦文具有限公司的原材料时,发现2022年12月31日账面结存A材料2 000kg,通过审阅和核对并无错弊。2023年1月1日至15日期间收入35 000kg,发出34 500kg。1月1日期初余额及收发数额均经核对、审阅和验算无误。2023年1月15日下班后监督盘点实存量为2 600kg。

文档:学中做1-4解析

要求:计算2022年12月31日A材料的应存数量并分析。

(三)观察法

观察法是指审计人员对于被审计单位的生产经营管理活动的进行、财产物资的保管、内部控制的运行、会计核算的流程等,亲临现场进行实地观察,以取得审计证据的方法。

进行财政财务审计和经济效益审计时,一般要运用观察法进行广泛的实地观察,收集书面资料以外的审计证据。审计人员应深入被审计单位的仓库、车间、科室、工地等现场,对其内部控制制度的执行情况、财产物资的保管和利用情况、工人的劳动效率和劳动态度等生产经营管理活动情况进行直接观察,从中发现薄弱环节以及存在的问题,以便收集审计证据,提出建议和意见,促进被审计单位改进经营管理,提高经济效益。

(四)鉴定法

鉴定法是指对书面资料、实物和经济活动等的分析、鉴别,超过一般审计人员的能力和知识水平而邀请有关专门部门或人员运用专门技术进行确定和识别的方法。

鉴定法可应用于财务报表审计、合规性审计和经营审计。如对实物性能、质量、价值的鉴定,涉及书面资料真伪的鉴定,以及对经济活动的合理性和有效性的鉴定等;如当伪造凭证的人不承认其违法行为,可通过公安部门鉴定其笔迹,以确定其违法行为;又如对质次价高的商品材料的质量情况难以确定时,请商检部门通过检查化验确定商品质量和实际价值等;还可以邀请基建方面的专家,对基建工程进行质量检查等。这是通过观察法不能取证时,必须使用的一种方法。

鉴定法的鉴定结论必须是具体的、客观的和准确的,并作为一种独立的审计证据,详细地记入审计工作底稿。

思政元素融入 | **发挥审计在推进党的自我革命中的独特作用**

思政素材:2023年5月23日,习近平总书记主持召开二十届中央审计委员会第一次会议

习近平在会上发表重要讲话强调,在强国建设、民族复兴新征程上,审计担负重要使命,要立足经济监督定位,聚焦主责主业,更好发挥审计在推进党的自我革命中的独特作用。要坚持以新时代中国特色社会主义思想为指导,深入学习贯彻党的二十大精神,完整、准确、全面贯彻新发展理念,聚焦全局性、长远性、战略性问题,加强审计领域战略谋划与顶层设计,进一步推进新时代审计工作高质量发展,以有力有效的审计监督服务保障党和国家工作大局。

思政讨论:要深刻理解习近平总书记重要讲话的丰富内涵和逻辑要义,提高政治站位,心怀"国之大者",敢于担当作为。

三、审计方法的选用

在审计过程中,如果想要提高审计工作的效率和效益,一个首要的问题是选用合理的审计方法。一般情况下,应考虑以下几个因素来选用审计方法。

(一)审计的目的

审计方法是达到审计目的的手段,达到不同的审计目的,要用不同的审计方法。如要查找重大舞弊和违法行为,就可根据有关线索,对有关方面进行详细审查;在注册会计师审计中,一般是根据审计风险的大小,在评价被审计单位重大错报风险基础上,决定进行详查还是抽查等。

(二)审计方式

不同的审计方式由于所需审计证据不同,可以取证的途径不同,因而应采取不同的审计方法。如对被审计单位进行财务报表审计采用报送审计的方式,就无法采用盘点法、观察法,而只能采用审阅法、核对法等。如采取就地审计方式,就可以灵活选用观察法、盘点法等。

(三)被审计单位的实际情况

被审计单位经营管理良好,内部控制比较健全有效,就可选用抽查的方法。相反,被审计单位经营管理较差,内部控制不完善,财会工作混乱,则应选用详查的方法。

(四)审计项目的特征

审计项目的特征不同,有时也会决定采用何种审计方法。如在注册会计师审计中,应收账款、应付账款等可以采用函证的方法;对收入、费用、成本等账户实施审计,可以采用分析法等。

任 务 分 析

(1)注册会计师先使用了分析法发现12月业务的异常,从而确定了审计重点。
(2)除分析法外,注册会计师还使用了审阅法、核对法及查询法。
(3)从目前的证据看,该企业存在虚增收入的问题,进而虚增了本年度的销售利润。

任务六 恪守注册会计师职业道德规范

某上市公司财务人员小程,得知同学沈诚实在会计师事务所工作后,找到沈诚实,表示可将本公司年度会计报表审计业务介绍给其所在的事务所。沈诚实为难地说:"你为我们所介绍这样大的业务真是太感谢了,不过我们所不仅人员少,而且这些人员也没一个具有能为上市公司进行审计的资格,我们不具备办理贵公司审计业务的条件。"小程说:"没有资格好办,人手少也好办。我出面帮你雇几个有这方面资格的高手,以贵所的名义进行审计,只要贵所在收费上低于其他会计师事务所,我们马上就可以签约。"沈诚实说:"这违反职业道德准则。所以对不起,我不能接受。"

具体任务:

(1) 沈诚实为什么拒绝该项业务?

(2) 小程的建议违反了注册会计师职业道德的哪些规定?

一、职业道德基本原则

中国注册会计师协会会员包括注册会计师和非执业会员。会员为实现执业目标,必须遵守一些基本的原则。

(一)诚信

(1) 诚信原则要求会员在所有的职业关系和商业关系中保持正直和诚实,秉公处事、实事求是。

(2) 诚信原则要求注册会计师不得与下列有问题的信息发生牵连。

① 含有严重虚假或误导性的陈述。

② 含有缺乏充分依据的陈述或信息。

③ 存在遗漏或含糊其辞的信息。

(3) 注册会计师如果注意到已与有问题的信息发生牵连,应当采取措施消除牵连。在鉴证业务中,如果注册会计师依据执业准则出具了恰当的非标准业务报告,不被视为违反上述要求。

微课:知悉注册会计师职业道德规范

(二)独立性

独立原则通常是对执业注册会计师而不是对非执业会员提出的要求。在执行鉴证业务时,注册会计师必须保持独立性。

注册会计师执行审计和审阅业务以及其他鉴证业务时,应当从实质上和形式上保持独立性,不得因任何利害关系影响其客观性。

(三)客观和公正

客观和公正原则要求会员公正处事、实事求是,不得由于偏见、利益冲突或他人的不当影响而损害自己的职业判断。

如果存在导致职业判断出现偏差,或对职业判断产生不当影响的情形,会员不得提供相关专业服务。

(四)专业胜任能力和应有的关注

(1) 专业胜任能力是指会员具有专业知识、技能和经验,能够经济、有效地完成客户委托的业务。如果在缺乏足够的知识、技能和经验的情况下提供专业服务,就构成欺诈。通过教育、培训和执业实践获取和保持专业胜任能力。注册会计师在应用专业知识和技能时,应当合理运用职业判断。

(2) 应有的关注,要求会员遵守执业准则和职业道德规范要求,勤勉尽责,认真、全面、及时地完成工作任务。

在审计过程中,会员应当保持职业怀疑态度,运用专业知识、技能和经验,获取和评价审计证据。同时,会员应当采取措施以确保在其授权下工作的人员得到适当的培训和督导。在适当情况下,会员应当使客户、工作单位和专业服务机构以及业务报告的其他使用者了解专业服务的固有局限性。

（五）保密

1. 客户

（1）未经客户授权或法律、法规允许,不得向第三方披露涉密信息。

（2）不得利用涉密信息为自己或第三方谋取利益。

（3）应当对拟接受的客户或拟受雇的工作单位向其披露的涉密信息保密;在终止关系之后,仍然应当对在职业关系和商业关系中获知的信息保密。

（4）如果变更工作单位或获得新客户,可以利用以前的经验,但不应利用或披露以前职业活动中获知的涉密信息。

（5）应当明确在会计师事务所内部保密的必要性,采取有效措施,确保相关人员遵守保密规定。

2. 近亲

会员在社会交往中应当履行保密义务。会员应当警惕无意泄密的可能性,特别是警惕无意中向近亲属或关系密切的人员泄密的可能性。近亲属是指配偶、父母、子女、兄弟姐妹、祖父母、外祖父母、孙子女、外孙子女。

3. 可以披露涉密信息的情形

会员在下列情况下可以披露涉密信息。

（1）法律、法规允许披露,并且取得客户或工作单位的授权。

（2）根据法律、法规的要求,为法律诉讼、仲裁准备文件或提供证据,以及向有关监管机构报告发现的违法行为。

（3）法律、法规允许的情况下,在法律诉讼、仲裁中维护自己的合法权益。

（4）接受注册会计师协会或监管机构的执业质量检查,答复其询问和调查。

（5）法律、法规、执业准则和职业道德规范规定的其他情形。

（六）良好职业行为

会员应当遵守相关法律、法规,避免发生任何损害职业声誉的行为。会员在向公众传递信息以及推介自己和工作时,应当客观、真实、得体,不得损害职业形象。

会员应当诚实、实事求是,不得有下列行为。

（1）夸大宣传提供的服务、拥有的资质或获得的经验。

（2）贬低或无根据地比较其他注册会计师的工作。

【学中做 1-5】 利信会计师事务所通过招投标程序,首次接受委托审计潍坊银行 2021 年度财务报表,委派注册会计师林静担任审计项目合伙人,注册会计师孟翔担任项目质量控制复核人,相关事项如下。

审计项目组部分成员首次参与银行审计项目,林静向这些成员提供了其他银行审计项目的工作底稿做参考。

要求:指出审计项目组的处理是否恰当。如不恰当,简要说明理由。

文档:学中做 1-5 解析

| 思政元素融入 | 诚信独立、客观公正、廉洁自律 |

思政素材：严防资本市场"看门人"沦为"放风者"

会计师事务所是资本市场的"看门人"，应当给上市公司"挑刺"。在市场中，大部分从业机构身处一线，为上市公司健康稳定运营贡献力量。但一段时间以来，也有部分会计师事务所屡屡触犯监管"红线"，甚至从"看门人"沦为"放风者"，为部分上市公司财报造假"提供便利"。要让会计师当好"看门人"，监管机构应加大对会计师事务所等中介机构的监管力度，并逐步完善审计法规文件，进一步提高审计质量。（扫码查看全篇文章）

文档：严防资本市场"看门人"沦为"放风者"

思政讨论：孟子曰"不以规矩，不能成方圆"。审计人员应从内心深处深刻认同职业道德和职业准则，把严格遵守职业准则变成自己的内在需要而不是外在强制。

二、可能对职业道德基本原则产生不利影响的因素

（一）自身利益

（1）鉴证业务项目组成员在鉴证客户中拥有直接经济利益。

（2）会计师事务所的收入过分依赖某一客户。

（3）鉴证业务项目组成员与鉴证客户存在重要且密切的商业关系。

（4）会计师事务所担心可能失去某一重要客户。

（5）鉴证业务项目组成员正在与鉴证客户协商受雇于该客户。

（6）会计师事务所与客户就鉴证业务达成或有收费的协议。

（7）注册会计师在评价所在会计师事务所以往提供的专业服务时，发现了重大错误。

（二）自我评价

（1）会计师事务所在对客户提供财务系统的设计或操作服务后，又对系统的运行有效性出具鉴证报告。

（2）会计师事务所为客户编制原始数据，这些数据构成鉴证业务的对象。

（3）鉴证业务项目组成员担任或最近曾经担任客户的董事或高级管理人员。

（4）鉴证业务项目组成员目前或最近曾受雇于客户，并且所处职位能够对鉴证对象施加重大影响。

（5）会计师事务所为鉴证客户提供直接影响鉴证对象信息的其他服务。

（三）过度推介

（1）会计师事务所推介审计客户的股份。

（2）在审计客户与第三方发生诉讼或纠纷时，注册会计师担任该客户的辩护人。

（四）密切关系

（1）项目组成员的近亲属担任客户的董事或高级管理人员。

（2）项目组成员的近亲属是客户的员工，其所处职位能够对业务对象施加重大影响。

（3）客户的董事、高级管理人员或所处职位能够对业务对象施加重大影响的员工，最近曾担任会计师事务所的项目合伙人。

（4）注册会计师接受客户的礼品或款待。

（5）会计师事务所的合伙人或高级员工与鉴证客户存在长期业务关系。

（五）外在压力

（1）会计师事务所受到客户解除业务关系的威胁。

（2）审计客户表示，如果会计师事务所不同意对某项交易的会计处理，则不再委托其承办拟议中的非鉴证业务。

（3）客户威胁将起诉会计师事务所。

（4）会计师事务所受到降低收费的影响而不恰当地缩小工作范围。

（5）由于客户员工更具有专长，注册会计师面临服从其判断的压力。

（6）会计师事务所合伙人告知注册会计师，除非同意审计客户不恰当的会计处理，否则将影响晋升。

三、具体事项

（一）专业服务委托

（1）接受客户关系。应当考虑客户的主要股东、关键管理人员和治理层是否诚信，以及客户是否涉足非法活动（如洗钱）或存在可疑的财务报告问题等。

（2）承接业务。如果项目组不具备或不能获得执行业务所必需的胜任能力，将对专业胜任能力和应有的关注原则产生不利影响。

（3）客户变更委托。以投标方式接替前任注册会计师，承接前要与前任沟通，获取必要信息，以确定是否适宜承接该业务；如应客户要求在前任注册会计师工作的基础上提供进一步的服务，应要求前任提供相关信息，以免因缺乏完整的信息对专业胜任能力和应有的关注原则产生不利影响。

（二）利益冲突

1. 具体情形

（1）如果会计师事务所的商业利益或业务活动可能与客户存在利益冲突，注册会计师应当告知客户，并在征得其同意的情况下执行业务。

（2）如果为存在利益冲突的两个以上客户服务，注册会计师应当告知所有已知相关方，并在征得他们同意的情况下执行业务。

（3）如果为某一特定行业或领域中的两个以上客户提供服务，注册会计师应当告知客户，并在征得他们同意的情况下执行业务。

2. 防范措施

（1）如果客户不同意注册会计师为存在利益冲突的其他客户提供服务，注册会计师应当终止为其中一方或多方提供服务。

（2）除采取上述防范措施外，注册会计师还应当采取下列一种或多种防范措施。

① 分派不同的项目组为相关客户提供服务。

② 实施必要的保密程序,防止未经授权接触信息。例如,对不同的项目组实施严格的隔离程序,做好数据文档的安全保密工作。

③ 向项目组成员提供有关安全和保密问题的指引。

④ 要求会计师事务所的合伙人和员工签订保密协议。

⑤ 由未参与执行相关业务的高级员工定期复核防范措施的执行情况。

(三)应客户的要求提供第二次意见

(1) 在某客户运用会计准则对特定交易和事项进行处理,且已由前任注册会计师发表意见的情况下,如果注册会计师应客户的要求提供第二次意见,可能对职业道德基本原则产生不利影响。

(2) 如果第二次意见不是以前任注册会计师所获得的相同事实为基础,或依据的证据不充分,可能对专业胜任能力和应有的关注原则产生不利影响。不利影响存在与否及严重程度,取决于业务的具体情况,以及为提供第二次意见所能获得的所有相关事实及证据。

(3) 防范措施主要包括以下几项。

① 征得客户同意与前任注册会计师沟通。

② 在与客户沟通中说明注册会计师发表专业意见的局限性。

③ 向前任注册会计师提供第二次意见的副本。

如果客户不允许与前任注册会计师沟通,注册会计师应当在考虑所有情况后决定是否适宜提供第二次意见。

(四)收费

会计师事务所在确定收费时应当主要考虑专业服务所需的知识和技能、所需专业人员的水平和经验、各级别专业人员提供服务所需的时间和提供专业服务所需承担的责任。

在专业服务得到良好的计划、监督及管理的前提下,收费通常以每一专业人员适当的小时收费标准或日收费标准为基础计算。

1. 报价过低

(1) 如果收费报价过低,可能导致难以按照执业准则和相关职业道德要求执行业务。

(2) 如果收费报价明显低于前任注册会计师或其他会计师事务所的相应报价,应当确保在提供专业服务时,遵守执业准则和相关职业道德规范的要求,使工作质量不受损害并使客户了解专业服务的范围和收费基础。

2. 或有收费

(1) 除法律、法规允许外,注册会计师不得以或有收费方式提供鉴证服务,收费与否或收费多少不得以鉴证工作结果或实现特定目的为条件。

(2) 防范措施:预先就收费的基础与客户达成书面协议;向预期的报告使用者披露注册会计师所执行的工作及收费的基础;实施质量控制政策和程序;由独立第三方复核注册会计师已执行的工作。

3. 业务介绍费

(1) 为获得客户而支付业务介绍费,可能对客观和公正原则以及专业胜任能力和应有的关注原则产生非常严重的不利影响,导致没有防范措施能够消除不利影响或将其降低至可接受的水平。

(2) 注册会计师不得向客户或其他方支付业务介绍费。

【学中做 1-6】 注册会计师林静担任工蒙公司的审计项目合伙人。在审计过程中,遇到下列与职业道德相关的事项。

审计业务约定书约定,工蒙公司如上市成功,将另行奖励利信会计师事务所,奖励金额按发行股票融资额的 0.1‰ 计算。

要求:指出事务所及项目组成员是否违反职业道德守则,并简要说明理由。

文档:学中做 1-6 解析

(五) 专业服务营销

注册会计师通过广告或其他营销方式招揽业务,可能对职业道德基本原则产生不利影响。在向公众传递信息时,注册会计师应当维护职业声誉,做到客观、真实、得体。

注册会计师在进行专业服务营销时,不得有下列行为。

(1) 夸大宣传提供的服务、拥有的资质或获得的经验。
(2) 贬低或无根据地比较其他注册会计师的工作。
(3) 暗示有能力影响有关主管部门、监管机构或类似机构。
(4) 作出其他欺骗性的或可能导致误解的声明。

注册会计师不得采用强迫、欺诈、利诱或骚扰等方式招揽业务。注册会计师不得对其能力进行广告宣传以招揽业务,但可以利用媒体刊登设立、合并、分立、解散、迁址、名称变更和招聘员工等信息。

【学中做 1-7】 2023年1月涌拓会计师事务所与程华会计师事务所合并成立华涌会计师事务所,华涌会计师事务所以"强强联手,服务最优"为主题在多家媒体刊登广告,宣传两家会计师事务所的合并事宜。

要求:指出华涌会计师事务所的做法是否恰当。如不恰当,简要说明理由。

文档:学中做 1-7 解析

(六) 礼品和款待

1. 不得收取任何礼品

如果客户向注册会计师(或其近亲属)赠送礼品或给予款待,将对职业道德基本原则产生不利影响。注册会计师不得向客户索取、收受委托合同约定以外的酬金或其他财物,或者利用执行业务之便,牟取其他不正当的利益。

2. 不得接受超常款待

如果款待超出业务活动中的正常往来,注册会计师应当拒绝接受。

【学中做 1-8】 沈诚实在审计过程中,遇到下列与职业道德相关的事项。

恒答房地产公司是F1赛事中国站的赞助商,送给审计助理沈诚实5张中国站的贵宾票。沈诚实将票分给了审计项目组成员。

要求:指出事务所及项目组成员是否违反职业道德守则,并简要说明理由。

文档:学中做 1-8 解析

(七) 保管客户资产

除非法律、法规允许或要求,注册会计师不得提供保管客户资金或其他资产的服务。

注册会计师保管客户资金或其他资产,应当履行相应的法定义务。

如果某项业务涉及保管客户资金或其他资产,注册会计师应当根据有关接受与保持客户关系和具体业务政策的要求,适当询问资产的来源,并考虑应当履行的法定义务。如果客户资金或其他资产来源于非法活动(如洗钱),注册会计师不得提供保管资产服务,并应当向法律顾问征询进一步的意见。

(八)对客观和公正原则的要求

在提供专业服务时,注册会计师如果在客户中拥有经济利益,或者与客户董事、高级管理人员或员工存在家庭和私人关系或商业关系,应当确定是否对客观和公正原则产生不利影响。

防范措施主要包括以下方面。

(1)退出项目组。

(2)实施督导程序。

(3)终止产生不利影响的经济利益或商业关系。

(4)与会计师事务所内部较高级别的管理人员讨论有关事项。

(5)与客户治理层讨论有关事项。

任务分析

(1)沈诚实拒绝小程是因为其所在的事务所没有审计上市公司报表的资格,不具备专业胜任能力,不能承办不能胜任的业务。

(2)按职业道德的要求,事务所不得雇用正在其他会计师事务所执业的注册会计师,并且不得允许他人以本所或本人的名义承办业务。另外,小程建议事务所降低收费的做法也违反了职业道德的相关规定。

思政德育课堂

伤不起的安达信

一、案例描述

安然公司成立于1985年,从1985—2000年短短的15年中,从名不见经传的一家普通天然气经销商,逐步发展成为世界上最大的天然气采购商和出售商,世界上最大的电力交易商,世界上领先的能源批发商,世界上最大的电子商务交易平台,一步一个高潮,步步走向辉煌。2000年,在美国《财富》杂志的"美国500强"大排队中位列第7,在世界500强中位列第16,并在《财富》杂志的调查中连续6年荣获"最具创新精神的公司"称号。

动画:四大事务所介绍

安然公司的成功,即使是在美国这样敢于冒险、富有创新精神、奇迹频生的国家,也绝对称得上是一个商业神话。它吸引了无数羡慕的眼光,也寄托了众多投资者发财的希望。然而,这一切是如此的短暂,当安然公司发表了2001年第三季度亏损的财务报表后,安然帝国的崩塌就开始了。2001年10月16日,安然公司公布第三季度的财务状况,宣布公司亏损总计达到6.18亿美元。2001年10月22日,相关媒体进一步披露出安然与另外两个关联企业的复杂交易,安然通过这些交易举债34亿美元,但这些债务从未在安然季报和年报中披露。也就在这一天,美国证券交易委员会盯上了安然,要求安然公司主动提交某些交易的细节内容,并于10月31日开始对安然公司进行正式调查,至此,安然事件终于爆发。在政府监管部门、媒体和市场的强大压力下,2001年11月8日,安然向美国证监会递交文件,承认做了假账:从1997年到2001年间共虚报利润5.86亿美元,并且未将巨额债务入账。就在安然向美国证监会承认做假以后,又犯下了一次重大决策错误,同时遭受了一次收购失败的重大打击,最终导致崩塌。2001年12月2日,安然正式向破产法院申请破产保护,破产清单中所列资产价值高达498亿美元,成为当时美国历史上最大的破产企业。

安达信公司成立于1913年,自成立以来,一直以其稳健诚信的形象被公认为同行业中的"最佳精英"。20世纪90年代以后,与普华永道、毕马威、安永、德勤一道成为全球最大的五大会计师事务所。从安然成立时起,安达信就开始担任安然公司的外部审计工作。20世纪90年代中期,安达信与安然签署了一项补充协议,安达信包揽安然的内部审计工作。不仅如此,安然公司的咨询业务也全部由安达信负责。接着,由安达信的前合伙人主持安然公司财务部门的工作,安然公司的许多高级管理人员也有不少是来自安达信的。从此,安达信与安然公司结成牢不可破的关系。在安然公司造假事件披露后,媒体和公众将讨伐的目光对准负责对安然公司提供审计和咨询服务的安达信公司。人们纷纷指责其没有尽到应有的职责,并对其独立性表示怀疑。公众和媒体指责、怀疑安达信在安然事件中的不当做法主要有以下几点。

(1) 安然公司长时间虚构盈利(1997—2001年共虚构利润5.86亿美元),以及隐藏数亿美元的债务,作为10多年来一直为安然公司提供审计和咨询服务、在会计行业声誉卓著的安达信不可能不知道内情。

(2) 安然为了降低成本,安达信为了增加收入,因此安达信不仅接管了安然多家公司的会计工作,包括在1994—1998年受聘承担安然内部审计工作,并全面负责安然的咨询工作;同时,安达信又承担安然的审计工作。2001年,安然向安达信支付的费用达5 200万美元,其中2 500万美元是审计费用,2 700万美元是顾问费用,这种做法被指存在利益冲突。

(3) 安然公司数名掌管财务的高层来自安达信,如安然的会计主任加入公司前为安达信高级经理。安然的财务总监大学毕业后曾在安达信任审计经理。

(4) 安达信的一名合伙人在得知美国证监会将对安然公司展开调查后,下令销毁为数不少有关安然的文件和电子邮件,这种行为被指有违职业操守,并涉嫌妨碍司法调查。

经过长时间的调查,于2002年3月14日,美国司法部副部长对安达信公司提出"妨碍司法"的犯罪指控,原因是安达信公司故意销毁大量有关安然公司的文件。2002年10月16日,美国休斯敦联邦地区法院对安达信妨碍司法调查作出判决,罚款50万美元,并禁止它在5年内从事业务。安达信美国公司于2002年8月31日在其总部芝加哥宣布,将退出公司从事了89年之久的上市公司审计业务。此后,2 000多家上市公司客户陆续离开安达信,且安达信在全球的分支机构也相继被撤销和收购。最终,安达信黯然退出"五大"行列。

二、案例意义

"安然"事件的根本原因就是职业道德缺失,导致了安然公司破产,安达信也紧随倒闭。通过这个案例,同学们要思考人生准则,做人要真实可靠、客观公正、实话实说,要时刻牢记诚实守信是中华民族的传统美德。

问题:用学习情境一学到的知识,分析安然事件中安达信审计失败的根本原因。

职业能力训练

一、单项选择题

1. 以下关于审计含义的理解中,错误的是( )。
   A. 审计不能用来有效满足财务报表预期使用者的需求
   B. 审计不涉及为如何利用信息提供建议
   C. 审计的基础是独立性和专业性
   D. 审计的最终产品是审计报告

2. 下列有关财务报表审计业务三方关系人的说法中,不正确的是( )。
   A. 审计报告的收件人应当尽可能地明确为所有的预期使用者
   B. 审计业务的三方关系人分别是注册会计师、被审计单位管理层和财务报表预期使用者
   C. 某项业务如果不存在除责任方之外的其他预期使用者,该业务将不构成审计业务
   D. 财务报表审计可以减轻管理层或治理层的责任

3. 每项审计准则均包含一个或多个目标,关于对审计准则中"目标"的理解,下列说法中不正确的是( )。
   A. 有助于使注册会计师关注每项审计准则预期实现的结果
   B. 可以帮助注册会计师理解所需完成的工作,以及在必要时为完成这些工作使用的恰当手段
   C. 可以帮助注册会计师确定在审计业务的具体情况下是否需要完成更多的工作以实现目标
   D. 无须与总体目标相联系

4. 下列关于审计证据的说法中,不正确的是( )。
   A. 会计记录属于重要的审计证据来源
   B. 被审计单位聘请的专家编制的信息也可以作为审计证据
   C. 某些时候信息的缺乏本身并不构成审计证据
   D. 不同来源或不同性质的证据可以证明同一项认定

5. 下列各项有关职业责任和期望差距的说法中,正确的是( )。
   A. 注册会计师的职业责任在很大程度上反映财务报表使用人的期望
   B. 财务报表使用人期望注册会计师判断财务报表是否存在错报

C. 注册会计师职业界普遍接受的责任是,通过审计以评价被审计单位管理层的会计确认、计量和披露,判断财务报表是否不存在重大错报

D. 注册会计师通过审计发现财务报表中存在的所有重大错报是整个注册会计师行业不断走向成熟的重要标志

6. 在确定审计业务的三方关系人时,下列有关责任方的说法中,注册会计师认为错误的是( )。

   A. 责任方是预期使用者,而且是唯一的预期使用者
   B. 责任方可能是审计业务的委托人,也可能不是委托人
   C. 责任方是指被审计单位的管理层,但在某些被审计单位,可能包括部分或全部的治理层
   D. 管理层和治理层应对编制财务报表承担完全责任

7. 下列各项关于审计报告的说法中,不正确的是( )。

   A. 审计报告是注册会计师与财务报表使用者沟通审计事项的主要手段
   B. 审计报告是财务信息生成链条上关键的一环
   C. 标准化的审计报告模式存在着信息含量低、相关性差等缺陷
   D. 财务报表使用者作出明智投资和信托决策需要的信息,与他们从审计报告和已审计财务报表中得到的信息之间存在的较大的差距不影响资本市场的效率和资本的成本

8. 下列有关财务报表审计的相关说法中,不恰当的是( )。

   A. 审计对象是历史的财务状况、经营业绩和现金流量
   B. 审计对象的载体是财务报表
   C. 在财务报表审计中,财务报告编制基础即是标准
   D. 注册会计师对审计对象作出合理一致的评价或计量时,需要有适当的标准,因此不需要运用职业判断

9. 以下关于审计证据的说法中,错误的是( )。

   A. 被审计单位雇用的专家编制的信息可以作为审计证据
   B. 审计证据不包括会计师事务所接受与保持客户或业务时实施质量控制程序获取的信息
   C. 审计证据在性质上具有累积性
   D. 审计证据的可靠性受其来源和性质的影响,并取决于获取审计证据的具体环境

10. 被审计单位甲公司于 2023 年 8 月 31 日委托某商场销售自产的电子书阅读器,按照销售额的一定比例支付手续费,在发出商品时账上记录了该笔销售,确认收入结转成本,甲公司的营业收入违反了( )认定。

    A. 准确性　　　　B. 发生　　　　C. 完整性　　　　D. 分类

二、多项选择题

1. 以下针对财务报表审计与审阅业务的说法中,恰当的有( )。

   A. 审计属于合理保证,即高水平保证

B. 审阅属于有限保证,其低于审计业务的保证水平
  C. 审阅提供的是低水平的保证,因此无须将审阅业务风险降至审阅业务环境下可接受的水平
  D. 审阅业务以积极方式提出结论
2. 下列各项关于注册会计师审计和政府审计的说法中,正确的有(　　)。
  A. 审计目标和对象不同
  B. 审计的标准不同
  C. 取证权限相同
  D. 对发现问题的处理方式相同
3. 下列各项中,属于审计方法的有(　　)。
  A. 账项基础审计
  B. 政府审计
  C. 制度基础审计
  D. 风险导向审计
4. 下列各项中,属于注册会计师发挥的作用的有(　　)。
  A. 促进了上市公司会计信息质量的提高
  B. 维护了市场经济秩序
  C. 在很大程度上防止了市场交易的欺诈行为
  D. 推动了国有企业的改革
5. 下列各项中,属于注册会计师审计的依据的有(　　)。
  A. 《中华人民共和国审计法》
  B. 《中华人民共和国注册会计师法》
  C. 《中华人民共和国国家审计准则》
  D. 中国注册会计师审计准则
6. 关键审计事项的引进,使得财务报表使用者可以了解与被审计单位和财务报表审计更为相关、决策有用的信息,这些信息可能包括(　　)。
  A. 注册会计师评估的重大错报风险较高的领域
  B. 识别出的特别风险
  C. 涉及管理层判断的重大不确定性事项和重大审计判断
  D. 当期重大交易或事项对审计的影响
7. 关于注册会计师执行财务报表审计工作的目标,下列说法中,正确的有(　　)。
  A. 总体目标包括对财务报表整体是否不存在由于舞弊或错误导致的重大错报获取合理保证,使得注册会计师能够对财务报表是否在所有重大方面按照适用的财务报告编制基础发表审计意见
  B. 审计的总体目标是指注册会计师为完成整体审计工作而达到的预期目的
  C. 具体审计目标是指注册会计师通过实施审计程序以确定管理层在财务报表中确认的各类交易、账户余额、披露层次认定是否恰当
  D. 总体目标包括按照审计准则的规定,根据审计结果对财务报表出具审计报告,并与管理层和治理层沟通
8. 注册会计师运用审计准则规定的目标评价是否已获取充分、适当的审计证据,如果评价结果认为没有获取充分、适当的审计证据,注册会计师可以采取的措施包括(　　)。
  A. 评价通过遵守其他审计准则是否已经获取进一步的相关审计证据
  B. 在执行一项或多项审计准则的要求时,扩大审计工作的范围
  C. 评价通过遵守其他审计准则是否将会获取进一步的相关审计证据

D. 实施注册会计师根据具体情况认为必要的其他程序

9. 下列各项中,与所审计期间期末账户余额及相关披露相关的认定有(   )。

    A. 发生　　　　　　　　　　　　B. 准确性、计价和分摊

    C. 权利和义务　　　　　　　　　D. 截止

10. A注册会计师负责审计甲公司2022年度的财务报表,在审计中,发现2022年销售商品时产生的运费与营业收入的比值,比2021年下降很多,而2022年与2021年的经营环境大致相同,由此,注册会计师可能会怀疑被审计单位的(   )认定存在重大错报风险。

    A. 营业收入的发生　　　　　　　B. 销售费用的完整性

    C. 管理费用的完整性　　　　　　D. 营业收入的完整性

三、判断题

1. 审计产生的基础是所有权与经营权分离的条件下,财产委托人与受托人之间的经济责任关系。（   ）

2. 审计就是查账。（   ）

3. 审计作用的产生是由审计职能所决定的,而审计作用的大小是由审计任务完成的好坏所决定的。（   ）

4. 政府审计、民间审计和部门审计都属于外部审计。（   ）

5. 如果为某一特定行业或领域中的两个以上客户提供服务,注册会计师应当告知客户,并在征得他们同意的情况下执行业务。（   ）

6. 除法律、法规允许外,注册会计师不得以或有收费方式提供鉴证服务,收费与否或收费多少不得以鉴证工作结果或实现特定目的为条件。（   ）

文档:学习情境一
拓展训练

千里之行　始于足下——
承接审计业务

🖋 情 境 导 航

　　从本情境开始,将学习如何开展具体的审计工作。注册会计师审计的特点就是受托审计,必须接受委托人的委托才能开展审计工作,这是审计工作的起点。在此之前,审计人员要对委托人进行初步了解,才能决定是否接受委托;若决定接受委托,要与委托人签订审计业务约定书,确定双方的权利与义务。本情境包括以下3个任务:明确业务承接要求;了解被审计单位的基本情况;签订审计业务约定书。

🔲 学 习 目 标

- 了解审计业务承接基本流程。
- 能根据委托人情况决定是否接受委托。
- 掌握审计业务约定书签订的方法。

🎬 课 程 思 政

- 弘扬党的二十大精神,守初心担使命。
- 勤学苦练,开拓创新。
- 恪守职业道德,讲求实事求是,注重工作实效。

❄ 情 境 认 知

审计从业务洽谈开始

　　一天,一位老客户给注册会计师孟翔打来电话:"孟老师,请您过来一下签订下一年度的审计业务约定书好吗?"
　　孟翔说:"好的,但是我暂时没空,我会让我的助手沈诚实去的。"
　　沈诚实前去洽谈审计业务,她回来后,将客户已盖章的审计业务约定书交给孟翔。
　　孟翔问她:"你是否与客户洽谈过?是否了解审计的目标、审计报告的用途等事项?"
　　沈诚实说:"不瞒您说,我确实没有与客户好好洽谈,我只是去拿了一下业务约定书而已。"
　　孟翔对助手沈诚实说:"良好的开端是成功的一半,我们做审计工作也是如此。如果是首次接受业务委托,应与委托人面谈,讨论审计的目标、审计报告的用途、审计范围等事项,进行初步风险评估;如果是连续审计,应通过面谈,了解上述事项是否发生变化。这是为了确定是否接受业务委托,也是为了确保在计划审计工作时达到一定的要求。"

任务一 明确业务承接要求

任务导入

一天,正在利信会计师事务所工作的孟翔接到母亲的电话,说有一个亲戚开办的澳格科技有限公司 2022 年度的会计报表拟委托会计师事务所审计,正在寻找合适的会计师事务所。母亲希望孟翔能够参与对澳格科技有限公司会计报表的审计。孟翔听了,一方面受母亲所托,另一方面认为是开拓了一个新客户,于是非常爽快地答应了,并于 2023 年 5 月 6 日亲自带领审计助理沈诚实到澳格科技有限公司实施审计。

澳格科技有限公司属于私营企业,主营计算机软件开发,兼营计算机硬件、配件等,自开业 5 年来业务发展很好,但从没有接受过注册会计师审计。注册会计师孟翔的业务专长是对工业企业,尤其是国有工业企业进行会计报表审计。

具体任务:模拟案例中涉及的人物,体会业务委托与受托关系中相关利益方的心理活动以及利益驱动,并结合相关知识讨论注册会计师承接业务时应考虑的因素。

一、业务承接流程

根据《中华人民共和国注册会计师法》的规定,注册会计师的业务范围包括:审计业务、会计咨询业务、会计服务业务、审阅业务、鉴证业务和其他相关服务业务。任何业务在承接前,都应初步了解业务环境,考虑承接该业务是否符合独立性和专业胜任能力等相关职业道德规范的要求。只有在初步了解业务环境后,认为符合独立性和专业胜任能力等相关职业道德规范要求的业务,注册会计师才能予以承接。从国内外有关注册会计师的法律看,法定审计业务是注册会计师的核心业务,因此我们主要介绍审计业务承接流程。

一般来讲,审计业务承接的基本流程包括:了解和评价审计对象的可审性;决策是否考虑接受委托;商定业务约定条款;签订审计业务约定书。

【实务辨析 2-1·多选题】 在业务承接流程中,(　　)两项流程直接决定审计业务的质量,必须谨慎对待。

A. 了解和评价审计对象的可审性
B. 决定是否考虑接受委托
C. 签订审计业务约定书
D. 商定业务条款

二、业务承接总体要求

会计师事务所应当按照执业准则的规定,谨慎决策是否接受或保持某客户关系和具体审计业务。在接受新客户的业务前,或决定是否保持现有业务或考虑现有客户的新业务时,会计师事务所应当执行一些客户接受与保持的程序,以合理保证只有在下列情况下,才能接受和保持客户关系和具体业务。

(1) 已考虑客户的诚信,没有信息表明客户缺乏诚信。

(2) 会计师事务所具有执行业务必要的素质、专业能力、时间和资源。

(3) 会计师事务所及人员能够遵守职业道德规范。

在接受新客户的业务前,或决定是否保持现有业务或考虑现有客户的新业务时,会计师事务所应当根据具体情况获取上述信息。当识别出问题而又决定接受或保持客户关系、具体业务时,会计师事务所应当记录问题如何得到解决。

许多事实证明,会计师事务所接受一个错误的客户带来的损失远远高于这个客户的收费。由于客户原因导致的审计失败使得会计师事务所因诉讼和声誉下降等带来的无形资产损失难以估算和无法弥补。例如,2000年的"安然"事件就直接导致了安达信会计师事务所的倒闭。因此,会计师事务所要加强在客户承接和保持上的管理,不轻易接受不符合条件的客户。在业务承接过程中,需要较高的职业判断能力,以及高度的职业敏感性和丰富的执业经验。所以,会计师事务所应当安排职位较高的人员执行此类工作。

思政元素融入 | **信念坚定·守初心担使命**

思政素材:红色审计守初心(审计署宣传片)

中国共产党成立之初就十分注重自身的建设,审计工作是加强作风建设的重要抓手。在艰苦卓绝的革命岁月,中国共产党领导的审计事业从无到有,从初创到逐渐成熟。阮啸仙等老一辈革命先贤,用鲜血、勇气和智慧,推动着革命时期的审计工作。(扫码观看完整视频)

思政讨论:学习贯彻党的二十大精神,回顾红色审计历史,解读红色审计精神,传承红色审计文化。

视频:红色审计守初心

三、业务承接具体要求

决定是否考虑接受委托,是否承接业务,对于审计业务执行和审计质量控制至关重要,具体需考虑以下因素。

(一)考虑客户的诚信情况

客户的诚信问题虽然不会必然导致财务报表产生重大错报,但绝大多数审计问题都来源于不诚信的客户。因此，注册会计师应当了解客户的诚信情况，拒绝不诚信的客户，以降低业务风险。

1. 考虑的主要事项

针对有关客户的诚信，会计师事务所应当考虑下列主要事项。

（1）客户主要股东、关键管理人员、关联方及治理层的身份和商业信誉。

（2）客户的经营性质。

（3）客户主要股东、关键管理人员及治理层对内部控制环境和会计准则等的态度。

（4）客户是否过分考虑将会计师事务所的收费维持在尽可能低的水平。

（5）工作范围受到不适当限制的迹象。

（6）客户可能涉嫌洗钱或其他刑事犯罪行为的迹象。

（7）变更会计师事务所的原因。

2. 获取相关信息的途径

会计师事务所在评价客户诚信情况时，可以通过下列途径获取与客户诚信相关的信息。

（1）与为客户提供专业会计服务的现任或前任人员进行沟通，并与其讨论。这种沟通包括询问是否存在与客户意见不一致的事项及该事项的性质，客户是否有人为、错误地影响会计师出具恰当的报告的情形及证据等。

（2）向会计师事务所其他人员、监管机构、金融机构、法律顾问和客户的同行等第三方询问。这种询问可以涵盖客户管理部门对于遵守法律、法规要求的态度。

（3）从相关数据库中搜索客户的背景信息。例如，通过客户的年报、中期财务报表、向监管机构提交的报告等，获取相关的信息。

如果通过上述途径无法充分获取与客户相关的信息，或这些信息可能显示客户不够诚信，会计师事务所应当评估其对业务风险的影响。

（二）考虑是否具备执行业务的必要素质、专业胜任能力、时间和资源

会计师事务所在接受新业务前，还必须评价自身的职业能力，不得承接不能胜任和无法完成的业务。对自身的职业能力了解非常重要，但是比较困难的是对客户所需要的资源进行准确的估计。另外在资源不足的情况下，不接受新的客户更为关键。

因此，在确定是否具有新业务所需的必要素质、专业胜任能力、时间和资源时，会计师事务所应当考虑下列事项，以评价新业务的特定要求和所有相关级别的现有人员的基本情况。

（1）会计师事务所人员是否熟悉相关行业或者业务对象。

（2）会计师事务所人员是否具有执行类似业务的经验，或是否具备有效获取必要技能和知识的能力。

（3）会计师事务所是否拥有足够的具有必要素质和专业胜任能力的人员。

（4）在需要时，是否能够得到专家的帮助。

（5）如果需要项目质量控制复核，是否具备（或能聘请到）符合标准和资格要求的项目质量控制复核人员。

（6）会计师事务所是否能够在提交报告的最后期限内完成业务。

(三)考虑能否遵守职业道德规范

在确定是否接受新业务时,会计师事务所还应当考虑接受该业务是否会导致现实或潜在的利益冲突。如果识别出潜在的利益冲突,会计师事务所应当考虑接受该业务是否适当。

注册会计师需要做出的最重要的决策之一就是接受和保持客户。一项低质量的决策会导致不能准确确定计酬的时间或被支付的费用,额外增加项目负责人和员工的压力,使会计师事务所声誉遭受损失,或涉及潜在的诉讼。

(四)考虑其他事项的影响

1. 考虑本期或以前业务执行过程中发现的重大事项的影响

如果在本期或以前业务执行过程中发现客户守法意识淡薄或内部控制环境恶劣,或对业务范围施加重大限制,或存在其他严重影响业务执行的情形等,会计师事务所应当考虑其对保持客户关系可能造成的影响。必要时,可以考虑终止与该客户的关系。

2. 考虑接受业务后获知重要信息的影响

会计师事务所在接受业务后可能获知了某项信息,而该信息若在接受业务前获知,可能导致会计师事务所拒绝该项业务。在这种情况下,会计师事务所应当解除该项业务约定,同时了解解除该项业务约定及客户关系的可能性或确定适用于该项业务环境的法律责任。

3. 解除业务约定或客户关系时制定的政策和程序

一旦决定接受业务委托,注册会计师应当与客户就审计约定条款达成一致意见。签订或修改审计业务约定书,以避免双方对审计业务的理解产生分歧。

📢 任务分析

注册会计师承接业务时应考虑下列因素:考虑客户的诚信情况;考虑是否具备执行业务的必要素质、专业胜任能力、时间和资源;考虑能否遵守职业道德规范;考虑其他事项的影响。

案例中,澳格科技有限公司属于私营企业,主营计算机软件开发,兼营计算机硬件、配件等,而沈诚实的业务专长是对工业企业,尤其是国有工业企业进行会计报表审计。因此,利信会计师事务所如果接受澳格科技有限公司的审计委托,从独立性和胜任能力方面考虑,不能委派孟翔承担该项审计业务,应当委派熟悉计算机行业,并具有丰富的软件开发审计经验的其他注册会计师承接该项业务,同时应当提请注册会计师在审计中注意澳格科技有限公司属于私营企业和以前年度没有接受过注册会计师审计这两个方面所带来的审计风险。另外,对于孟翔个人而言,应该及时了解澳格公司的背景,是否存在诚信问题,不要因为是母亲介绍或急需开拓新客户而承接这项业务。

任务二　了解被审计单位的基本情况

📢 任务导入

2023年4月16日,利信会计师事务所的孟翔和沈诚实对蓝天图书公司委托审计的目的、审计业务的性质、审计收费与审计范围是否受到限制、审计的程序是否能够顺利进行等方面进行了初步了解。洽谈中,蓝天图书公司的总经理张琪提出双方当即签订审计业务约定书的要求。注册会计师孟翔则表示在未全面了解该公司基本情况的前提下,仅凭上述的初步了解是不能签订审计业务约定书的。

具体任务:为什么孟翔拒绝立即签约?签约前还要从哪些方面了解被审计单位?

根据独立审计具体准则,注册会计师在接受委托前,应当初步了解被审计单位所有者及其构成、组织结构、生产与业务流程、经营管理情况和所处经济环境、所在行业的情况。接受委托后,应当进一步了解被审计单位的情况。连续接受委托时,应当及时更新和重新评价以前获知的被审计单位有关信息,并实施相应审计程序,以识别上次审计后有关情况发生的重大变化。注册会计师在执行会计报表审计业务时,应当充分了解被审计单位的情况,以识别和理解对会计报表、审计过程或审计报告有重大影响的交易、事项或惯例。

一、了解被审计单位基本情况的目的

了解被审计单位基本情况是审计工作的必要程序。接受委托前,初步了解被审计单位的情况,可以决定是否接受审计委托,从而降低审计风险。接受审计委托后,进一步了解被审计单位基本情况的作用主要有以下几个方面。

(1)能够帮助注册会计师判断其确定的重要性水平是否适当。

(2)能够帮助注册会计师判断被审计单位会计政策的选择和运用是否恰当,以及财务报表的列报是否适当。

(3)能够帮助注册会计师判断并识别需要特别考虑的领域,包括关联方交易、管理当局运用持续经营假设的合理性,或交易是否具有合理的商业目的等。

(4)能够帮助注册会计师确定在实施分析程序时所使用的预期值。

(5)能够帮助注册会计师审计和实施进一步审计程序,以将审计风险降至可接受的低水平以及评价所获取审计证据的充分性和适当性。

二、了解被审计单位的基本情况

注册会计师了解被审计单位的基本情况主要有以下几个方面。

(一)被审计单位行业状况、监管环境及其他外部因素

(1)所在行业的市场供求与竞争。

(2)生产经营的季节性和周期性。

(3)生产技术的发展变化。

(4)能源供应与成本。

(5)行业的关键指标和统计数据。

(6)适用的会计准则和行业特定惯例。

微课:了解被审计单位基本情况

(7) 对经营活动产生重大影响的法律、法规。

(8) 对开展业务产生重大影响的政府政策,包括货币、财政、税收和贸易等政策。

(9) 环保要求。

(10) 宏观经济的景气度。

(11) 利率和资金供求状况。

(12) 通货膨胀水平及币值变动情况。

(二) 被审计单位的性质

了解被审计单位的性质有助于注册会计师理解预期在会计报表内反映的各类交易、账户余额、列报与披露。

(1) 所有权结构。它包括被审计单位所有权结构以及所有者与其他人员或单位之间的关系,同时,可能还需要对其控股母公司(股东)的所有权性质、管理风格及对被审计单位经营活动及财务报表可能产生的影响等进行了解。它有助于注册会计师识别关联方关系并了解被审计单位的决策过程。

(2) 组织结构。复杂的组织结构可能导致某些特定的重大错报风险。例如,对于在多个地区拥有子公司、合营企业、联营企业或其他成员机构,或存在多个业务分部和地区分部的被审计单位,不仅编制合并财务报表的难度增加,还存在其他可能导致重大错报风险的复杂事项,如子公司、合营企业、联营企业或其他股权投资类别的判断及会计处理,商誉在不同业务分部之间的摊销及减值等。

(3) 生产、业务流程。必须了解生产类型是大量大批生产还是单件小批生产,了解业务流程是多步骤分步生产还是单步骤连续生产等。

(4) 经营管理情况。它主要指内部控制制度是否健全。

(5) 财务状况与经营成果。它主要从会计报表中了解被审计单位资产、负债、所有者权益状况和损益状况。

(6) 会计报表编报环境。它主要指适用的会计准则和有关的财务会计制度。

(7) 适用的法规。适用的法规是指被审计单位应遵守的各种法律、法规和规章制度。主要包括企业组织法规、税务法规和财务法规等。

思政元素融入 | **勤学苦练·开拓创新**

思政素材:大数据揭示涉农"小"腐败

审计组在农业保险资金使用情况审计过程中,充分运用大数据,精准锁定违规疑点线索,迅速查找出村干部在农业保险中的违规问题。(扫码查看全篇文章)

思政讨论:激励享受"岁月静好"的我们,该如何珍惜和对待当下的学习生活、勤学苦练掌握过硬的审计技能和本领。

文档:大数据揭示涉农"小"腐败

(三) 被审计单位对会计政策的选择和运用

注册会计师应当了解被审计单位对会计政策的选择和运用是否符合国家颁布的企业

会计准则和相关会计制度,以及是否符合被审计单位的具体情况。在了解被审计单位对会计政策的选择和运用是否适当时,注册会计师应当关注下列重要事项。

(1) 对重大和异常交易进行会计核算使用的方法。

(2) 在缺乏权威性标准或共识的有争议的领域或新领域,采用重要会计政策产生的影响。

(3) 被审计单位会计政策的变更。

(4) 对新颁布的企业会计准则和相关会计制度,被审计单位何时采用以及如何采用。

如果被审计单位变更了重要会计政策的选择和运用,注册会计师应当考虑变更的原因及适当性,并考虑是否符合国家颁布的企业会计准则和相关会计制度。

(四) 被审计单位的目标、战略以及相关经营风险

注册会计师应当了解被审计单位的目标和战略,以及可能导致会计报表重大错报的相关经营风险。经营风险源于对被审计单位实现目标和执行战略产生不利影响的重大情况、事项、环境和行动,或源于不恰当的目标和战略。大部分经营风险最终都具有财务后果,从而影响会计报表,注册会计师应当根据被审计单位的具体情况考虑经营风险是否可能导致会计报表发生重大错报。管理部门通常具有正式的识别和应对经营风险的策略,注册会计师应当获取有关文件以了解被审计单位的风险评估过程。小企业通常并没有正式的计划和程序来确定其目标和战略并管理经营风险,注册会计师应当询问管理部门或观察小企业如何应对这些事项。

(五) 被审计单位财务业绩的衡量和评价

被审计单位内部或外部对财务业绩的衡量和评价可能对管理部门产生压力,促使其采取行动改善财务业绩或歪曲会计报表。注册会计师应当了解被审计单位财务业绩的衡量和评价情况,考虑这种压力是否可能导致管理部门采取行动,以至于增加会计报表发生重大错报的风险。注册会计师在了解被审计单位财务业绩衡量和评价情况时,应当关注下列信息。

(1) 管理部门使用的财务业绩衡量信息,主要包括关键的业绩指标、预算、差量分析、分部信息、不同层次部门的业绩报告以及被审计单位与竞争对手的业绩比较。

(2) 外部机构提出的报告,主要包括分析师的报告和信用评级机构的报告。

(六) 内部控制

内部控制是被审计单位为了合理保证财务报告的可靠性、经营的效率和效果以及对法律、法规的遵守,由治理部门、管理部门和其他人员设计和执行的政策和程序。

注册会计师应当了解与审计相关的内部控制以识别潜在错报的类型,考虑导致重大错报风险的因素,以及设计和实施进一步审计程序的性质、时间和范围。

【学中做 2-1】 美达信息技术有限公司委托利信会计师事务所承接2022年度财务报表的审计业务,并出具相应的审计报告。利信会计师事务所派注册会计师孟翔担任该项业务的负责人。在实施该项业务时,孟翔考虑到审计资源不足,借调了美达公司设计内部控制制度的一名员工作为审计项目组成员,并由其负责风险评估中的了解内部控制工作。

文档:学中做 2-1 解析

对以下问题进行分组讨论:当拟鉴证业务具备哪些特征时,利信会计

师事务所才能承接？指出利信会计师事务所在业务执行过程中的不合理之处，并简要说明理由。

三、了解被审计单位情况采取的方法

注册会计师可采用以下方法了解被审计单位的情况。

（1）利用以往审计的资料与经验。例如，会计师事务所以往所采用的审计方法、审计程序及实践经验等。

（2）与被审计单位高级管理人员等讨论。了解被审计单位最近的财务状况、经营成果和现金流量；了解可能影响财务报告的交易和事项或目前发生的重大会计处理问题；了解新的竞争对手、主要客户和供应商的流失、新的税收法规的实施以及经营目标或战略的变化等。

（3）与被审计单位内部审计人员讨论并复核内部审计报告。这有助于注册会计师了解其针对被审计单位内部控制设计和运行有效性而实施的工作，以及管理部门对内部审计发现的问题是否采取适当的措施。

（4）与曾为被审计单位及所在行业其他单位提供服务的注册会计师、律师等讨论。了解以往注册会计师针对该单位的审计工作底稿、审计方法、审计报告。了解被审计单位有关法律、法规的遵循情况、与业务合作伙伴的安排、合同条款的含义及诉讼情况等。

（5）与被审计单位以外的有关专家、监管机构、金融机构及客户等知情人讨论。了解被审计单位外部的有关信息。

（6）查阅与被审计单位所在行业相关的资料。了解被审计单位所在行业的现状、发展趋势、经营风险等。

（7）了解对被审计单位有重大影响的法规。例如，会计法规、金融法规、上市公司法规、税收法规等。

（8）实地察看被审计单位的生产经营场所及设施。了解被审计单位的性质及经营活动，增强对被审计单位的经营活动及重大影响因素的了解。

（9）查阅被审计单位相关的会议记录、以前年度的年度报告等文件。了解被审计单位的经营计划、经营策略、财务状况及发生的重大事项等。

注册会计师在利用所了解的被审计单位的情况时，应当合理运用专业判断。专业判断贯穿于注册会计师审计的全过程，而专业判断只有建立在对被审计单位及环境了解的基础上，才是恰当和符合实际的。

【情境案例 2-1】 阅读以下内容，了解会计师事务所拟承接审计业务的基本情形，并回答其中提出的问题。

场景：2023 年 3 月 15 日，利信会计师事务所主任会计师徐仁义的办公室。

人物：利信会计师事务所方：主任会计师徐仁义（徐，男）；注册会计师孟翔（孟，男），李敏（小李，女），林菲（林，女）；沈诚实（沈，男）。

奥克股份有限公司方：副总经理（主管财务工作）刘明（刘，男），财务总监李静（老李，女）。

画面1：

（李敏敲门，进入徐仁义的办公室）

徐：来来来，我来介绍一下，这位是奥克股份有限公司的副总经理刘明先生，这位是财务总监李静女士。这位就是我们所的青年骨干人才——注册会计师李敏。（众人互相握手）

动画:画面1

小李：我们认识，(指着老李)这是我亲妈呢！

徐：哈哈，那我们谈起来更有话题了！大家快请坐！（众人分别坐下）

刘：我们公司刚刚上市，这不快到年底了嘛，想聘请你们所为我们开展年度财务报表审计工作。当然了，如果合作愉快的话，我们公司的其他业务也可以交给你们所啊！我们公司呢，是一家专业从事食品科研、生产、加工、销售于一体的综合型企业，2014年10月19日在沪市挂牌交易。

问题1　任何一家会计师事务所都可以审计上市公司吗？（　　）

A. 是　　　　　　　B. 否

分析：应选B。证监会2007年4月9日联合发文规定，只有具有证券期货资格的会计师事务所才能承担上市公司的审计业务。

画面2：

徐：呵呵，我们所经证监会批准，可以审计上市公司。我简单介绍一下我们事务所的情况，我们所是2000年依法成立的，质量控制制度和内部管理制度健全并有效执行，执业质量和职业道德良好，设有5家分所。现有注册会计师150人，其中102人连续执业5年以上。我们所是合伙制会计师事务所，2021年取得审计业务收入4 000万元，有合伙人18人，半数以上合伙人最近在本所连续执业3年以上。

动画:画面2

刘：哈哈，既然小李和我们李总是母女，让小李给我们公司审计如何？

问题2　刘经理这个问题，徐仁义如何回答？（　　）

A. 同意　　　　　　B. 不同意，违背独立性(密切关系)

分析：应选B。审计人员与被审计单位高层不得有直系亲属关系；审计人员必须具有相应的技术能力，能独立执业，不受外部力量影响其判断；审计小组应配备具有相应能力的不影响独立性的员工，其余员工应予回避。

画面3：

徐：我们所有好多优秀的注册会计师能胜任你们公司的审计工作呢，小李和李总是母女关系，即主要近亲属，参与你们公司的审计有违职业道德基本原则。这样吧，小李，你去把林菲老师请过来。

（小李出去，林菲进来）

动画:画面3

老李：林老师，您好！老同事了！

林：两位老领导，您们好！（对事务所的人说）我刚从奥克公司来到咱们所半年，之前一直任奥克公司的财务总监，去年的财务报表就是我负责编制的。

老李：是啊，她走了，我才干呢！

问题3　林菲能参加奥克公司2022年度财务报表的审计工作吗？（　　）

A. 能　　　　　　　　B. 不能,对独立性有不利影响

分析:应选B。在执行审计业务时,注册会计师必须保持独立性。审计人员不能是被审计单位最近几年的员工。

画面4:

徐:今天怎么老熟人都碰上了啊!这样吧,林老师,你把孟翔和沈诚实请过来一下!

林:好的!(林走,孟翔和沈诚实来,经询问不存在违反职业道德基本原则和独立性的问题)

动画:画面4

刘:两位老师,你们什么时间到我们公司参观指导一下?

孟:我们最近两天都有时间,你安排好了,通知我们就行!

沈:刘经理,你们前任事务所是哪一家?

老李:光明会计师事务所,由沈佳老师负责审计。

杜:我们可以和她沟通一下吗?

问题4 刘明不同意怎么办?(　　)

A. 委托前与前任沟通是必需的审计程序　　　　B. 无所谓

分析:应选A。委托前与前任沟通是必经的审计程序。后任注册会计师应当征得被审计单位的同意,主动与前任注册会计师沟通。

画面5:

刘:好的,沈老师办公室电话是0536-28286897,今天先这样,我们定好时间来接你们。

徐:好的,就由孟翔老师牵头负责你们公司的财务报表年度审计工作,与沈诚实一起到你们公司了解一下,有什么具体问题你可以找孟翔老师。

动画:画面5

刘:好的!

老李:(拿出3张购物卡,每张面值1 000元)这是我的一点心意,请笑纳!

问题5 徐仁义是否可以接受?(　　)

A. 可以　　　　　　　　B. 不可以(密切关系,应拒绝)

分析:应选B。审计人员不准接受被审计单位的任何纪念品、礼品、礼金、消费卡和有价证券。

画面6:

徐:谢谢啦,老李。但是我们不能接受除委托合同以外的各种款项和变相款项,请见谅! 这是我们注册会计师保持独立性的需要。

老李:那好吧,见笑了!

动画:画面6

徐:刘经理,李总监,请这边走!

(众人退场,欢送)

任务分析

在未全面了解被审计单位之前拒绝签约,一方面是因为该事务所尚未确定是否有能力胜任此项工作,另一方面也是为了避免审计风险。

在签约之前,应详细了解蓝天图书公司的以下基本情况:被审计单位行业状况、监管环境以及其他外部因素;被审计单位的性质;被审计单位对会计政策的选择和运用;被审计单位的目标、战略以及相关经营风险;被审计单位财务业绩的衡量和评价;内部控制等。

任务三 签订审计业务约定书

任务导入

2023年7月1日,利信会计师事务所与鲁东钢材有限公司经协商一致后签订的审计业务约定书如下。

审计业务约定书

甲方:鲁东钢材有限公司
乙方:利信会计师事务所
兹由甲方委托乙方对2022年度会计报表进行审计,经双方协商,达成如下约定。
委托业务:
审计2022年12月31日的资产负债表及该年度的损益表和现金流量表。
双方的责任和义务:
委托方:1.建立健全内部控制制度,保护资产的安全、完整,保证会计资料的真实性、合法性和完整性;2.提供必要的工作条件和合作;3.按本约定书的约定及时支付费用。
受托方:1.按照独立审计准则的要求出具审计报告,保证审计报告的真实合法;2.对执业过程中知悉的商业秘密保密。
审计收费:
应收本约定审计事项的费用为:人民币壹万元整。

甲方:鲁东钢材有限公司	乙方:利信会计师事务所
地址:	地址:
电话:	电话:
	开户行:
	账号:
授权代表:	授权代表:
2023年7月1日	2023年7月1日

具体任务:搜索审计业务约定书模板,对照找出本案例中审计业务约定书内容的不妥之处。

目前,会计师事务所承接任何审计业务都应和客户签订审计业务约定书,审计业务约定书是指会计师事务所与委托人共同签订的,据以确定审计业务的委托和受托关系,明确委托目的、审计范围及双方责任与义务等事项的书面合约。审计业务约定书一式两份,应由会计师事务所和委托人双方的法定代表人或其授权人共同签订,并加盖委托人和会计

师事务所的印章。签订后的审计业务约定书具有法定约束力,具有与其他根据《中华人民共和国民法典》签订的经济合同一样(同等)的法律效力,成为委托人和受托人双方之间在法律上的生效契约。如果出现法律诉讼,它是确定双方责任的首要依据之一。从审计工作本身来看,当委托和受托目标全部实现后,即审计工作全部完成后,注册会计师应将审计业务约定书妥善保管,作为一项重要的审计工作底稿资料,纳入审计档案管理。

一、审计业务约定书的作用

签订书面的审计业务约定书的做法是注册会计师在长期实践中所形成的,该文书主要起到以下的作用。

(1)可增进会计师事务所和客户之间的相互了解,尤其是使客户了解注册会计师的审计责任和需要提供的合作。

(2)可作为客户检查审计业务完成情况,以及事务所检查客户履行约定义务情况的依据。

(3)如果出现法律诉讼,是明确双方责任的重要依据。事务所可以此防止责任的扩大,客户可以此要求事务所进行侵权赔偿。

二、签订审计业务约定书的原则

为了保证审计服务的质量,在签订审计业务约定书时,事务所应遵循以下原则。

(1)事务所的一切业务必须由事务所统一对外承接并与委托人签订审计业务约定书。任何注册会计师及其他员工均不得以个人名义对外承揽业务。

(2)不同类型的业务往往风险是不相同的,因此,事务所应事先规定可以承揽业务的人员层次及相应业务的风险评估水平,这种人员层次和风险水平应该是同方向变化。对于本事务所一般情况下不会接受的或在特定情况下才接受委托的业务类别也应事先规定清楚。

(3)事务所在决定是否接受某一客户时,必须考虑本身的胜任能力、独立性以及该客户是否与其他已经承接的客户存在利益冲突。

三、签订审计业务约定书前应做的工作

(一)明确准备接受委托业务的性质和范围

委托人和受托人在签约前双方对审计业务、审计范围必须取得一致看法。在会计报表审计、专项审计、期中审计、验资等诸多审计业务的委托过程中,注册会计师必须清晰地察觉今后的审计范围是否会受到限制,被审计单位能否如实地提供全部资料,注册会计师能否顺利地在审计过程中取得充分适当的证据以支持审计意见等问题。

微课:签订审计业务约定书前应做的准备工作

（二）全面了解被审计单位的基本情况

通常，在签约前，注册会计师应对被审计单位的业务性质、经营规模和组织结构、经营情况和经营风险，以前年度接受审计的情况，财务会计机构及工作组织、被审计单位简况、管理人员的经验、品行等相关方面进行全面了解，以确定是否接受委托，同时也为接受委托后安排下一步的审计工作奠定前期基础。

（三）评价自身的胜任能力

评价自身的胜任能力是指注册会计师及其所在会计师事务所应对自身能否胜任该委托业务进行评价。包括评价自身执行审计的能力，特别要考虑到确定审计小组的关键成员并考虑在审计过程中向外界专家寻求协助的需要；评价自身与委托人和被审计单位之间是否独立；评价即将参加受托业务应有的谨慎或关注能力。

思政元素融入	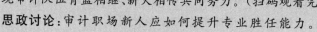

思政素材：大学来的"审计新兵"（审计署宣传片）

"人才自古要养成，放使干霄战风雨。"习近平总书记指出，当代中国青年是与新时代同向同行、共同前进的一代，生逢盛世，肩负重任。在审计人才培养上，需要持续用力、久久为功。让我们携手前行、砥砺奋进，为推进实现审计队伍青蓝相继、薪火相传共同努力。（扫码观看完整视频）

思政讨论：审计职场新人应如何提升专业胜任能力。

视频：大学来的"审计新兵"

（四）商定审计收费

尽管我国目前会计师事务所收费标准由注册会计师协会统一规定，采用计时或计件方式收取服务费用，但是，在实际工作中，会计师事务所更多地采用计时收费方式。因此，会计师事务所应合理估计工作时间，向委托人提交审计约定收费预算，并商定应收的审计费用。

（五）明确被审计单位应协助的工作

一般来说，注册会计师从事审计工作离不开被审计单位的密切协助，包括提供全部的会计资料、配备相应的财务人员以配合注册会计师的查询工作，甚至包括提供注册会计师外勤办公的场地和设备等条件。对于需要由被审计单位予以配合的工作，会计师事务所可通过提交"提请被审计单位协助审计工作的函"以明确协助事项。

（六）初步确定审计风险

注册会计师了解被审计单位的基本情况和初步调查相关内部控制制度后，应初步确定审计风险，并认真评价初步风险水平对审计质量的影响，为确定是否接受业务委托提供依据。如果初步确定审计风险水平过高，注册会计师需考虑提请被审计单位做好补充准备工作，并且提高自身的关注能力，以期降低风险水平，否则可以考虑放弃接受业务委托。

（七）分析性测试

主要对会计报表进行概略性分析，即对未审会计报表中有重大变化的项目做出总体上的概略分析说明，为初步确定重点审计领域做到"心中有数"。概略分析一般也可以在签订审计业务约定书之后实施，这主要取决于注册会计师对审计程序的规划与安排。

【学中做 2-2】 2023 年 1 月 10 日，利信会计师事务所的注册会计师李敏在一次同学聚会时得知，老同学刘小峰开办的昌答房地产公司 2022 年度的会计报表拟委托会计师事务所审计。注册会计师李敏从业 5 年来一直从事商业企业审计业务，从未涉及过房地产行业的客户，一方面出于拓展新业务的需要，李敏非常希望能够承接该公司的审计业务；另一方面也是因为熟人的关系，刘小峰爽快地答应了，双方达成了口头的业务约定。同时，李敏考虑到该业务的复杂性和审计时间紧迫，除按规定标准收取审计费以外，另在约定中提出增加 2 万元的赶工费，并于 2023 年 1 月 20 日亲自带领审计小组到房地产公司实施报表审计。

文档：学中做 2-2 解析

2 月 1 日李敏带领的审计小组结束了审计工作，并于 2 月 5 日按昌答房地产公司的要求提交了审计报告。由于昌答房地产公司有一处对财务报表有重大影响的会计核算与所采用的会计准则和会计制度不相符，李敏要求做调整，但遭到被审计单位拒绝，李敏出具了保留意见的审计报告。刘小峰一看审计报告不符合个人心意，于是就拒绝支付审计费用和赶工费。李敏力争，但昌答房地产公司认为双方没有书面合同约定，且李敏还要求额外支付赶工费不符合有关行业规定，坚持拒付款项。

根据情境案例的描述，李敏带领审计小组辛苦工作了一番为什么却被拒付审计费用？李敏在这次审计业务中是否有过错？应该总结哪些经验和教训呢？

四、审计业务约定书的基本内容

微课：审计业务约定书的基本内容

（一）基本内容

审计业务约定书的具体内容和格式可能因被审计单位的不同而不同，但应包括以下主要内容。

（1）财务报表审计的目标。注册会计师通过执行审计工作，对财务报表是否按照适用的会计准则和相关会计制度的规定编制，是否在所有重大方面公允反映被审计单位的财务状况、经营成果和现金流量发表审计意见。

（2）管理部门对财务报表的责任。在被审计单位治理层的监督下，按照适用的会计准则和相关会计制度的规定编制财务报表是被审计单位管理部门的责任。

（3）管理部门编制财务报表采用的会计准则和相关会计制度。

（4）审计范围。它包括提及在执行财务报表审计业务时遵守的中国注册会计师审计准则。审计范围是指为实现财务报表审计目标，注册会计师根据审计准则和职业判断实施的恰当的审计程序的总和。

（5）执行审计工作的安排，包括出具审计报告的时间要求。注册会计师应按双方约定的时间出具审计报告，以便于委托人能及时使用审计报告，明确规定约定书的生效日和失效日。

（6）审计报告格式和对设计结果的其他沟通形式。

（7）由于测试的性质和审计的其他固有限制，以及内部控制的固有局限性，不可避免地存在着某些重大错报可能仍然未被发现的风险。

(8) 管理部门为注册会计师提供必要的工作条件和协助。

(9) 注册会计师不受限制地接触任何与审计有关的记录、文件和所需要的其他信息。被审计单位管理部门应及时提供注册会计师审计所需全部资料。

(10) 管理部门对其做出的与审计有关的声明予以书面确认。

(11) 注册会计师对执业过程中获知的客户信息保密。

(12) 审计收费,即收费的计算基础和收费安排。双方应在审计业务约定书中根据商定结果载明对该审计业务实行审计收费的计费依据、计费标准、收费总额以及支付费用的方式和时间。在确定收费时,会计师事务所应当考虑以下因素:审计服务所需的知识和技能;所需专业人员的数量、水平和经验;每一专业人员提供服务所需的时间;提供审计服务所需承担的责任;各地有关审计收费标准的规定。

(13) 违约责任。由于审计业务约定书具有与经济合同一样的法定约束力,因此,对于违约方的责任可按《中华人民共和国民法典》的规定来确定。

(14) 解决争议的方法。

(15) 双方法定代表人或其授权代表的签字盖章,以及签约双方加盖的公章。会计师事务所(乙方)和委托人(甲方)要求在约定书中填写双方的全称。

【实务辨析2-2·单选题】 通常无须包含在审计业务约定书中的是( )。

A. 财务报表审计的目标与范围
B. 出具审计报告的日期
C. 用于编制财务报表所适用的财务报告编制基础
D. 管理层和治理层的责任

文档:实务辨析2-2分析

(二) 审计业务约定书的特殊考虑

在某些情况下,如果确实需要,注册会计师还应考虑在审计业务约定书中列明下列内容。

(1) 在某些方面对利用其他注册会计师和专家工作的安排。

(2) 在审计涉及的内部审计人员和被审计单位其他员工工作的协调。

(3) 预期向被审计单位提交的其他函件和报告。

(4) 与治理层整体直接沟通。

(5) 在首次接受审计委托时,对与前任注册会计师沟通的安排。

(6) 注册会计师与被审计单位之间需要达成进一步协议的事项。

对于连续审计,注册会计师应当考虑是否需要根据具体情况修改业务约定的条款,以及是否需要提醒被审计单位注意现有的业务约定书。

【情境案例2-2】 奥克股份有限公司为一家上市公司,2023年3月,委托利信会计师事务所承接2022年度财务报表审计业务,并出具相应的审计报告。利信会计师事务所经过对该公司内部控制的初步了解,决定派孟翔、沈诚实两名注册会计师承接该项业务。

利信会计师事务所承接审计业务后,审计人员孟翔、沈诚实应当在审计业务开始前,与被审计单位就审计目标、审计范围、相关责任划分、审计收费、被审计单位应提供的资料和协助等审计业务约定条款达成一致意见,并签订审计业务约定书,以避免双方对审计业

务的理解产生分歧。审计业务约定书基本范例如下。

审计业务约定书

甲方：奥克股份有限公司　　　　　　　　乙方：利信会计师事务所

兹有甲方委托乙方对甲方2022年度财务报表进行审计，经双方协商，现将双方的责任及有关事项约定如下。

一、审计的目标和范围

1. 乙方接受甲方委托，对甲方按照企业会计准则编制的2022年12月31日的资产负债表、2022年度的利润表、所有者权益（或股东权益）变动表和现金流量表及财务报表附注（以下统称财务报表）进行审计。

2. 乙方通过执行审计工作，对财务报表的下列方面发表审计意见：(1)财务报表是否在所有重大方面按照企业会计准则的规定编制；(2)财务报表是否在所有重大方面公允反映了甲方2022年12月31日的财务状况以及2022年度的经营成果和现金流量。

二、双方的义务及责任

（一）乙方的义务及责任

1. 乙方应按照《中华人民共和国注册会计师法》、中国注册会计师执业准则要求，对被审计单位的财务报表和有关资料，实施必要的审计程序，出具真实、合法的审计报告。乙方接受委托后，应及时委派代理人员为委托方提供约定的服务。

2. 乙方在审计过程中，如发现被审计单位的内部控制有重大缺陷，应将情况报告委托方。乙方在适当的情况下应出具管理建议书。

3. 乙方对在执行业务过程中知悉的委托方商业秘密负有保密责任。除法律另有规定者外，未经委托方同意，乙方不得将委托方提供的资料对外泄露。

4. 乙方按照约定时间完成审计业务，出具审计报告。

（二）甲方的义务及责任

1. 甲方应对乙方开展审核工作给予充分的合作，提供必要的条件，并按乙方的要求，提供账册、凭证、报表以及其他在审核过程中需要查看的各种文件资料。

2. 甲方对建立健全企业内部控制，保证会计资料真实、合法、完整，保证会计报表及账册、凭证充分披露有关信息和保证资产的安全、完整承担全部责任。如因甲方提供的会计资料失实，造成代理结果错误，乙方不负赔偿责任。

3. 作为审核程序的一部分，在乙方认为必要时，甲方应提供一份管理部门声明书，对有关会计报表方面的情况作必要的说明。

4. 甲方应按照约定的条件，及时、足额地支付代理费。

三、审计费用及支付方式

1. 按照实际参加审计工作的各级工作人员所耗用时间及现行事务所业务收费标准和地方政府有关规定，完成本项业务审计费用为人民币叁万元整（￥30 000），差旅、食宿等费用另行计算。

2. 甲方在审计约定书签约时对上述费用支付50%，其余50%在交付审计报告时支付。

3. 如因审计工作遇到特殊疑难重大问题，致使乙方增加审计程序使实际审计工作时间有较大幅度的增加,甲方应在了解实情后接受乙方增加审计费用请求。

4. 审计过程中因甲方原因,中止审计,乙方不退审计费用。

四、出具审计报告的时间要求

甲方应于签订审计业务约定书后的15日内提供审计所需的全部资料,乙方应于甲方提供审计所需的全部资料后的45日内出具审计报告。

如审计过程中出现不可预见的、影响审计工作如期完成的情况或其他情况,均需双方协商变更约定事项。

五、约定书签订后,双方应积极按约履行,不得无故终止。如有法定情形或特殊原因确需终止的,提出终止的一方应及时通知另一方,并给对方以必要的准备时间。

六、约定书履行中如遇情况变化,需变更补充有关条款的,由双方协商议定。

七、双方执行《中华人民共和国民法典》关于违约的规定并承担违约责任。

八、约定书履行中如有争议,双方应协商解决,协商不成,可通过诉讼方式解决。

九、本约定书经双方法定代表人签字并加盖单位公章后生效。

十、本约定书一式两份,双方各执一份,并具有同等法律效力。

十一、本约定书未尽事宜,经双方协商同意后,可另行签订补充协议。

甲方(公章):奥克股份有限公司　　　乙方(公章):利信会计师事务所
法定代表人(签字):程×　　　　　　　法定代表人(签字):冯××
2023年3月28日　　　　　　　　　　　2023年3月28日

任务分析

(1)"委托业务"栏应明确委托业务的范围和目的。约定书只说明了对3张报表进行审计(业务范围),未明确审计目的,即应明确经审计后,对会计报表的合法性、公允性和会计处理方法的一贯性发表审计意见。

(2)双方的义务不完整。委托方的义务除所列两条外,还应明确:委托方为受托方及时提供审计工作所要求的全部会计资料和其他有关资料,以及全部所需资料的最晚提供日期(在××××年××月××日之前提供审计所需的全部资料)。

受托方的义务除所列保密一条以外,还应明确:受托方应按照约定时间完成审计业务,出具审计报告,以及审计报告的最晚提交日期(即××××年××月××日之前出具审计报告)。

(3)约定书中没有明确审计报告的使用责任。

(4)约定书中没有注明该约定书的有效期间即生效日和失效日。

(5)约定书中没有说明违约责任及解决争议的办法。

思政德育课堂

星浮化工审计委托更换

一、案例描述

星浮化工股份有限公司(简称星浮公司)是一家上市公司,2023年更换会计师事务所,拟委托利信会计师事务所审计2022年度会计报表。利信会计师事务所委派注册会计师李敏与星浮公司洽谈业务。李敏首先从上市公司指定披露信息的报刊中收集了一些关于星浮公司的信息,了解到该公司主营化工产品,自2017年上市以来,业务迅速扩张,股价也不断攀升。李敏向星浮公司索要了2021—2022年各年的会计报表及前任会计师的审计报告,了解到公司2021年和2022年分别实现主营业务收入34.82亿元和70.46亿元,同比增长152.69%和102.35%。同时,总资产也分别增长了178.25%和60.43%,但利润率从2021年开始出现明显的下降,由2019年的2%下降到2021年的0.69%,远远低于化工类上市公司的平均水平4%。另外,2022年公司利润总额中40%为投资收益,据李敏询问星浮公司相关人员得知,投资收益是该公司利用银行承兑汇票(承兑期长达3~6个月)进行账款结算,从回笼贷款到支付贷款之间有3个月的时间差,把这笔巨额资金委托齐鲁证券进行短期套利所得。

思政德育课堂:
星浮化工审计
委托更换

当李敏询问星浮公司更换会计师事务所的理由时,星浮公司说明仅是由于公司董事会不满意前任注册会计师的工作效率。但是,李敏通过了解客户的基本情况,发现星浮公司历年来资产、营业收入和利润突变不合理,利润主要来源于对银行承兑汇票时间差的投机。另外,李敏还考虑到更换会计师事务所很有可能是星浮公司花钱购买审计意见所致。

二、案例意义

身为一名审计人员应该自觉履行对社会、对他人的责任,善于正确运用规则,敢于运用职业权利对不符合法律的行为说不。

问题:用学习情境二学到的知识,分析利信会计师事务所能否接受星浮公司的审计委托。

职业能力训练

一、单项选择题

1. 在签订审计业务约定书之前,应当对事务所的胜任能力进行评价。这种评价的内容,应当包括下列各项中除(　　)外的全部各项。
   A. 执行审计的能力　　　　　　B. 事务所的独立性
   C. 保持应有谨慎的能力　　　　D. 助理人员

2. (　　)是民间审计组织与被审计单位就审计项目所签订的正式文件。
   A. 审计通知书　　　　　　　　B. 审计报告
   C. 审计建议书　　　　　　　　D. 审计业务约定书

3. 为保持审计独立性,在(　　)情形下,会计师事务所不应与企业签约。
   A. 事务所某一职员的子女为客户的员工
   B. 事务所与客户之间有诉讼案件
   C. 事务所的职员之一为客户的财务顾问
   D. 客户拥有较多的关联方

4. 凡与被审计单位会计报表有关、与注册会计师审计意见有关的资料,均属于会计报表的(   )。
   A. 附注内容   B. 会计责任   C. 审计责任   D. 审计范围

5. 下列情况中,项目组成员甲注册会计师应该被调离的是(   )。
   A. 甲注册会计师的妻子是审计客户的财务总监
   B. 甲注册会计师的儿子是审计客户的一名普通的销售人员
   C. 甲注册会计师的邻居是审计客户的出纳
   D. 甲注册会计师的同学是审计客户的内审人员

6. 审计业务约定书是指会计师事务所与(   )签订的,用以记录和确认审计业务的委托与受托关系、审计目标和范围、双方的责任以及报告的格式等事项的书面协议。
   A. 被审计单位治理层   B. 大股东
   C. 所有的预期使用者   D. 被审计单位

7. 在下列有关审计业务约定书的内容中,(   )可随着被审计单位的不同而变化。
   A. 管理层对财务报表的责任
   B. 注册会计师对执业过程中获知的信息保密
   C. 执行审计工作的安排,包括出具审计报告的时间要求
   D. 财务报表审计的目标

8. ABC会计师事务所拟接受丁公司的委托,通过了解获知丁公司为小型企业,会计记录不完整,内部控制不存在或管理层缺乏诚信,可能导致无法获取充分、适当的审计证据,注册会计师应当考虑(   )。
   A. 在执行审计过程中多了解丁公司内部控制,并主要采取实质性程序予以应对风险
   B. 直接根据了解的情况,简要实施审计程序,并出具保留意见或无法表示意见的审计报告
   C. 拒绝接受委托
   D. 在审计业务约定书中详细说明注册会计师和被审计单位各自的责任

9. 下列有关审计业务约定书的说法中,错误的是(   )。
   A. 审计业务约定书是会计师事务所与被审计单位签订的
   B. 审计业务约定书的具体内容和格式不会因不同的被审计单位而不同
   C. 审计业务约定书具有经济合同的性质,它的目的是明确约定各方的权利和义务
   D. 会计师事务所承接任何审计业务,均应与被审计单位签订审计业务约定书

二、多项选择题

1. 审计业务约定书应当包括(   )。
   A. 重要性水平   B. 会计责任与审计责任
   C. 审计收费   D. 审计范围

2. 审计业务约定书中审计范围要明确(   )。
   A. 所审计财务报表的内容   B. 所审计财务报表的名称
   C. 所审计财务报表的日期   D. 所审计财务报表的期间

3. 注册会计师了解被审计单位的基本情况包括（　　）。
   A. 业务性质、经营规模、经营情况及经营风险
   B. 以往年度接受审计的情况
   C. 财务会计机构及工作组织
   D. 主要管理人员的经验和品性

4. 会计师事务所在签署审计业务约定书前，应评价自身的胜任能力，内容包括（　　）。
   A. 评价执行审计的能力
   B. 评价审计的独立性
   C. 评价保持应有的谨慎能力
   D. 评价会计师事务所的质量控制情况

5. 审计业务约定书中应明确审计收费的（　　）。
   A. 计费依据　　　B. 计费标准　　　C. 付费方式　　　D. 付费时间

6. 在实务中，注册会计师获取信息的来源主要包括（　　）。
   A. 银行、监管机构　　　　　　B. 前任注册会计师
   C. 工商管理部门　　　　　　　D. 外部调查机构

7. 下列各项中，通常可以作为变更审计业务的合理理由的有（　　）。
   A. 环境变化对审计服务的需求产生影响
   B. 客观因素导致审计范围受到限制
   C. 委托方对原来要求的审计业务的性质存在误解
   D. 管理层对审计范围施加限制

8. 下列各项中，属于注册会计师应当开展的初步业务活动的有（　　）。
   A. 针对接受或保持客户关系实施相应的质量管理程序
   B. 确定审计范围和项目组成员
   C. 就审计业务约定条款与被审计单位达成一致
   D. 评价遵守相关职业道德要求的情况

三、判断题

1. 审计业务约定书，既可以采用书面形式，也可以采用口头形式。　　　　　　（　　）
2. 注册会计师依据独立审计准则进行审计应能发现被审单位会计报表中存在的所有错误或舞弊，并在审计报告中披露。　　　　　　　　　　　　　　　　　　（　　）
3. 审计业务约定书是注册会计师与委托人共同签署的。　　　　　　　　　　（　　）
4. 民间审计人员对执业中知悉的商业秘密负有保密责任。　　　　　　　　　（　　）
5. 民间审计组织不得以降低收费的方式招揽业务。　　　　　　　　　　　　（　　）
6. 审计收费方法可以采用计件收费和计时收费两种方法。从注册会计师业务发展趋势来看，计时收费应成为审计收费的基本方法。　　　　　　　　　　　　（　　）

实 训 项 目

签订审计业务约定书实训

一、实训背景

山东星辰股份有限公司委托北京弘信会计师事务所对其 2022 年度财务报表进行审计。自 2020 年起,北京弘信会计师事务所开始承接山东星辰股份有限公司的年度报表审计业务,已经连续审计了两次。2023 年 1 月,双方约定继续由北京弘信会计师事务所承接山东星辰股份有限公司 2022 年度会计报表审计业务。双方经过协商,确定审计日期为 2023 年 1 月 20 日至 2023 年 2 月 28 日,2023 年 3 月 1 日出具审计报告,审计收费为 3 万元。

实务操作视频:
签订审计业务约定书

北京弘信会计师事务所根据业务需要组织审计项目小组,该项目由注册会计师刘洋为项目经理具体负责,成员有注册会计师王伟、李丽,审计助理陈红、赵芳。弘信会计师事务所接受审计业务后,审计人员刘洋、王伟在审计业务开始之前,与被审计单位就审计目标、审计范围、相关责任划分、审计收费、被审计单位应提供的资料和协助等审计业务约定书条款达成一致意见,并于 2023 年 1 月 20 日,双方签订业务约定书,以避免双方对审计业务的理解产生分歧。

二、实训资料

扫码查看相关资料。

文档:附件 2-1 北京弘信会计师事务所基本信息

文档:附件 2-2 审计业务约定书

三、实训要求

根据前期初步业务活动情况,确定接受被审计单位业务委托,派出相关审计人员就审计业务约定条款达成一致意见,编制审计业务约定书并签字盖章。

四、实训提示

两个角色:北京弘信会计师事务所法人代表吕长峰,山东星辰股份有限公司法人代表杨伟。

文档:实训提示

文档:学习情境二
拓展训练

学习情境三

兵马未动　粮草先行——
编制审计计划

✒ 情境导航

会计师事务所接受了审计委托后,就要制订审计计划。计划审计工作对于注册会计师顺利完成审计工作和控制审计风险具有非常重要的意义。计划审计工作是一项持续的过程,注册会计师通常在前一期审计工作结束后即开始开展本期的审计计划工作,直到本期审计工作结束为止。在计划审计工作时,注册会计师需制订总体审计策略和具体审计计划。在此过程中,需要做出很多关键决策,包括确定可接受的审计风险水平和重要性、配备项目人员等。本情境包括以下3个任务:制订审计计划;确定审计重要性;探析审计风险。

📖 学习目标

- 了解审计计划的意义、内容。
- 掌握审计计划的编制方法。
- 了解重要性的定义和特征。
- 知悉重要性水平的判断、确定方法和分配。
- 掌握审计风险的计算。

🎬 课程思政

- 践行党的二十大精神,树立牢固的全局观念和大局意识。
- 增强计划意识,提升谋划能力,培养敬业奉献精神。
- 塑造"信念当为先,本领要过硬,担当续传承"的优秀品质。

❄ 情境认知

审计计划与审计分工

沈诚实发现,有的审计小组在审计计划中,对助理人员没有明确具体分工,而是在审计时,主审让干啥就干啥,甚至有的助审只是"翻凭证加复印"而已。这样,助审人员往往很被动,未能充分发挥自己的主观能动性。于是,沈诚实就审计计划与审计分工问题向注册会计师孟翔请教。

沈诚实:"孟老师,您在担任主审期间,为什么比较重视审计人员的分工呢?"

孟翔:"我在编制总体审计计划时,就明确审计人员的分工、各自审计的科目,这样可以避免审计过度、审计空白、职责不明、责任不清、效率低下等现象,从而提高审计工作的效率和质量。"

沈诚实:"哦,我明白了,也就是说审计计划必须事先编制,不能事后做做样子,通过编制审计计划,进行人员和时间的安排,并确定重要性水平等。"

孟翔:"是的,比如,我作为主审负责主要科目的审计,如主营业收入及应收账款、营业成本及存货、固定资产、长期借款等;另外,我会分配给助审独立完成其他科目的审计,如货币资金、营业费用、管理费用等。"

沈诚实:"我还记得您给我讲过,签字注册会计师如果发现助审做的工作底稿有问题,也是要与主审人员进行沟通的。"

孟翔:"是这样的,主审对助审做的底稿应该有复核的义务,不能'一问三不知'。必要时,主审与助审还可以相互调换,充分发挥自己的主观能动性,完成各自所分工的任务,并在此基础上加强合作与沟通。"

沈诚实:"孟老师,正是因为您分工合理、职责分明,同事们都称赞咱们的审计小组效率很高,是名副其实的'黄金搭档'。"

任务一 制订审计计划

任务导入

沈诚实在对美零股份有限公司实施审计的过程中,按照以下步骤编制了审计计划。

(1) 了解美零股份有限公司经营及所属行业的基本情况。

(2) 了解被审计单位的内部控制。

(3) 与前任注册会计师沟通。

(4) 考虑审计风险。

(5) 初步评价重要性水平。

(6) 对重要认定制定初步审计策略。

(7) 确定检查风险并设计实质性测试。

(8) 进行控制测试并评估控制风险。

具体任务:

(1) 分析上述审计计划的顺序是否正确。

(2) 上述哪些步骤属于总体审计策略的步骤,哪些步骤属于具体审计计划的步骤?

一、审计计划的定义

审计计划是指注册会计师为了完成各项审计业务,达到预期的审计目标,在具体执行审计

程序之前编制的工作计划。审计计划的内容包括两个层次,即总体审计策略和具体审计计划。

　　计划审计工作是一项持续的过程。虽然制定总体审计策略的过程通常在具体审计计划之前,但是两项计划具有内在紧密联系,对其中一项的决定可能会影响甚至改变对另外一项的决定。

　　(1)总体→具体:针对总体审计策略中所识别的不同事项,制订具体审计计划。

　　(2)具体→总体:在具体审计计划中制定相应的审计程序,并相应调整总体审计策略的内容。

【实务辨析 3-1·单选题】　下列有关计划审计工作的说法中,错误的是(　　)。

A. 在制定总体审计策略时,注册会计师应当考虑初步业务活动的结果
B. 注册会计师制订的具体审计计划应当包括风险评估程序、计划实施的进一步审计程序和其他审计程序
C. 注册会计师在制订审计计划时,应当确定对项目组成员的工作进行复核的性质、时间安排和范围
D. 具体审计计划通常不影响总体审计策略

文档:实务辨析 3-1 分析

二、审计计划的编制

(一)总体审计策略的编制

注册会计师应当制定总体审计策略,用以确定审计工作的范围、时间安排和方向,并指导具体审计计划的制订。注册会计师制定总体审计策略时应当考虑的主要事项如下。

微课:制定总体审计策略

　　(1)被审计单位的基本情况。主要指被审计单位的业务性质、经营背景、组织结构、主要管理人员简介及经营政策、人事和会计、财务管理等情况。

　　(2)审计目的、审计范围及审计策略。主要说明所接受的是由董事会委托的例行年度会计报表审计,还是为股票上市审计,或是其他的专项审计。审计范围的内容如下。

　　① 报告要求。
　　② 适用的会计准则或制度。
　　③ 适用的审计准则。
　　④ 与财务报告相关的行业特别规定。例如:监管机构发布的有关信息披露法规,特定行业主管部门发布的与财务报告相关的法规等。
　　⑤ 需审计的集团内组成部分的数量及所在地点。
　　⑥ 需要阅读的含有已审计财务报表的文件中的其他信息。例如,上市公司年报。
　　⑦ 制定审计策略需考虑的其他事项。例如:单独出具报告的子公司范围等。

　　(3)重要会计问题及重点审计领域。主要是由被审计单位业务的复杂程度和账户的重要性,以及对固有风险与控制风险的评价和注册会计师以往的审计经验来决定。

　　(4)审计工作进度及时间、费用预算。主要指对审计工作中何时开始实施审计、有时间限制的审计程序(如存货监盘)什么时候执行、检查各个账户所需要的时间、会计报表截

止日前后所要完成的工作、现场工作结束日及报告签发日等方面的规划和说明。典型的时间预算表如表3-1所示。

表3-1 时间预算表 单位:小时

审计项目	去年实际耗用时间	本年预算	本年实际耗用时间				本年实际与预算差异	差异说明
			总时数	其 中				
				王刚	张颖	李强		
现金	8	8	8	8			0	
应收账款	40	36	34	8	26		-2	
存货	48	50	52	18	12	22	2	
固定资产	16	14	14		4	10	0	
应付账款	20	15	18	6	12		3	
……								
总计								

如时间预算与实际耗用时间存在较大差异。注册会计师应在"差异说明"栏内说明产生差异的原因。

(5) 审计小组组成及人员分工。主要指在审计小组人员的选派上要充分考虑其数量、经历、经验,合理分工搭配。

(6) 审计重要性的确定及风险的评估。

(7) 对专家、内审人员及其他注册会计师工作的利用。

(8) 其他有关内容。

制定总体审计策略参考格式如表3-2所示。

表3-2 总体审计策略

项目: 索引号: 页次:
截止日期: 编制人: 日期:
被审计单位: 复核人: 日期:

一、被审计单位基本情况
1. 公司性质: (国有/外商投资/民营/其他)
2. 公司成立日期:
3. 公司注册资本:
4. 主要经营范围:
5. 审计情况:上年度财务报表由　　会计师事务所审计,出具　　意见类型的审计报告
6. 未审报表显示: 资产总额:　　万元 负债总额:　　万元 所有者权益:　　万元
营业收入:　　万元 利润总额:　　万元

二、审计目的和范围
1. 审计目的:
2. 审计范围:

三、审计策略
1. 是否进行预审及预审内容
2. 是否进行控制测试
3. 实质性测试按业务循环测试还是按会计报表项目测试

续表

四、审计风险的评估和审计重要性水平的确定
（一）审计风险

根据：
1. 对以前年度审计工作底稿的复阅
2. 对未审计会计报表的分析性复核
3. 对本年度内公司基本情况变动的调查和了解
4. 对公司内部控制制度的初步测试和评价

我们认为，可将本次审计的整体审计风险评估为

（二）审计重要性

根据对审计风险的评估结果，拟以：
1. 总资产(0.5%～1%)　　　　　　　　　万元
2. 营业收入的(0.5%～1%)　　　　　　　万元
3. 利润总额的(5%～10%)　　　　　　　万元
4. 净资产的(1%)　　　　　　　　　　　万元
初步确定报表层次重要性水平为　　　　万元

五、重要会计问题和重点审计领域
根据分析性复核结果，审计风险评估和专业判断，拟将下列各项作为本次重点审计领域

六、审计工作进度及时间、费用预算
（一）工作进度及时间预算
1. 审计计划阶段
2. 实施审计阶段
3. 审计完成阶段

（二）费用预算
按收费标准，结合工作量，拟收费人民币　　　　元

七、审计人员组成及分工

（二）具体审计计划的编制

具体审计计划是依据总体审计策略制订的，对实施总体审计策略所需要的审计程序的性质、时间和范围所做的详细规划与说明。一般是通过编制审计程序表的方式体现的，典型的审计程序表如表3-3所示。

微课：制订具体审计计划

表3-3　特殊事项审计程序表

被审计单位：　　　　审计截止：××××年××月××日　　　　索引号：K15

审计目标和程序	执行情况	索引	签署
一、年度内报告或公告审计程序 （一）审计目标 确认年度内报告或公告所涉及财务、会计事项的真实性 确认所有重大财务、会计事项已经报告或公告 （二）审计程序 1. 索要被审计单位年度内报告或公告 2. 逐项查核涉及财务、会计事项的报告或公告，确认： 　2.1　财务、会计事项的真实性 　2.2　报告或公告的适时性、恰当性 3. 查核经审计的重大财务、会计事项，确认不存在应当报告或公告而未报告或公告的情形			

续表

审计目标和程序	执行情况	索引	签署
二、募集资金使用的审计程序 （一）审计目标 1. 确认募集资金已按招股说明书承诺使用 2. 确认募集资金的使用情况于会计报表恰当反映 （二）审计程序 1. 引用招股说明书有关募集资金的运用，列示投资项目的计划投入数，索引经审计的实际投入数 1.1　计算差异 1.2　列明原因 2. 对未实际投入的项目，重点核查： 2.1　缓投的原因 2.2　改投的决议 3. 对计划投入数超过实际投入数的投资项目，查核： 3.1　投资预算的合理性 3.2　节约投资的处理措施 4. 对实际投入数超过计划投入数的投资项目，查核： 4.1　投资预算的合理性 4.2　不足资金的解决措施 5. 查核缓投、改投、再投等有关决议及公告情况			

具体审计计划应当包括下列内容。

1. 风险评估程序的具体计划

风险评估程序的具体计划是指注册会计师按照《中国注册会计师审计准则第1211号——了解被审计单位及其环境并评估重大错报风险》的规定，为了足够识别和评估财务报表重大错报风险，在总体审计策略的基础上，对计划实施的风险评估程序的性质、时间和范围做出的安排。

2. 进一步审计程序的具体计划

进一步审计程序的具体计划是指注册会计师按照《中国注册会计师审计准则第1231号——针对评估的重大错报风险实施的程序》的规定，为了应对评估的认定层次重大错报风险，对计划实施的进一步审计程序的性质、时间和范围做出的安排。进一步审计程序的具体计划包括：①控制测试的具体计划；②实质性程序的具体计划。

注册会计师应当根据风险评估结果，确定实施进一步审计程序的性质、时间和范围。在有必要或决定实施测试控制的情况下，如果实施控制测试的结果导致对重大错报风险评估的修正，注册会计师应当根据修正的风险评估结果，确定实施实质性程序的性质、时间和范围。

3. 其他审计程序的具体计划

其他审计程序的具体计划是指注册会计师按照审计准则的规定，为了实现特定审计目标，对需要实施的其他审计程序做出的安排。

文档：实务辨析 3-2 分析

【实务辨析3-2·多选题】　下列各项中，属于具体审计计划活动的有（　　）。

A. 确定重要性

B. 确定是否需要实施项目质量控制复核
C. 确定风险评估程序的性质、时间安排和范围
D. 确定进一步审计程序的性质、时间安排和范围

三、审计过程中对计划的更改

计划审计工作并非审计业务的一个孤立阶段,而是一个持续的、不断修正的过程,贯穿于整个审计业务的始终。由于未预期事项、条件的变化或在实施审计程序中获取的审计证据等原因,在审计过程中,注册会计师应当在必要时对总体审计策略和具体审计计划作出更新和修改。

虽然编制总体审计策略的过程通常在具体审计计划之前,但是两项计划活动并不是孤立的、不连续的过程,而是内在紧密联系的,对其中一项的决定可能会影响甚至改变对另外一项的决定。因此,审计人员应当根据实施风险评估程序的结果,对总体审计策略的内容予以调整。在实务中,审计人员将制定总体审计策略和具体审计计划相结合进行,可能会使计划审计工作更有效率及效果。

审计过程可以分为不同阶段,通常前面阶段的工作结果会对后面阶段的工作计划产生一定的影响,而后面阶段的工作过程中又可能发现需要对已制订的相关计划进行相应的更新和修改。通常来讲,这些更新和修改涉及比较重要的事项。例如,对重要性水平的修改,对某类交易、账户余额和披露的重大错报风险的评估和进一步审计程序(包括总体方案和拟实施的具体审计程序)的更新和修改等。一旦计划被更新和修改,审计工作也就应当进行相应的修正。

四、指导、监督与复核

注册会计师应当制订计划,确定对项目组成员的指导、监督以及对其工作进行复核的性质、时间安排和范围。

指导、监督与复核的性质、时间安排和范围主要取决于下列因素。

(1) 被审计单位的规模和复杂程度。
(2) 审计领域。
(3) 评估的重大错报风险。
(4) 执行审计工作的项目组成员的专业素质和胜任能力。

思政元素融入 | **实事求是·严于律己·敬业奉献**

思政素材:"五字"品格,伴我成长

结合多年的审计工作经历,可以用"严、真、细、实、快"五个字,阐述审计人以平凡铸就卓越的优秀品格:一说"真"和"实",调查研究,是谋事之基、成事之道;二说"快"和

"细",审计要求的"快"和"细",不仅是效率的概念,更是"责任"和"奉献"的代名词;三说一个"严"字,审计,往往要"班门弄斧",在被审计单位更专业的领域里"指点江山",自信和底气从何而来呢?简而言之,就是严格的自身要求。这就是审计人,以及审计人的"传家宝"。(扫码查看全篇文章)

思政讨论:习近平总书记曾说,"时间之河川流不息,每一代青年都有自己的际遇和机缘,都要在自己所处的时代条件下谋划人生,创造历史"。今天的我们,已清晰地看到审计服务国家治理的无限可能,可谓是"踏浪前行风正劲,风好正是扬帆时",青年们必将继承审计的优良品格和作风,砥砺前行担使命,不负韶华争朝夕!

文档:"五字"品格,伴我成长

任务分析

(1) 上述审计计划正确的顺序包括:①了解东诚股份有限公司经营及所属行业的基本情况;②与前任注册会计师沟通;③初步评价重要性水平;④考虑审计风险;⑤对重要认定制定初步审计策略;⑥了解被审计单位的内部控制;⑦进行控制测试并评估控制风险;⑧确定检查风险并设计实质性测试。

(2) 改正后的审计程序①至④属于总体审计策略,⑤至⑧属于具体审计计划。

任务二 确定审计重要性

任务导入

利信会计师事务所的注册会计师对九冠食品有限公司审计后发表了如下审计意见:"我们认为,九冠食品有限公司财务报表已经按照企业会计准则和《会计制度》的规定编制,在所有重大方面公允地反映了该公司2022年12月31日的财务状况以及2022年度的经营成果和现金流量。"

半年后,九冠食品有限公司因无法按时偿还巨额债务而宣告破产。股东与债权人状告为该公司审计的会计师事务所。其诉讼理由是该公司2022年度的财务报表中存在严重错误,而注册会计师发表了无保留意见,从而误导了报表使用人。会计师事务所对此提出了抗辩,认为审计中发现的财务报表中存在的重大错报都已经要求九冠食品有限公司调整,并且公司也接受了调整建议,未调整的错报是不重要的,且在审计报告中发表意见时使用了"在所有重大方面公允地反映了九冠食品有限公司2022年12月31日的财务状况以及2022年度的经营成果和现金流量"这一表述。

法院经过审理最终认定:九冠食品有限公司错误报表中存在将2023年的销售收入提前计入2022年的财务报表中,造成2022年虚增收入9.8万元与高估资产11.466万元,以及漏计与少计负债18.1万元的错报。对于销售额近千万元、资产近千万元的九冠食品有限公司来说,这些错报虽然从金额上来看并不重要,却导致该公司的盈利能力保持持续增长的状态,偿债能力的指标恰巧达到了银行贷款门槛,无疑会误导报表使用人,所以会计师事务所理应承担赔偿责任。

具体任务:为什么被审计单位的财务报表有错报而注册会计师还要出具无保留意见的审计报告呢?在该笔业务中注册会计师是否应当承担赔偿责任呢?

一、审计重要性的定义

根据我国独立审计准则的定义:审计重要性是指被审计单位会计报表中错报或漏报的严重程度,这一严重程度在特定环境下可能影响会计报表使用者的判断或决策。其在量上表现为审计重要性水平。在理解这个概念时应从以下几方面把握。

微课:重要性水平的基本内容

（一）判断考虑的角度是报表使用人

审计重要性虽然是注册会计师做出的专业判断,但是其判断考虑的角度却是报表使用人。会计报表的使用者包括企业的投资者、债权人、政府、社会公众等。注册会计师在判断被审计单位会计报表中的错报或漏报是否重要,是以是否影响会计报表使用者的判断或决策为依据的,而不是从被审计单位管理部门或注册会计师的角度考虑的。所以,注册会计师在做出审计重要性的判断之前,必须在充分了解报表使用人的基础上评估会计报表使用者对被审计单位会计报表错报或漏报的容忍程度。

（二）对审计重要性的判断离不开特定的环境

不同的企业面临不同的环境,因而判断重要性的标准也不同。这个特定的环境包括企业的规模、所处的行业、企业所处的会计期间、会计报表使用者涉及的广度等。一般而言,企业的规模与其重要性水平的相对比率成反方向,即规模越大的企业,其重要性水平的比率越低;会计报表使用者涉及的广度与重要性水平成反方向变化,即会计报表使用者涉及的范围越广,其重要性水平越低,例如,100 000元对一个资产规模百万元的企业是重要的,而对资产上千亿元规模的企业,就显得不那么重要了。

（三）审计重要性是对会计报表而言的

判断一项业务重要与否,应视会计报表中错报漏报对会计报表使用人所做决策的影响而言。若一项业务在报表中的错报漏报足以改变或影响报表使用人的判断,则该业务的错报、漏报就是重要的,反之就是不重要的。

（四）运用的领域是会计报表审计

审计重要性只运用于会计报表审计中(即注册会计师审计),其对政府审计(即财经法纪审计)和内部审计都不适用。政府审计是为了评估被审计单位遵守法律、法规的程度,对它而言,根本就不存在重要性的判断,只要是错报和漏报都是重要的,无论金额的大小还是性质,因为只要它是错报或漏报的,都违反了国家有关法律、法规的规定;内部审计主要是为了测试对组织内部的经营活动和内部控制的适当性、合法性和有效性,对它而言,也不存在重要性的判断。

（五）与可容忍误差之间的关系

实质性测试的可容忍误差由注册会计师根据编制审计计划时对审计重要性的评估确定。重要性水平是注册会计师审查工作质量的一个可容忍的范围，超过这个范围是不能容忍的，因为超过这个范围表明审计工作质量下降。实际上，账户层次的重要性水平就是实质性测试的可容忍误差。

二、重要性的特征

（一）审计重要性水平因审计组织及审计目标不同而不同

国家审计重点关注国家方针政策的遵循性，并把政府资金或公共资金来源、使用、管理的真实性、合法性、效益性作为重要审计事项，对同级政府负责；内部审计以促进本单位建立和健全内部控制，督促其有效地履行职责为宗旨，对本单位发挥监督、评价和建设功能，重点关注被审计对象的内部控制；独立审计则从会计报表使用者的角度考虑，重点关注会计报表的错报或漏报是否会影响使用者的判断。

（二）审计重要性是相对的、具体的

审计事项包括被审计单位的财务活动、经营活动、管理活动以及经济职责履行活动。对同一被审计对象来说，不同时期经营重点、经营策略的变化，会影响审计事项重要性的变化；即使经营时期相同，由于审计项目和审计目的不同，审计侧重点也会发生变化，重要事项和次要事项可能发生互换。对同一审计事项来说，不同的被审计对象因规模、性质不同或经营管理存在差异，审计重要性内容也可能截然不同。实际上，审计重要性是针对特定被审计单位、特定审计事项而言的，具有相对性和个性差异，需要从审计目标、被审计对象及审计报告的使用者三方面去理解和把握。

（三）审计重要性具有质量和数量两方面特征

质量特征指的是错误的性质、问题的严重程度、可能造成的后果及影响面，即达到什么程度的错误或偏差是重要的。一般而言，内部控制存在明显缺陷比内部控制制度执行不力重要，重要业务授权比一般业务授权重要，蓄意作弊造成漏报或错报比核算不认真重要，关键时间点、关键部位的控制比履行日常监督检查重要等。

数量特征指的是错误的金额重大性和对报表数据的影响程度，即多大金额的错误是重要的。一般情况下，金额大的错报比金额小的更重要。在很多情况下，某项业务错报或漏报金额虽小，从量方面考虑也许并不重要，但从性质上看，可能是重要的，如舞弊、监守自盗、某些敏感账户的漏报等。另外，小金额的错误累计，可能会对会计报表和审计报告产生重大影响。

三、对重要性水平做出初步判断时应考虑的因素

重要性水平的评估与审计证据、审计风险、审计意见都存在密切的关系，在执业中，注册会计师必须运用职业判断能力对被审计单位的重要性水平做出合理的判断。注册会计

师在对重要性水平做出判断时必须考虑如下几个因素。

（一）以往的审计经验

如果以前年度所使用的重要性水平适当,可以作为本次审计确定的直接依据。如果被审计单位的经营环境、业务范围或职责发生变化,可做相应调整。

（二）有关法律、法规对财务会计的要求

法律、法规对财务会计做出了特殊要求,就应当谨慎地确定其重要性水平。一般而言,法律、法规对财务会计做出的要求越严格,被审计单位出现错报漏报的可能性就越大,应对其重要性水平定低一点。

（三）被审计单位的性质、经营规模和业务范围

如果被审计单位是上市公司,一方面,由于其涉及的报表使用人范围较广,确定的重要性水平是各个报表使用人重要性水平的并集;另一方面,报表使用人主要根据报表提供的信息做出判断,故应将其重要性水平定低些。如果被审计单位的业务范围较广,例如,既经营房地产,又经营电器,还经营其他业务,由于其经营范围较广,经济业务比较复杂,会计处理较易出错,应将其重要性水平定低些。

（四）内部控制与审计风险的评估结果

如果内部控制较为健全,可信赖度高,可以将重要性水平定得高一些,以节省审计成本。由于重要性与审计风险之间成反向关系,如果审计风险评估为高水平,则意味着重要性水平较低,应收集较多的审计证据,以降低审计风险。

（五）错报漏报的性质

如涉及舞弊与违法行为的错报漏报、能引起履行合同义务的错报漏报、影响收益趋势的错报漏报、不期望出现的错报或漏报等,不论其错报漏报的金额为多少,注册会计师都必须将其视为是重要的。

（六）会计报表各项目的性质及相互关系

会计报表项目的重要性程度是存在差别的,会计报表使用人对某些报表项目要比另外一些报表项目更为关心。一般而言,会计报表使用人十分关心流动性较高的项目,因此,注册会计师应当对此从严制定重要性水平。由于会计报表各项目之间是相互联系的,注册会计师在确定重要性水平时,必须考虑这种相互联系。

（七）会计报表各项目的金额及波动幅度

会计报表项目的金额及波动幅度可能成为会计报表使用人做出反应的信号,因此,注册会计师在确定重要性水平时,应当深入研究这些金额及波动的幅度。

四、重要性水平的确定方法

在对重要性水平做了上述定性分析后,我们就要对重要性水平做出定量分析。我国《独立审计具体准则第 10 号——审计重要性》第十二条规定:"注册会计师应当合理运用重要性水平的判断基础,采用固定比率、变动比率等确定会计报表层次的重要性水平。判断基础通常包括资产总额、净资产、营业收入、净利润等。"但是,迄今为止,还没有哪个国家明确规定重要性的量化标

微课:确定重要性水平

准。根据审计实务经验,通常有如下几种方法确定重要性水平。

(1) 税前净利润的 5‰~10‰。
(2) 资产总额的 0.5‰~1‰。
(3) 净资产的 1‰。
(4) 营业收入的 0.5‰~1‰。
(5) 根据资产总额或营业收入两者中较大的一项确定一个百分比。

前四种方法统称固定比率法,后一种方法又称变动比率法。注册会计师在对重要性水平做出定量分析时应把握以下 3 个原则:①选择的判断基础要合理。如果被审计单位的净利润为 0,则不能选择净利润作为判断基础;如果被审计单位的本年利润变动较大,则不能选择本年利润作为判断基础;如果被审计单位是劳动密集型企业,则不能选择资产总额或净资产作为判断基础。②选择的判断比率要合理。大规模企业的重要性水平比率要比小规模企业的重要性水平比率低。③如果同一期间各会计报表的重要性水平不同,根据谨慎性原则,注册会计师应当取其最低者作为整个会计报表的重要性水平。

【情境案例 3-1】 利信会计师事务所的孟老师给沈诚实安排了一个新任务:确定华宝公司的重要性水平。具体要求如下:①如以资产总额、净资产、营业收入和净利润作为基准,百分比分别为资产总额、净资产、营业收入和净利润的 0.5‰、1‰、0.5‰ 和 5‰,计算确定华宝公司 2022 年度财务报表层次的重要性水平;②运用职业判断确定财务报表层次的重要性水平,并说明理由。华宝公司未经审计的有关财务报表项目金额如表 3-4 所示。

表 3-4 资产负债表
2022 年 12 月 31 日 单位:元

资 产	金 额	负债及所有者权益	金 额
货币资金	40 000	应付账款	1 500 000
应收账款	920 000	长期借款	100 000
存货	1 300 000	实收资本	1 000 000
固定资产	840 000	盈余公积	500 000
合计	3 100 000	合计	3 100 000

华宝公司受 2022 年宏观环境的影响,产品销售与盈利水平不稳定,但资产总额比较稳定。部分汇总的财务数据如表 3-5 所示。

表 3-5 部分财务数据表 单位:元

项 目	金 额	项 目	金 额
资产总额	3 100 000	营业收入	420 000
净资产	1 500 000	净利润	42 120

沈诚实应当根据被审计单位的具体情况,综合考虑影响重要性的因素,运用职业判断来合理确定重要性水平。

(1) 分别以资产总额、净资产、营业收入和净利润作为基准计算重要性水平:

$$3\ 100\ 000 \times 0.5\% = 15\ 500(元)$$
$$1\ 500\ 000 \times 1\% = 15\ 000(元)$$
$$420\ 000 \times 0.5\% = 2\ 100(元)$$
$$42\ 120 \times 5\% = 2\ 106(元)$$

计算结果表明，以营业收入作为基准计算得到的重要性水平最低，应将2 100元作为华宝公司2022年度财务报表层次的重要性水平。因为重要性水平越低，要求获取的审计证据越多，注册会计师越需要执行更详细的审计程序，这样才能将审计风险控制在可接受的范围内。

（2）受2022年宏观环境的影响，该公司产品销售收入与利润水平不稳定，但资产总额比较稳定。综合考虑该公司的情况和环境，以资产总额作为适当的基准，确定财务报表层次的重要性水平是15 500元。

五、重要性水平的分配

注册会计师量化了会计报表层次的重要性之后，就必须将会计报表层次的重要性水平分配到各账户中。目前，在审计实务中存在两种分配的方法：一种是在没有考虑错误金额与审计成本的情况下，将会计报表层次的重要性水平按同一比例分配给各账户，称为平均分配法；另一种是考虑到特定账户发生错报漏报的可能性和审计策略或资源的限制，将会计报表层次的重要性水平不按同一比例分配给各账户，称为不平均分配法。

【学中做3-1】 审计助理小沙对亿欣设备有限公司会计报表进行审计时，初步判断的会计报表层次的重要性水平按资产总额的1‰计算为140万元，即资产账户可容忍的错误或漏报为140万元。并采用两种分配方案将这一重要性水平分给了各资产账户。亿欣设备有限公司资产构成及重要性水平分配方案如表3-6所示。

文档：学中做3-1解析

表3-6 亿欣设备有限公司资产构成及重要性水平的分配方案 单位：万元

项目	金额	平均分配法	不平均分配法
现金	700	7	2.8
应收账款	2 100	21	25.2
存货	4 200	42	70
固定资产	7 000	70	42
合计	14 000	140	140

要求：说明哪一种分配法较为合理，并简要说明理由。

平均分配法，其优点是操作简单易行，但是没有考虑成本效益原则，也没有考虑各项目的具体情况，因此是不科学的。不平均分配法按照具体问题具体分析的思路，根据各项目审查的难易程度确定各账户的重要性水平，对难查的，分配了较高的重要性水平；对易查的,分配了较低的重要性水平。这样,在不降低整个报表审计质量的前提下使审计成本的降低超过了审计成本的增加额,使审计总成本下降,从而体现了"成本效益原则"。在实践工作中,不平均分配法比较受到注册会计师的推崇。总的来说,注册会计师在分配重要性水平时,应该从质量和成本两个方面考虑。从质量的角度考虑,对重要性的账户,对报表使用人特别关注、特别敏感的账户,重要性水平应定得低一些;对一些不太重要的账户,则可以定得高一些。从成本的角度考虑,业务交易较大的账户,可以将重要性水平定得高一些,这样就可以降低审计成本。在决定重要性水平的分配时,注册会计师要充分利用自己的专业知识做出专业的判断,寻找到成本和质量的最佳结合。

任务分析

(1) 注册会计师在审计中运用了重要性概念,审计过的报表中错报低于重要性水平,意味着错报不影响报表使用者所做的决策,仍然可以出具无保留意见的审计报告。

(2) 在该案例中,注册会计师仅考虑了数量的重要性,而未考虑性质的重要性,从而导致发表了不恰当的审计意见,所以应当承担相应的赔偿责任。

任务三 探析审计风险

任务导入

美零股份有限公司主要从事小型电子消费品的生产和销售。注册会计师孟祥和沈诚实负责审计美零公司2022年度财务报表。在了解了美零股份有限公司及环境后,注册会计师注意到以下情况。

(1) 2021年实现销售收入增长10%的基础上,美零股份有限公司董事会确定的2022年销售收入增长目标为20%。美零股份有限公司管理层实行年薪制,总体薪酬水平根据上述目标的完成情况上下浮动。美零股份有限公司所处行业2022年的平均销售增长率为12%。

(2) 美零股份有限公司财务总监已为公司工作超过6年,于2022年9月劳动合同到期后被该公司的竞争对手高薪聘请。由于工作压力大,美零股份有限公司会计部门人员流动频繁,除会计主管服务期超过4年外,其余人员的平均服务期少于2年。

(3) 美零股份有限公司的产品面临更新换代的压力。于2022年4月将主要产品C的售价下调了8%~10%,C产品在2022年的毛利率为8.1%。另外,2022年8月推出了新产品D,市场表现良好,计划2023年全面扩大产量,并在2023年1月停产C产品。为加快资金流转,美零股份有限公司于2023年1月对C产品实施新一轮降价,平均降价幅度为10%。

具体任务:结合相关知识,分析上述情况对审计工作产生的影响。

一、审计风险的定义

审计风险(AR)是指会计报表存在重大错报或遗漏,而注册会计师审计后发表不恰当审计意见的可能性。注册会计师审计意见的合理保证与审计风险互补,即审计风险与合理保证之和应等于100%。如果注册会计师可接受的低风险水平是1%,也就意味着注册会计师对财务报表不存在重大错报获取的合理保证是99%。

合理保证意味着审计风险始终存在,但审计活动是一种保证程度较高的鉴证工作,注册会计师只有将审计风险降至可接受的低水平,才能够合理保证所审计的财务报表不存在重大错报。

二、审计风险的构成要素

审计风险取决于重大错报风险和检查风险。

（一）重大错报风险

重大错报风险是指财务报表在审计前存在重大错报的可能性。注册会计师在设计审计程序时应当从财务报表层次和各类交易、账户余额、列报(包括披露)认定层次考虑重大错报风险。

微课:理解审计风险的构成要素

(1) 财务报表层次重大错报风险,对财务报表整体产生广泛影响,可能影响多项认定,难以限于某类交易、账户余额、列报的具体认定,如经济危机、管理部门缺乏诚信、治理层形同虚设等,可能引发舞弊风险。

(2) 各类交易、账户余额、列报(包括披露)认定层次重大错报风险,与特定的某类交易、账户余额、列报认定有关。例如,被审计单位存在复杂的联营或合资,这一事项表明长期股权投资账户的认定可能存在重大错报风险。

认定层次的重大错报风险可以从固有风险和控制风险两个层面去理解。

(1) 固有风险(IR)。固有风险是指假定不存在相关内部控制时,某一账户或交易类别单独或连同其他账户、交易类别产生重大错报或漏报的可能性。例如,会计人员在记录金额时多写了一个零。

(2) 控制风险(CR)。控制风险是指某一账户或交易类别单独或连同其他账户、交易类别产生错报或漏报,而未能被内部控制防止、发现或纠正的可能性。例如,记录的金额多写了一个零却没有被复核人员所发现。

【学中做3-2】 孟翔和沈诚实负责审计美零股份有限公司2022年度财务报表,沈诚实在审计工作底稿中记录了所了解的美零公司及环境的具体情况,部分内容摘录如下。

文档:学中做3-2解析

(1) 在2021年度实现销售收入增长8%的基础上,该公司确定2022年的销售收入在本期增长15%。财务报表显示预测的目标已实现,同时应收账款也大幅提高。据审计人员了解,美零股份有限公司所在行业整体上呈萎缩趋势,行业收入总体增长率仅为5%。

（2）公司会计电算化信息系统存在安全漏洞，未经授权的职员可能进入会计信息系统，篡改有关会计数据。

（3）公司存货管理较混乱，购入材料、发出货物没有采用事先编号的原始凭证。

（4）公司财务总监在劳动合同到期后被公司的竞争对手高薪聘请。由于工作压力大，公司会计部门人员流动频繁，除会计主管外，服务期平均为2年。

（5）公司管理层在年度内发生了重大变动，新任管理层迫切希望董事会制定的各项考核指标（销售收入、净利润、市场占有率等）能够实现。

要求：指出上述事项能否表明存在重大错报风险。如果认为存在，分别说明该风险是属于财务报表层次还是认定层次。

（二）检查风险

检查风险（DR）是指某一账户或交易类别单独或连同其他账户、交易类别产生重大错报或漏报，而未能被实质性测试发现的可能性。例如，记录的金额多写了一个零，没有被复核人员发现，审计也未能检查出来。

在审计风险的构成要素中，固有风险和控制风险与被审计单位有关，注册会计师对此无能为力，但注册会计师通过对被审计单位的了解，可以对被审计单位固有风险和控制风险的高低做出评估。在此基础上，注册会计师便可确定实质性测试的性质、时间和范围，以便将检查风险以及总体审计风险降低至可以接受的水平。

思政元素融入 | 信念当为先·本领要过硬·担当续传承

思政素材：13年的审计经历让我明白……

青春是永恒的话题。该如何安放我们稍纵即逝的青春？习近平总书记号召我们："在奋斗中释放青春激情、追逐青春理想，以青春之我、奋斗之我，为民族复兴铺路架桥，为祖国建设添砖加瓦。"当代青年，理应用奋斗书写一曲无悔赞歌，让青春尽吐芳华。

审计工作专业性强、涉及面广，13年的审计经历让我明白，要想做好这项工作必须坚持与时俱进，要有孜孜不倦的钻研和学习的精神，从书本中学、从实践中学，向前辈学、向榜样学，致广大而尽精微，发扬敢为人先、勇于创新、善于总结的精神，锤炼过硬的专业素养。只有这样，我们才能在问题查核中独具慧眼，在与被审计对象的"交锋"中胸有成竹，在解决问题、推动发展的建言献策中精准有力。（扫码查看全篇文章）

文档：13年的审计经历让我明白……

思政讨论：党的二十大报告指出，全党要把青年工作作为战略性工作来抓，用党的科学理论武装青年，用党的初心使命感召青年，做青年朋友的知心人、青年工作的热心人、青年群众的引路人。国家的前途，民族的命运，人民的幸福，是当代中国青年必须和必将承担的重任。作为新时代的审计青年，我们应与时代同频共振，砥砺奋斗，拿出"功成不必在我，功成必定有我"的豪情壮志，用奋斗书写人生华章。

三、审计风险模型

微课:确定可接受的审计风险水平

认定层次的重大错报风险或检查风险水平越高,审计风险水平越高。审计风险模型就是根据审计风险的各构成要素的相互关系建立的。现代审计风险模型如下:

审计风险=重大错报风险×检查风险 或 AR=MMR×DR

审计风险=固有风险×控制风险×检查风险 或 AR=IR×CR×DR

从审计风险模型中,可以看出以下几点。

(1) 在既定的重大错报风险水平下,审计风险与检查风险水平成正向关系。可接受的审计风险越高,可接受的检查风险水平越高,反之,越低;实际的检查风险水平越高,实际的审计风险水平越高,反之,越低。

(2) 在既定的审计风险水平下,可接受的检查风险水平与认定层次重大错报风险的评估结果成反向关系。评估的重大错报风险越高,可接受的检查风险水平越低;评估的重大错报风险越低,可接受的检查风险水平越高。

【情境案例3-2】 2023年1月15日,注册会计师沈诚实对被审计单位(美零股份有限公司)的存货进行审计时,面临的可接受的审计风险和存货存在的认定层次重大错报风险可能出现以下4种情形(见表3-7)。

表3-7 可接受风险的四种情形

风险类别	情形一	情形二	情形三	情形四
可接受的审计风险	3%	3%	2%	2%
重大错报风险	100%	50%	100%	50%
可接受的检查风险				

沈诚实运用审计风险模型来确定可接受的检查风险,可接受的检查风险水平=可接受的审计风险÷重大错报风险。表3-7的计算结果如表3-8所示。

表3-8 可接受的检查风险计算结果

风险类别	情形一	情形二	情形三	情形四
可接受的审计风险	3%	3%	2%	2%
重大错报风险	100%	50%	100%	50%
可接受的检查风险	3%	6%	2%	4%

结果表明,情形三可接受的检查风险最低,注册会计师沈诚实需要获取最多的审计证据。因为可接受的检查风险越低,意味着注册会计师需要执行越详细的审计程序,获取越多的审计证据,以降低检查风险。

四、重要性与审计风险之间的关系

审计准则指出,审计风险与重要性之间成反向关系,审计风险越高,重要性水平越低;

审计风险越低,则重要性水平越高。这里所述的重要性水平高低,与以上所述检查风险水平高低含义一致,指的都是金额的大小。重要性水平是注册会计师从报表使用者的角度进行判断的结果,如果重要性水平是 1 万元,则意味着注册会计师判断认为低于 1 万元的错报不会影响报表使用者的决策,此时应致力通过适当程序发现高于(或等于)1 万元的错报。

应该说明,注册会计师不可能通过人为调高重要性水平而降低审计风险。因为重要性水平是由客观存在的审计风险确定的,期望以人为调高重要性水平来降低审计风险,其结果一定会与其期望相反,审计风险会不降反升。注册会计师应当考虑重要性与审计风险之间存在的反向关系,保持应有的职业谨慎,合理确定重要性水平。

(一)注册会计师应当考虑重要性与审计风险之间的关系

因为审计风险的高低往往取决于重要性的判断。如果注册会计师确定的重要性水平较低,审计风险就会增加,所以,注册会计师必须通过执行有关审计程序,扩大审计范围,获取更多的审计证据来降低审计风险。

(二)重要性与审计风险之间成反向关系

也就是说,重要性水平越高,审计风险就越低;反之,重要性水平越低,审计风险越高。这里重要性水平的高低指的是金额的大小。一般来说,5 000 元的重要性水平比 3 000 元的重要性水平高。在理解两者之间的关系时,必须注意,重要性水平是注册会计师从会计报表使用者的角度进行判断的结果。如果重要性水平是 5 000 元,则意味着低于 5 000 元的错报与漏报不会影响会计报表使用者的判断与决策。注册会计师仅需要通过执行有关审计程序查出高于 5 000 元的错报与漏报。

(三)注册会计师应当保持应有的职业谨慎,合理确定重要性水平

由于重要性与审计风险之间存在反向关系,如果原本 5 000 元的错报或漏报才会影响会计报表使用者的判断和决策,但注册会计师将重要性水平确定为 3 000 元,这时注册会计师就会扩大审计程序的范围或追加审计程序,而实际上没有必要,只能是浪费时间和人力。如果原本 3 000 元的错报或漏报就会影响会计报表使用者的判断或决策,但注册会计师将重要性水平确定为 5 000 元,这时注册会计师所执行的审计程序要比原本应当执行的审计程序少、审计范围小,这就有可能导致得出错误的审计结论。所以,重要性水平偏高或偏低均对注册会计师不利,注册会计师应当保持应有的职业谨慎,合理确定重要性水平。

任务分析

事项(1)中销售增长目标与同行业相比偏高,并且管理层薪酬与销售目标挂钩,可能导致管理层多计收入,从而存在认定层次的重大错报风险。

事项(2)关键人员的变动和缺乏有经验的会计人员表明可能存在报表层次的重大错报风险。

事项(3)中 C 产品 2022 年毛利率为 8.1%,2023 年 1 月降价 10%,从而使可变现净值低于成本,可能是该企业高估了成本,从而存在认定层次的重大错报风险。

思政德育课堂

拢邢公司拒绝支付审计费用

一、案例描述

拢邢公司自开业以来,营业额剧增。为筹措资金,公司决定向银行贷款。但银行希望其出具审计后的财务报表,以做出是否给其贷款的决定。于是,拢邢公司决定聘请利信会计师事务所进行审计。拢邢公司以前从未进行过审计。

思政德育课堂:
拢邢公司拒绝
支付审计费用

审计刚开始就不太顺利,注册会计师王玲刚到拢邢公司就发现,公司会计账册不齐,而且账也未轧平。于是王玲花费了一个星期的时间帮助公司会计整理账簿等。但公司会计人员却向财务经理抱怨,认为注册会计师王玲太苛刻,妨碍其正常工作。

第二周,当王玲向会计人员索要客户有关资料以便对应收账款进行询证时,会计人员以这些资料是公司机密为由加以拒绝。接着,王玲又要求,公司在年末这一天停止生产,以便对存货进行盘点。但拢邢公司又以生产任务忙为由,也加以拒绝。

王玲无奈之下,只能向事务所的合伙人汇报,合伙人冯柯立即与拢邢公司总经理进行接洽。告知如果无法进行询证或盘点,将迫使注册会计师无法对财务报表表示意见。总经理闻言之后,非常生气。他说,我情愿向朋友借钱,也不要你们的审计报告。不但命令注册会计师马上离开拢邢公司,而且拒绝支付注册会计师前两周的审计费用。合伙人冯柯也很生气,他严肃地告诉拢邢公司总经理,除非付清所有的审计费用,否则,前期由王玲代编的会计账册将不予归还。

二、案例意义

审计人员在处理业务过程中,要严格按照职业道德规范及法律制度办事,不为主观或他人意志所左右,要坚持准则,正直公正,做一名优秀的审计人员。

问题:用学习情境三学到的知识,思考该会计师事务所的做法是否妥当?如果不妥当,你有什么建议?

职业能力训练

一、单项选择题

1. 下列各项中,属于注册会计师总体审计计划审核事项的是(   )。
   A. 审计程序能否达到审计目标
   B. 审计程序能否适合各审计项目的具体情况
   C. 对审计重要性的确定和审计风险的评估是否恰当
   D. 重点审计程序的制定是否恰当

2. 审计计划通常是由( )于现场审计工作开始之前起草的。
   A. 会计师事务所主要负责人　　　　B. 审计项目参与人
   C. 会计师事务所的法人代表　　　　D. 审计项目负责人
3. 在编制审计计划时,注册会计师应当对重要性水平做出初步判断,以确定( )。
   A. 所需审计证据的数量　　　　B. 可容忍误差
   C. 初步审计策略　　　　D. 审计意见类型
4. 在对会计报表进行分析后,确定资产负债表的重要性水平为200万元,利润表的重要性水平为100万元,则A注册会计师应确定的会计报表层次重要性水平为( )万元。
   A. 100　　　　B. 150
   C. 200　　　　D. 300
5. 注册会计师向助理人员指出,审计风险有存在的审计风险与可接受审计风险之分,审计人员获取审计证据的目的之一就是将存在的审计风险降低至可接受审计风险水平。在助理人员发表的以下看法中,注册会计师应认为不正确的有( )。
   A. 可接受审计风险越低,应实施的实质性测试及应获取的审计证据越多
   B. 实施的实质性测试及所获取的审计证据越多,可接受审计风险就越低
   C. 可接受审计风险不随会计报表项目的不同而不同,客观审计风险则不然
   D. 实施实质性测试可以降低存在审计风险,但不能改变可接受审计风险
6. 审计计划包括( )两部分。
   A. 资产负债表审计计划和利润表审计计划
   B. 总体审计计划和具体审计计划
   C. 项目审计计划和总体审计计划
   D. 报表审计计划和账户审计计划
7. 下列有关固有风险和控制风险的说法中,正确的是( )。
   A. 固有风险和控制风险与被审计单位的风险相关,独立于财务报表审计而存在
   B. 财务报表层次和认定层次的重大错报风险可以细分为固有风险和控制风险
   C. 注册会计师无法单独对固有风险和控制风险进行评估
   D. 固有风险始终存在,而运行有效的内部控制可以消除控制风险
8. 下列有关检查风险的说法中,错误的是( )。
   A. 检查风险是指注册会计师未通过审计程序发现错报,因而发表不恰当审计意见的风险
   B. 检查风险取决于审计程序设计的合理性和执行的有效性
   C. 检查风险通常不可能降低为零
   D. 保持职业怀疑有助于降低检查风险
9. 下列有关重大错报风险的说法中,错误的是( )。
   A. 财务报表层次的重大错报风险通常是舞弊导致的,认定层次的重大错报风险通常是错误导致的
   B. 财务报表层次的重大错报风险增大了认定层次发生重大错报的可能性
   C. 财务报表层次的重大错报风险和认定层次的重大错报风险可能构成特别风险

D. 所有被审计单位的财务报表都可能存在财务报表层次的重大错报风险和认定层次的重大错报风险

10. 下列有关重大错报风险的说法中,错误的是( )。
   A. 重大错报风险是指财务报表在审计前存在重大错报的可能性
   B. 重大错报风险可进一步细分为固有风险和检查风险
   C. 注册会计师应当从财务报表层次和各类交易、账户余额和披露认定层次考虑重大错报风险
   D. 注册会计师可以定性或定量评估重大错报风险

二、多项选择题

1. 审计风险取决于( )。
   A. 重大错报风险   B. 控制风险   C. 固有风险   D. 检查风险

2. 下列说法中正确的有( )。
   A. 重要性水平越高,审计风险越低
   B. 重要性水平越低,应当获取的审计证据越多
   C. 样本量越大,抽样风险越大
   D. 可容忍误差越小,需选取的样本量越大

3. 下列属于注册会计师可以控制的有( )。
   A. 审计风险   B. 重大错报风险
   C. 控制风险   D. 检查风险

4. 注册会计师执行年度会计报表审计时,运用重要性原则的目的主要有( )。
   A. 提高审计效率   B. 保证审计质量
   C. 查出错误与舞弊   D. 提高会计信息质量

5. 注册会计师未取得年末会计报表时,需对重要性水平做初步判断,注册会计师应根据( )确定会计报表层次的重要性水平。
   A. 期中会计报表
   B. 年末编制完成的会计报表
   C. 期中会计报表进行推算得出年末会计报表
   D. 上年度会计报表做必要修正得出年末会计报表

6. 注册会计师在确定计划的重要性水平时,需要考虑的因素有( )。
   A. 对被审计单位及环境的了解   B. 审计的目标
   C. 财务报表各项目的性质及相互关系   D. 被审计单位的预期

7. 下列各项中,通常可能导致财务报表层次重大错报风险的有( )。
   A. 被审计单位新聘任的财务总监缺乏必要的胜任能力
   B. 被审计单位的长期资产减值准备存在高度的估计不确定性
   C. 被审计单位管理层缺乏诚信
   D. 被审计单位的某项销售交易涉及复杂的安排

8. 下列各项中,属于具体审计计划的活动的有( )。

A. 确定重要性
B. 确定是否需要实施项目质量控制复核
C. 确定风险评估程序的性质、时间安排和范围
D. 确定进一步审计程序的性质、时间安排和范围

9. 下列各项审计工作中，注册会计师需要使用财务报表整体重要性的有（　　）。
A. 识别和评估重大错报风险
B. 确定实际执行的重要性
C. 评价已识别的错报对财务报表的影响
D. 确定风险评估程序的性质、时间安排和范围

三、判断题

1. 注册会计师可以与被审计单位就总体审计计划进行讨论，并协调工作，因此，审计计划可以由注册会计师与被审计单位共同编制。（　　）

2. 注册会计师在审计过程中必须按审计计划执行审计业务，并随时根据具体情况修订和补充审计计划，但在完成外勤审计工作后就不必再对审计计划作修订了。（　　）

3. 财务报表项目的性质不同，在财务报表中其被错报、漏报的风险也不一样。（　　）

4. 为节省审计成本，注册会计师可以将与高信赖程度内部控制相关的账户余额或交易的重要性水平定得低一些。（　　）

5. 因为重要性水平是针对整个会计报表而言的，所以注册会计师对报表项目存在的小金额错报或漏报可以不必考虑。（　　）

6. 在对重要性水平做出初步判断时，注册会计师无须考虑被审计单位内部控制的有效性。（　　）

实训项目

编制审计计划实训

一、实训背景

经过前期初步业务活动对被审计单位情况的了解，审计人员了解到被审计单位属于制造企业，适用企业会计准则，并初步对星辰公司的重大错报风险评估为较低水平。审计人员通过对被审计单位的财务报表初步评价，选定财务报表层次的评估基准为营业收入、净资产、总资产和利润总额指标，选择其中较低者。此外，账户层次重要性水平的确定为不分配的方法。

根据前两年审计的经验和前期准备阶段的调查情况，项目组确定星辰公司2021年度报表审计的重点领域为收入、成本、费用等，在这些方面，项目组派出有丰富经验的审计人员参与测试，从而确保审计质量。在审计过程中不考虑对专家或其他第三方工作的利用。

二、实训资料

请扫码查看。

文档:附件 3-1　计算重要性水平

文档:附件 3-2　总体审计策略

三、实训要求

根据背景资料完成总体审计策略的编制。

四、实训提示

请根据实训资料及背景资料中给出的信息,仔细填列。

文档:实训提示

文档:学习情境三拓展训练

防微杜渐 规避风险——
实施风险评估程序

学习情境四

情境导航

风险导向审计是目前审计方法的主流和方向,它要求注册会计师以重大错报风险的识别、评估和应对作为审计工作的主线,以提高审计效率和效果。本情境的学习,要求根据风险评估程序的工作过程,体会风险评估程序实施的目标,提高对风险评估程序重要性的认识,掌握风险评估的方法,明确被审计单位及环境、内部控制的内容,区别财务报表层次重大错报风险和认定层次重大错报风险,掌握重大错报风险评估的程序和方法。本情境主要包括以下四个任务:风险识别和评估概述;了解被审计单位及环境;评估重大错报风险;确定针对评估的重大错报风险采取的应对措施。

学习目标

- 明确风险评估的基本程序。
- 掌握被审计单位及其环境的主要内容。
- 了解识别和评估重大错报风险的基本方法。
- 掌握针对评估的重大错报风险的应对措施。

课程思政

- 树立风险防范意识,防微杜渐,规避风险。
- 提高风险识别能力,做合格的审计人。

情境认知

询问了解行业状况

有一次,注册会计师孟翔带徒弟沈诚实对一家企业进行会计报表审计,孟翔安排好沈诚实的工作后,与该企业的财务经理老李进行了交谈。孟翔指着该企业12月的财务报表问道:"你们公司年销售收入几个亿,但毛利率很低,你们行业的平均毛利率也是这么低吗?"老李连忙说:"不,不,我们行业处于成熟期,发展比较平稳,我公司只是12月的毛利率比较低。"

孟翔想，这可能是一个重要的审计线索，于是进一步询问了行业毛利率的平均水平，发现该企业的毛利率与行业平均毛利率相差很大，这是怎么回事？是否有低估收入，高估成本现象？对这种异常情况，孟翔抱着一种"职业怀疑"的态度，选择了该企业销售收入占全年比重较多的12月，进行了销售收入的详查。结果，孟翔发现该企业12月有部分产品的收入没有入账，导致12月的毛利率特别低，并少交了增值税。

沈诚实对孟翔说："孟老师，没想到通过对行业状况的了解，也能发现审计线索。"孟翔说："这也是一个必要的审计程序，当然，在具体操作中还要结合实际情况有的放矢。"徒弟沈诚实问："那么，在了解行业状况时，要注意哪些问题呢？"

孟翔说："首先要学会询问。比如，要询问其行业的总体发展趋势、行业的竞争情况、行业是否受经济周期和季节的影响等问题。在询问中，我们不能仅限于工作底稿中列示的项目，比如，我认为行业毛利率也是一个重要项目，即使底稿中没有列示，也应该询问了解，如果被审计单位的毛利率水平低于行业平均水平，应找出差异的原因。其次要学会记录。如果底稿中有多个了解的项目，我们在记录了解的内容和评估的风险时，不必一问一答，如果涉及多个项目，可以综合考虑并予以记录。总之，对行业的了解不容忽视，这一程序很有必要，这对审计风险评估是很有帮助的。"

任务一　风险识别和评估概述

微课：风险识别和评估概述

任务导入

利信会计师事务所接受委托，负责审计封盛公司2022年度财务报表，并委托注册会计师孟翔担任审计项目合伙人。相关事项摘录如下。

在制订审计计划时，注册会计师孟翔根据其审计封盛公司的多年经验，认为2022年度财务报表不存在重大错报风险，应当直接实施进一步审计程序。

具体任务：针对上述内容，假定不考虑其他条件，指出注册会计师孟翔的做法是否恰当。如不恰当，简要说明理由。

一、风险识别和评估的概念

（1）在风险导向审计模式下，注册会计师以重大错报风险的识别、评估和应对为审计工作的主线，最终将审计风险控制在可接受的低水平。

（2）风险的识别和评估是审计风险控制流程的起点。

（3）风险识别和评估：注册会计师通过实施风险评估程序，识别和评估财务报表层次和认定层次的重大错报风险。

① 风险识别：找出财务报表层次和认定层次的重大错报风险。

② 风险评估:对重大错报发生的可能性和后果严重程度进行评估。

二、风险识别和评估的作用

了解被审计单位及环境是必要程序,特别是为注册会计师在下列关键环节做出职业判断提供重要基础。

(1) 确定重要性水平,并随着审计工作的进程评估对重要性水平的判断是否仍然适当。

(2) 考虑会计政策的选择和运用是否恰当,以及财务报表的列报是否适当。

(3) 识别与财务报表中金额或披露相关的需要特别考虑的领域,包括关联方交易、管理层运用持续经营假设的合理性,或交易是否具有合理的商业目的等。

(4) 确定在实施分析程序时所使用的预期值。

(5) 设计和实施进一步审计程序,以将审计风险降至可接受的低水平。

(6) 评价所获取审计证据的充分性和适当性。

【实务辨析 4-1·单选题】 下列有关了解被审计单位及环境的说法中,正确的是(　　)。

A. 注册会计师无须在审计完成阶段了解被审计单位及环境

B. 注册会计师对被审计单位及环境了解的程度,低于管理层为经营管理企业而对被审计单位及环境需要了解的程度

C. 注册会计师可以不了解小型被审计单位及环境

D. 注册会计师对被审计单位及环境了解的程度,取决于会计师事务所的质量控制政策

文档:实务辨析 4-1 分析

三、风险评估程序

风险评估程序是指注册会计师为了解被审计单位及环境,以识别和评估财务报表重大错报风险而实施的审计程序。

注册会计师应当实施下列风险评估程序以了解被审计单位及环境。

(一) 询问管理层和被审计单位内部其他人员

1. 管理层和财务负责人

注册会计师通过询问获取的大部分信息来自管理层和财务负责人,注册会计师可以考虑询问的事项如下。

(1) 外部情况。管理层所关注的主要问题:新的竞争对手、主要客户和供应商的流失、新的税收法规的实施以及经营目标或战略的变化等。

(2) 财务状况。被审计单位最近的财务状况、经营成果和现金流量。

(3) 重大问题。可能影响财务报告的交易和事项,或者目前发生的重大会计处理问题。如重大的购并事宜等。

(4) 重要变化。被审计单位发生的其他重要变化。如所有权结构、组织结构的变化,以及内部控制的变化等。

2. 询问其他不同层级的人员

(1) 直接询问治理层,可能有助于了解编制财务报表的环境。

(2) 直接询问内部审计人员,可能有助于了解内部控制。

(3) 询问参与生成、处理或记录复杂或异常交易的员工,可能有助于评估被审计单位选择和运用某项会计政策的适当性。

(4) 直接询问内部法律顾问,可能有助于注册会计师了解有关信息,如诉讼、遵守法律、法规的情况、影响被审计单位的舞弊或舞弊嫌疑、产品保证和售后责任、与业务合作伙伴的安排(如合营企业)和合同条款的含义等。

(5) 直接询问营销或销售人员,可能有助于了解被审计单位营销策略的变化、销售趋势或与客户的合同安排。

(二) 实施分析程序

实施分析程序是指注册会计师通过研究不同财务数据之间,以及财务数据与非财务数据之间的内在关系,对财务信息做出评价。分析程序还包括调查识别出的与其他相关信息不一致或与预期数据严重偏离的波动关系。

分析程序既可用于风险评估程序和实质性程序,也可用于对财务报表的总体复核。这里主要说明在了解被审计单位及环境并评估重大错报风险时使用的分析程序,即将分析程序用于风险评估程序。

在实施分析程序时,注册会计师应当预期可能存在的合理关系,并与被审计单位记录的金额、依据记录金额计算的比率或趋势相比较,如果发现异常或未预期到的关系,注册会计师应当在识别重大错报风险时考虑这些比较结果。

【情境案例4-1】 新常乐实业公司是一家铝合金产品的制造企业,该公司为民营企业,内部控制制度不健全,生产经营的重要环节由民营企业主指定的专人负责,该行业近几年盈利状况较好,但该公司的利润率低于同行业水平。利信会计师事务所受托对该公司2022年度财务报表进行审计。审计人员李敏参与了该项目的审计工作。

针对该公司的实际情况,李敏及同事决定对该公司实施全面检查和分析程序。通过检查了解到:该公司每月末材料暂估入库余额大,暂估的材料均在当期耗用,导致每月盈利水平低于行业平均值,但月末原材料余额远低于正常库存量。根据上述情况,项目组通过分析确定存货认定审计是此项目的风险关键点。因此需要执行的下一步审计程序包括:逆查到负债项目,检查暂估入库的账户是否已经冲回,向其供应商进行函证以了解该公司是否存在虚列材料暂估入库、加大当期成本,以达到减少当期利润,从而少缴所得税的情况。

(三) 观察和检查

观察和检查程序可以印证对管理层和其他相关人员的询问结果,并可提供有关被审计单位及环境的信息,注册会计师应当实施下列观察和检查程序。

(1) 观察被审计单位的生产经营活动。

(2) 检查文件(如经营计划和策略)、记录和内部控制手册。

(3) 阅读由管理层和治理层编制的报告(如季度管理层报告和中期财务报告,董事会会议纪要)。

(4) 实地察看被审计单位的生产经营场所和设备。

思政元素融入 | 无私奉献·忠于职守

思政素材：老区人，审计情

中国共产党紧紧扎根人民，紧紧依靠人民，带着对老百姓的牵挂，跨过一道又一道坎，取得一个又一个胜利，让红色精神代代传承。现在，革命老区的审计人，带着责任与坚守，将这份牵挂融入工作中的点滴。（扫码观看完整视频）

思政讨论：汝城审计人追随红色足迹，饮水思源不忘老区，以坚定不移的理想信念和无私奉献的优良作风，忠实履行审计职责，为老区经济社会发展保驾护航。

视频：老区人，审计情

任务分析

不恰当。没有调查就没有发言权，注册会计师应当实施风险评估程序，了解丰盛公司及环境，评估财务报表重大错报风险。

任务二　了解被审计单位及环境

微课：了解被审计单位及环境

任务导入

利信会计师事务所接受封盛公司董事会委托，对该公司内部控制进行审核时发现存在以下情况。

（1）封盛公司为统一财务管理、提高会计核算水平，设置内部审计部，与财务部一并由财务总监兼管。内部审计部的主要职责是对公司内部控制的健全、有效，会计及相关信息的真实、合法、完整，资产的安全、完整，经营绩效及经营合规性进行检查、监督和评价。

（2）丙职员在核对商品装运凭证和相应的经批准的销售单后，开具销售发票。具体程序：根据已授权批准的商品价目表填写销售发票的金额，根据商品装运凭证上的数量填写销售发票的数量；销售发票的其中一联交财务部丁职员据以登记与销售业务相关的总账和明细账。

（3）为加强在建工程项目的管理，要求审批人根据工程项目相关业务授权批准制度的规定，在授权范围内进行审批，不得超过审批权限。经办人在职责范围内，按照审批人的批准意见办理工程项目业务。对于审批人超越授权范围审批的工程项目业务，经办人虽无权拒绝办理，但在办理后应及时向审批人的上级授权部门报告。

具体任务：根据上述资料指出封盛公司内部控制在设计与运行方面的缺陷，并简要说明理由。

注册会计师应当从行业状况、法律环境与监管环境以及其他外部因素，被审计单位的性质，被审计单位对会计政策的选择和运用，被审计单位的目标、战略以及相关经营风险，被审计单位财务业绩的衡量和评价，被审计单位的内部控制这6个方面了解被审计单位及环境。

一、行业状况、法律环境与监管环境及其他外部因素

（一）行业状况

注册会计师应当了解被审计单位的行业状况，主要包括以下几项。

（1）所在行业的市场供求与竞争。

（2）生产经营的季节性和周期性。

（3）产品生产技术的变化。

（4）能源供应与成本。

（5）行业的关键指标和统计数据。

（二）法律环境与监管环境

注册会计师应当了解被审计单位所处的法律环境及监管环境，主要包括以下几项。

（1）会计原则和行业特定惯例。

（2）受管制行业的法规框架，包括披露要求。

（3）对被审计单位经营活动产生重大影响的法律、法规，包括直接的监管活动。

（4）税收政策（关于企业所得税和其他税种的政策）。

（5）目前对被审计单位开展经营活动产生影响的政府政策，如货币政策（包括外汇管制）、财政政策、财政刺激措施（如政府援助项目）、关税或贸易限制政策等。

（6）影响行业和被审计单位经营活动的环保要求。

（三）其他外部因素

注册会计师应当了解影响被审计单位经营的其他外部因素，主要包括以下几项。

（1）宏观经济的景气度。

（2）利率和资金供求状况。

（3）通货膨胀水平及币值变动。

（4）国际经济环境和汇率变动。

二、被审计单位的性质

（一）所有权结构

对被审计单位所有权结构的了解有助于注册会计师识别关联方关系并了解被审计单位的决策过程。注册会计师应当了解下列事项。

（1）被审计单位的所有权结构。

(2) 所有者与其他人员或实体的关系。
(3) 关联方关系是否已识别。
(4) 关联方交易是否恰当记录和充分披露。

（二）治理结构

良好的治理结构可以对被审计单位的经营和财务运作实施有效的监督,从而降低财务报表发生重大错报的风险。注册会计师应当考虑治理层能否在独立于管理层的情况下对被审计单位事务(包括财务报告)做出客观判断。

（三）组织结构

复杂的组织结构可能导致某些特定的重大错报风险,包括财务报表合并、商誉减值及长期股权投资核算等问题,以及财务报表是否已对这些问题作了充分披露。

（四）经营活动

有助于注册会计师识别预期在财务报表中反映的主要交易类别、重要账户余额和列报。主要包括：主营业务的性质；市场信息；业务的开展情况；外包；电子商务；地区分布和行业细分；办公、生产和仓储地点；关键客户和重要供应商；劳动用工安排；研究与开发活动及支出；关联方交易。

（五）投资活动

有助于注册会计师关注被审计单位在经营策略和方向上的重大变化,主要包括并购和重组、资本性投资活动。

（六）筹资活动

有助于注册会计师评估被审计单位在融资方面的压力,并进一步考虑被审计单位在可预见未来的持续经营能力。主要包括：债务结构和相关条款；重要融资安排；实际受益方及关联方；衍生金融工具的使用。

（七）财务报告

(1) 会计政策和行业特定惯例,包括特定行业各类重要的交易、账户余额及财务报表相关披露。
(2) 收入确认惯例。
(3) 公允价值会计核算。
(4) 外币资产、负债与交易。
(5) 异常或复杂交易。

三、被审计单位对会计政策的选择和运用

(1) 重大和异常交易的会计处理方法,如证券公司的对外投资、医药企业的研发活动等。
(2) 在缺乏权威性标准或共识、有争议的或新兴领域采用重要会计政策产生的影响。
(3) 会计政策的变更,包括法定变更和自愿变更。

例如,发出存货,先进先出法改为加权平均法,应当说明理由。

(4) 新颁布的财务报告准则、法律、法规,以及被审计单位何时采用、如何采用

这些规定。

（5）除上述与会计政策的选择和运用相关的事项外，注册会计师还应对被审计单位下列与会计政策运用相关的情况予以关注。

① 是否采用激进的会计政策、方法、估计和判断。

② 财会人员是否拥有足够的会计准则知识、经验和能力。

③ 是否拥有足够的资源支持会计政策的运用，如人力资源及培训、信息技术的采用、数据和信息的采集等。

【实务辨析 4-2·单选题】 下列有关注册会计师了解被审计单位对会计政策的选择和运用的说法中，错误的是(　　)。

A. 如果被审计单位变更了重要的会计政策，注册会计师应当考虑会计政策的变更是否能够提供更可靠、更相关的会计信息

B. 当新的会计准则颁布施行时，注册会计师应当考虑被审计单位是否应采用新的会计准则

C. 在缺乏权威性标准或共识的领域，注册会计师应当协助被审计单位选用适当的会计政策

D. 注册会计师应当关注被审计单位是否采用激进的会计政策

文档：实务辨析 4-2 分析

四、被审计单位的目标、战略以及相关经营风险

（一）目标、战略与经营风险

为了解被审计单位的目标、战略与经营风险，注册会计师可以考虑向管理层和财务负责人询问的内容归纳如下。

（1）行业发展。可能导致被审计单位不具备足以应对行业变化的人力资源和业务专长的风险。

（2）开发新产品或提供新服务。可能导致被审计单位产品责任增加的风险。

（3）业务扩张。可能导致被审计单位对市场需求的估计不准确的风险。

（4）新的会计要求。可能导致被审计单位不当执行相关会计要求，或会计处理成本增加的风险。

（5）监管要求。可能导致被审计单位法律责任增加的风险。

（6）本期及未来的融资条件。可能导致被审计单位由于无法满足融资条件而失去融资机会的风险。

（7）信息技术的运用。可能导致被审计单位信息系统与业务流程难以融合的风险。

（8）实施战略的影响。可能导致需要运用新的会计要求。

（二）经营风险对重大错报风险的影响

（1）多数经营风险最终都会产生财务后果，从而影响财务报表，但并非所有的经营风险都会导致重大错报风险。

（2）经营风险可能对某类交易、账户余额和披露的认定层次或财务报表层次重大错报风险产生直接影响。

(3) 并非所有的经营风险都与财务报表相关,注册会计师没有责任识别或评估对财务报表没有重大影响的经营风险。

(三) 被审计单位的风险评估过程

管理层通常制定识别和应对经营风险的策略,注册会计师应当了解被审计单位的风险评估过程。

【实务辨析 4-3·单选题】 下列有关经营风险对重大错报风险的影响的说法中,错误的是(　　)。

A. 多数经营风险最终都会产生财务后果,从而可能导致重大错报风险
B. 注册会计师在评估重大错报风险时,没有责任识别或评估对财务报表没有重大影响的经营风险
C. 经营风险通常不会对财务报表层次重大错报风险产生直接影响
D. 经营风险可能对认定层次重大错报风险产生直接影响

文档:实务辨析 4-3 分析

五、被审计单位财务业绩的衡量和评价

注册会计师了解被审计单位财务业绩的衡量与评价,是考虑到管理层是否面临实现某些关键财务业绩指标的压力。此外,了解管理层认为重要的关键业绩指标,有助于注册会计师深入了解被审计单位的目标和战略。

(一) 了解主要方面

(1) 关键业绩指标(财务的或非财务的)、关键比率、趋势和经营统计数据。
(2) 同期财务业绩比较分析。
(3) 预算、预测、差异分析,分部信息与分部、部门或其他不同层次的业绩报告。
(4) 员工业绩考核与激励性报酬政策。
(5) 被审计单位与竞争对手的业绩比较。

此外,外部机构也会衡量和评价被审计单位的业绩,如分析师的报告、信用评级机构的报告。

(二) 关注内部财务业绩衡量的结果

内部财务业绩衡量可能显示被审计单位与同行业其他单位相比具有异常快的增长率或盈利水平,此类信息如果与业绩奖金或激励性报酬等因素结合起来考虑,可能显示管理层编制财务报表时存在某种错报风险的倾向。

(三) 考虑财务业绩衡量指标的可靠性

如果注册会计师计划在审计中(如在实施分析程序时)利用财务业绩指标,应当考虑相关信息是否可靠,以及在实施审计程序时利用这些信息是否足以发现重大错报。

六、被审计单位的内部控制

(一) 内部控制的内涵和要素

内部控制是被审计单位为了合理保证财务报告的可靠性、经营的效率和效果以及对

法律、法规的遵守,由治理层、管理层和其他人员设计和执行的政策和程序。

内部控制包括下列要素。

(1) 控制环境。注册会计师应当了解控制环境。控制环境包括治理职能和管理职能,以及治理层和管理层对内部控制及重要性的态度、认识和措施。

在评价控制环境的设计时,注册会计师应当考虑构成控制环境的要素:对诚信和道德价值观念的沟通与落实;对胜任能力的重视;治理层的参与程度;管理层的理念和经营风格;组织结构;职权与责任的分配;人力资源政策与实务,以及这些要素如何被纳入被审计单位业务流程。

在确定构成控制环境的要素是否得到执行时,注册会计师应当考虑将询问与其他风险评估程序相结合以获取审计证据。通过询问管理层和员工,注册会计师可能了解管理层如何就业务规程和道德价值观念与员工进行沟通。通过观察和检查,注册会计师可能了解管理层是否建立了正式的行为守则,在日常工作中行为守则是否得到遵守,以及管理层如何处理违反行为守则的情形。控制环境是企业内部控制系统中的前提要素。

(2) 风险评估过程。注册会计师应当了解被审计单位的风险评估过程和结果。风险评估过程包括识别与财务报告相关的经营风险,以及针对这些风险所采取的措施。

可能产生风险的事项和情形包括:监管及经营环境的变化;新员工的加入;新信息系统的使用或对原系统进行升级;业务快速发展;新技术;新生产型号、产品和业务活动;企业重组;发展海外经营;新的会计准则等。

(3) 信息系统与沟通。与财务报告相关的信息系统,包括用以生成、记录、处理和报告交易、事项和情况,对相关资产、负债和所有者权益履行经营管理责任的程序和记录。与财务报告相关的信息系统应当与业务流程相适应。

在了解与财务报告相关的信息系统时,注册会计师应当特别关注由于管理层凌驾于账户记录控制之上,或规避控制行为而产生的重大错报风险,并考虑被审计单位如何纠正不正确的交易处理。

与财务报告相关的沟通包括使员工了解各自在与财务报告有关的内部控制方面的角色和职责,员工之间的工作联系,以及向适当级别的管理层报告例外事项的方式。注册会计师应当了解被审计单位内部如何针对财务报告的岗位职责,以及与财务报告相关的重大事项进行沟通。注册会计师还应当了解管理层与治理层之间的沟通,以及被审计单位与外部之间的沟通。

(4) 控制活动。控制活动是指有助于确保管理层的指令得以执行的政策和程序,包括与授权、业绩评价、信息处理、实物控制和职责分离等相关的活动。

(5) 对控制的监督。对控制的监督是指被审计单位评价内部控制在一段时间内运行有效性的过程,该过程包括及时评价控制的设计和运行,以及根据情况的变化采取必要的纠正措施。

(二) 在整体层面了解内部控制

在整体层面对被审计单位内部控制的了解和评估,通常由项目组中对被审计单位情况比较了解且较有经验的成员负责,同时需要项目组其他成员的参与和配合。在了解内部控制的各要素时,注册会计师应当对被审计单位整体层面的内部控制的设计进行评价,并确定其是否得到执行。这一评价过程需要大量的职业判断,注册会计师应当考虑管理层本身的理念和态度、实际设计和执行的控制,以及对经营活动的密切参与是否能够实现控制的目标。

财务报表层次的重大错报风险很可能源于薄弱的控制环境,因此,注册会计师在评估财务报表层次的重大错报风险时,应当将被审计单位整体层面的内部控制状况和了解到的被审计单位及环境等方面的情况结合起来考虑。

被审计单位整体层面的内部控制是否有效将直接影响重要业务流程层面控制的有效性,进而影响注册会计师拟实施的进一步审计程序的性质、时间和范围。

(三)在业务流程层面了解内部控制

在初步计划审计工作时,注册会计师需要确定在被审计单位财务报表中可能存在重大错报风险的重大账户及相关认定。为实现此目的,通常采取下列步骤。

(1)确定被审计单位的重要业务流程和重要交易类别。

(2)了解重要交易流程,并记录了解的内容。

(3)确定可能发生错报的环节。

(4)识别和了解相关控制。

(5)执行穿行测试,证实对交易流程和相关控制的了解。

(6)进行初步评价和风险评估。

【学中做 4-1】 封盛公司使用存货库龄等信息测算产成品的可变现净值,审计助理沈诚实拟信赖与库龄记录相关的内部控制,通过穿行测试确定了相关内部控制运行有效。

要求:指出沈诚实的做法是否恰当,并简要说明理由。

文档:学中做 4-1 解析

(1)"内部审计部与财务部一并由财务总监兼管"不恰当。内部审计是一项自我独立评价的活动,为使内部审计独立,必须做到机构独立、工作独立、人员独立。财会部门的工作是内部审计的主要工作对象,财务总监兼管内部审计部将影响内部审计工作的独立性。

(2)"销售发票的其中一联交财务部丁职员据以登记与销售业务相关的总账和明细账"不恰当。因为登记总账和明细账属于不相容职务,应当予以分离。

(3)"经办人虽无权拒绝办理,但在办理后应及时向审批人的上级授权部门报告"不恰当。按照规定,经办人应当在职权范围内,按照审批人的批准意见办理业务。对于审批人超越授权范围审批的业务,经办人有权拒绝办理,并及时向审批人的上级授权部门报告。

任务三 评估重大错报风险

2023年3月7日,利信会计师事务所的审计人员沈诚实审查封盛公司2022年度财务报表,在对被审单位及环境的了解过程中,发现被审计单位为

微课:评估重大错报风险

了实现预定的销售目标,销售部门放宽了赊销业务的信用审核标准,向一些信用状况较差的小规模企业大量销售公司产品。

具体任务:识别和评估被审计单位财务报表的重大错报风险,并依次回答以下问题。

(1)被审单位放宽了赊销业务的信用审核标准,向一些信用状况较差的小规模企业大量销售公司产品,是否表明可能存在重大错报风险?

(2)如果被审计单位存在重大错报风险,可能是认定层次的还是财务报表层次的?

(3)评估的重大错报风险水平为高、中或低?

评估重大错报风险是风险评估阶段的最后一个步骤。获取的有关风险因素和控制对相关风险的抵销信息(通过实施风险评估程序),通常将全部用于对财务报表层次以及各类交易、账户余额和披露的认定层次重大错报风险评估。评估将作为确定进一步审计程序的性质、范围和时间安排的基础,以应对识别的风险。

一、评估财务报表和认定层次的重大错报风险

(一)评估重大错报风险时考虑的因素

1. 已识别的风险

1)财务报表层次

(1)源于薄弱的被审计单位整体层面内部控制或信息技术一般控制。

(2)与财务报表整体广泛相关的特别风险。

(3)与管理层凌驾和舞弊相关的风险因素。

(4)管理层愿意接受的风险,例如小企业因未实行职责分离导致的风险。

2)认定层次

(1)与完整性、准确性、存在或计价相关的特定风险。

① 收入、费用和其他交易。

② 账户余额。

③ 财务报表披露。

(2)可能产生多重错报的风险。

3)相关内部控制程序

(1)特别风险。

(2)用于预防、发现或减轻已识别风险的恰当设计并执行的内部控制程序。

(3)仅通过执行控制测试应对的风险(如授权审批控制)。

2. 错报(金额影响)可能发生的规模

1)财务报表层次

什么事项可能导致财务报表重大错报?考虑管理层凌驾、舞弊、未预期事件和以往经验。

2)认定层次

(1)交易、账户余额或披露的固有性质。

(2)日常和例外事件。

(3)以往经验。

3. 事件(风险)发生的可能性

1) 财务报表层次

(1) 来自高层的基调。

(2) 管理层风险管理的方法。

(3) 采用的政策和程序。

(4) 以往经验。

2) 认定层次

(1) 相关的内部控制活动。

(2) 以往经验。

3) 相关内部控制程序

识别对于降低事件发生可能性非常关键的管理层风险应对要素。

(二) 评估重大错报风险的审计程序

注册会计师应当识别和评估财务报表层次以及各类交易、账户余额、列报认定层次的重大错报风险。在识别和评估重大错报风险时,注册会计师应当实施下列审计程序。

(1) 在了解被审计单位及环境的整个过程中识别风险,并考虑各类交易、账户余额、列报。

(2) 将识别的风险与认定层次可能发生错报的领域相联系。

(3) 考虑识别的风险是否重大。

(4) 考虑识别的风险导致财务报表发生重大错报的可能性。

如果通过对内部控制的了解发现下列情况,并对财务报表局部或整体的可审计性产生疑问,注册会计师应当考虑出具保留意见或无法表示意见的审计报告:①被审计单位会计记录的状况和可靠性存在重大问题,不能获取充分、适当的审计证据以发表无保留意见;②对管理层的诚信存在严重疑虑。必要时,注册会计师应当考虑解除业务约定。

【情境案例4-2】 利信会计师事务所沈诚实在对封盛公司2022年度财务报表进行审计时,通过了解被审计单位及环境,识别和评估的重大错报风险如下。

(1) 财务报表层次的重大错报风险:封盛公司治理层和管理层不重视内部控制;管理层凌驾于内部控制之上;公司所处行业陷入严重衰退。

(2) 认定层次重大错报风险:公司大额应收账款可收回性具有高度不确定性。

(三) 识别两个层次的重大错报风险

注册会计师应当识别和评估财务报表层次以及各类交易、账户余额和披露的认定层次的重大错报风险。

(1) 认定层次。某些重大错报风险可能与特定的某类交易、账户余额和披露的认定相关。例如联营或并购;影响长期股权投资的账面价值。

(2) 财务报表层次。某些重大错报风险可能与财务报表整体广泛相关,进而影响多项认定。下列风险与财务报表整体有关。

① 可能导致注册会计师对被审计单位持续经营能力产生重大疑虑的情形。

- 在经济不稳定的国家和地区开展业务。
- 资产的流动性出现问题。
- 重要客户流失。

- 融资能力受到限制等。

② 管理层缺乏诚信或承受异常的压力可能引发舞弊风险等。

【实务辨析 4-4 · 单选题】 下列情形中,通常表明存在财务报表层次重大错报风险的是(　　)。

A. 被审计单位的竞争者开发的新产品上市
B. 被审计单位从事复杂的金融工具投资
C. 被审计单位资产的流动性出现问题
D. 被审计单位存在重大的关联方交易

文档:实务辨析 4-4 分析

（四）控制环境对评估财务报表层次重大错报风险的影响

（1）财务报表层次的重大错报风险很可能源于薄弱的控制环境。

（2）薄弱的控制环境带来的风险可能对财务报表产生广泛影响,难以限于某类交易、账户余额和披露,注册会计师应当采取总体应对措施。

（五）控制对评估认定层次重大错报风险的影响

（1）注册会计师应当将所了解的控制与特定认定相联系,以评估认定层次的重大错报风险。控制可能与某一认定直接相关,也可能与某一认定间接相关。关系越间接,控制在防止或发现并纠正认定中错报的作用越小。

（2）注册会计师可能识别出有助于防止或发现并纠正特定认定发生重大错报的控制。在确定这些控制是否能够实现上述目标时,注册会计师应当将控制活动和其他要素综合考虑。因为单个的控制活动(如将发货单与销售发票相核对)本身并不足以控制重大错报风险。只有多种控制活动和内部控制的其他要素综合作用才足以控制重大错报风险。

（六）考虑财务报表的可审计性

注册会计师在了解被审计单位内部控制后,可能对被审计单位财务报表的可审计性产生怀疑。如果通过对内部控制的了解发现下列情况,并对财务报表局部或整体的可审计性产生疑问,注册会计师应当考虑出具保留意见或无法表示意见的审计报告。

（1）被审计单位会计记录的状况和可靠性存在重大问题,不能获取充分、适当的审计证据以发表无保留意见。

（2）对管理层的诚信存在严重疑虑。必要时,注册会计师应当考虑解除业务约定。

思政元素融入	审计核心价值观

思政素材:电视剧《国家审计》

电视剧《国家审计》是以东州市审计局为背景,讲述了精明干练的东州市审计局经责处处长徐咏萍带领着成员组成了一支新审计小组,对国企管理、医院招投标、低保医保资金发放、地方政府投资等一系列行为进行审计,并由此发现、查证出了一系列违规违纪问题的故事。本剧塑造了以"责任、忠诚、清廉、依法、独立、奉献"为核心价值观的审计群体形象,展现了审计人恪尽职守,守护国家财产的光荣使命,传递出积极向上的正能量。

思政讨论:推荐同学们课后观看该剧。审计应做到"应审尽审、凡审必严,严肃问责",以应对重大错报风险。

二、需要特别考虑的重大错报风险

(一) 特别风险的含义

特别风险是指注册会计师识别和评估的、运用职业判断认为需要特别考虑的重大错报风险。在确定哪些风险是特别风险时,注册会计师应当在考虑识别出的控制对相关风险的抵销效果前,根据风险的性质、潜在错报的重要程度和发生的可能性,判断风险是否属于特别风险。

(二) 确定特别风险时应考虑的事项

在判断哪些风险是特别风险时,注册会计师应当至少考虑下列事项。

(1) 风险是否属于舞弊风险。
(2) 风险是否与近期经济环境、会计处理方法和其他方面的重大变化有关。
(3) 交易的复杂程度。
(4) 风险是否涉及重大的关联方交易。
(5) 财务信息计量的主观程度,特别是对不确定事项的计量存在较大区间。
(6) 风险是否涉及异常或超出正常经营过程的重大交易。

(三) 非常规交易和判断事项导致的特别风险

日常的、不复杂的、经正规处理的交易不太可能产生特别风险。特别风险通常与重大的非常规交易和判断事项有关(见表 4-1)。

表 4-1 识别两个层次的重大错报风险

非常规交易	含义	由于金额或性质异常而不经常发生的交易
	导致特别风险的原因	由于非常规交易具有下列特征,与重大非常规交易相关的特别风险可能导致更高的重大错报风险: ① 管理层更多地干预会计处理; ② 数据收集和处理进行更多的人工干预; ③ 复杂的计算或会计处理方法; ④ 非常规交易的性质可能使被审计单位难以对由此产生的特别风险实施有效控制
判断事项	含义	通常包括做出的会计估计(具有计量的重大不确定性)。例如资产减值准备金额的估计、需要运用复杂估值技术确定的公允价值计量等
	导致特别风险的原因	由于下列原因,与重大判断事项相关的特别风险可能导致更高的重大错报风险: ① 对涉及会计估计、收入确认等方面的会计原则存在不同的理解; ② 所要求的判断可能是主观和复杂的,或需要对未来事项做出假设

(四) 考虑与特别风险相关的控制

(1) 了解与特别风险相关的控制,有助于注册会计师制订有效的审计方案予以应对。
(2) 对特别风险,注册会计师应当评价相关控制的设计情况,并确定其是否已经得到执行。
(3) 由于与重大非常规交易或判断事项相关的风险很少受到日常控制的约束,注册会计师应当了解被审计单位是否针对该特别风险设计和实施了控制。
(4) 如果管理层未能实施控制以恰当应对特别风险,注册会计师应当认为内部控制存在值得关注的内部控制缺陷,并考虑其对风险评估的影响。

三、仅通过实质性程序无法应对的重大错报风险

（1）作为风险评估的一部分,如果认为仅通过实质性程序获取的审计证据无法应对认定层次的重大错报风险,注册会计师应当评价被审计单位针对这些风险设计的控制,并确定其执行情况。

（2）在被审计单位对日常交易采用高度自动化处理的情况下,审计证据可能仅以电子形式存在,其充分性和适当性通常取决于自动化信息系统相关控制的有效性,注册会计师应当考虑仅通过实施实质性程序不能获取充分、适当审计证据的可能性。

（3）如果认为仅通过实施实质性程序不能获取充分、适当的审计证据,注册会计师应当考虑依赖的相关控制的有效性,并对其进行了解、评估和测试。

四、对风险评估的修正

（1）注册会计师对认定层次重大错报风险的评估,可能随着审计过程中不断获取审计证据而做出相应的变化。

（2）如果通过实施进一步审计程序获取的审计证据与初始评估获取的审计证据相矛盾,注册会计师应当修正风险评估结果,并相应修改原计划实施的进一步审计程序。

（3）评估重大错报风险与了解被审计单位及环境一样,也是一个连续和动态地收集、更新与分析信息的过程,贯穿于整个审计过程的始终。

任务分析

识别和评估被审计单位财务报表的重大错报风险如下。

（1）可能存在重大错报风险。

（2）属于认定层次的重大错报风险,主要涉及销售交易以及主营业务收入、应收账款、坏账准备、利润等账户的认定。

（3）评估的重大错报风险水平为中等或高等。

任务四 确定针对评估的重大错报风险采取的应对措施

任务导入

利信会计师事务所负责审计封盛公司2022年度财务报表,审计工作底稿中与内部控制相关的部分内容摘录如下。

……

（3）封盛公司与原材料采购批准相关的控制每日运行数次，审计项目组确定样本规模为25个，考虑到该控制自2022年7月1日起发生重大变化，审计项目组从上半年和下半年的交易中分别选取12个和13个样本实施控制测试。

……

（5）封盛公司内部控制制度规定，财务经理每月应复核销售返利计算表，检查销售收入金额和返利比例是否准确，如有异常进行调查并处理，复核完成后签字存档。审计项目组选取了3个月的销售返利计算表，检查了财务经理的签字，认为该控制运行有效。

具体任务：针对上述第（3）、第（5）项，指出审计项目组的做法是否恰当。如不恰当，简要说明理由。

注册会计师应当针对评估的财务报表层次重大错报风险确定总体应对措施，并针对评估的认定层次重大错报风险设计和实施进一步审计程序，以将审计风险降至可接受的低水平。在确定总体应对措施以及设计和实施进一步审计程序的性质、时间和范围时，注册会计师应当运用职业判断。

一、针对财务报表层次重大错报风险的总体应对措施

总体应对措施的要求、内容和影响因素，归纳如下。

1. 总体要求

注册会计师应当针对评估的财务报表层次重大错报风险，设计和实施总体应对措施。

2. 内容

微课：针对财务报表层次重大错报风险的总体应对措施

（1）向项目组强调在收集和评价审计证据过程中保持职业怀疑态度的必要性。职业怀疑态度是指注册会计师以质疑的思维方式评价所获取审计证据的有效性，并对相互矛盾的审计证据，以及引起对文件记录或管理层和治理层提供的信息的可靠性产生怀疑的审计证据保持警觉。

（2）分派更有经验或具有特殊技能的审计人员，或利用专家的工作。审计项目组成员中应有一定比例的人员曾经参与过被审计单位以前年度的审计，或具有被审计单位所处特定行业的相关审计经验。必要时，考虑利用信息技术、税务、评估、精算等方面的专家的工作。

（3）提供更多的督导。审计项目组的高级别成员，如项目合伙人、项目经理等经验较丰富的人员，要为其他成员提供更详细、更经常、更及时的指导和监督并加强项目质量复核。

（4）在选择进一步审计程序时，应当注意使某些程序不被管理层预见或事先了解。注册会计师可以通过增加以下审计程序提高审计程序的不可预见性。

① 对某些以前未测试的低于设定的重要性水平或风险较小的账户余额和认定实施实质性程序。

② 调整实施审计程序的时间，使其超出被审计单位的预期。

③ 采取不同的审计抽样方法,使当年抽取的测试样本与以前有所不同。
④ 选取不同的地点实施审计程序,或预先不告知被审计单位所选定的测试地点。
(5) 对拟实施审计程序的性质、时间和范围做出总体修改。

3. 控制环境对总体应对措施的影响
(1) 注册会计师对控制环境的了解影响其对财务报表层次重大错报风险的评估,从而影响所采取的总体应对措施。
(2) 有效的控制环境可以增强注册会计师对内部控制的信心和对被审计单位内部生成的审计证据的信赖程度。
(3) 如果控制环境有效,注册会计师可以在期中而非期末实施某些审计程序;如果控制环境存在缺陷,则产生相反的影响,为了应对无效的控制环境,注册会计师可以采取的措施:
① 在期末而非期中实施更多的审计程序。
② 通过实施实质性程序获取更广泛的审计证据。
③ 增加拟纳入审计范围的经营地点的数量。

二、增加审计程序不可预见性的方法

(一) 增加审计程序不可预见性的思路
(1) 对某些以前未测试的低于设定的重要性水平或风险较小的账户余额和认定实施实质性程序。
(2) 调整实施审计程序的时间,使其超出被审计单位的预期。
(3) 采取不同的审计抽样方法,使当年抽取的测试样本与以前有所不同。
(4) 选取不同的地点实施审计程序,或预先不告知被审计单位所选定的测试地点。

(二) 增加审计程序不可预见性的实施要点
(1) 注册会计师需要与被审计单位的高层管理人员事先沟通,要求实施具有不可预见性的审计程序,但不能告知其具体内容。
(2) 虽然对于不可预见性程度没有量化的规定,但审计项目组可根据对舞弊风险的评估等确定具有不可预见性的审计程序。
(3) 项目合伙人需要安排项目组成员有效地实施具有不可预见性的审计程序,但同时要避免使项目组成员处于困难境地。

(三) 增加审计程序不可预见性的示例
在审计领域,一些可能适用的具有不可预见性的审计程序如下。
1. 存货
(1) 向以前审计过程中接触不多的被审计单位员工询问,如采购、销售、生产人员等。
(2) 在不事先通知被审计单位的情况下,选择一些以前未曾到过的盘点地点进行存货监盘。
2. 销售和应收账款
(1) 向以前审计过程中接触不多或未曾接触过的被审计单位员工询问,如负责处理大客户账户的销售部人员。

(2) 改变实施实质性分析程序的对象,如对收入按细类进行分析。

(3) 针对销售和销售退回延长截止测试期间。

(4) 实施以前未曾考虑过的审计程序。

① 函证确认销售条款或者选定销售额较不重要、以前未曾关注的销售交易,如对出口销售实施实质性程序。

② 实施更细致的分析程序,如使用计算机辅助审计技术复核销售及客户账户。

③ 测试以前未曾函证过的账户余额,如金额为负或是零的账户,或者余额低于以前设定的重要性水平的账户。

④ 改变函证日期,即把所函证账户的截止日期提前或者推迟。

⑤ 对关联公司销售和相关账户余额,除进行函证外,还实施其他审计程序验证。

3. 采购和应付账款

(1) 如果以前未曾对应付账款余额普遍进行函证,可考虑直接向供应商函证确认余额。如果经常采用函证方式,可考虑改变函证的范围或者时间。

(2) 对以前由于低于设定的重要性水平而未曾测试过的采购项目进行细节测试。

(3) 使用计算机辅助审计技术审阅采购和付款账户,以发现一些特殊项目,如是否有不同的供应商使用相同的银行账户。

4. 现金和银行存款

(1) 多选几个月的银行存款余额调节表进行测试。

(2) 对有大量银行账户的,考虑改变抽样方法。

5. 固定资产

对以前由于低于设定的重要性水平而未曾测试过的固定资产进行测试,如考虑实地盘查一些价值较低的固定资产,包括汽车和其他设备等。

6. 集团审计项目

修改组成部分审计工作的范围或者区域,如增加某些不重要的组成部分的审计工作量,或实地去组成部分开展审计工作。

三、总体应对措施对拟实施进一步审计程序的总体审计方案的影响

(1) 注册会计师评估的财务报表层次重大错报风险以及采取的总体应对措施,对拟实施进一步审计程序的总体审计方案具有重大影响。

(2) 拟实施进一步审计程序的总体审计方案包括综合性方案和实质性方案。

(3) 当评估的财务报表层次重大错报风险属于高风险水平时,拟实施进一步审计程序的总体方案往往更倾向于实质性方案。

四、针对认定层次重大错报风险的进一步审计程序

(一) 进一步审计程序的内涵和要求

进一步审计程序是指注册会计师针对评估的各类交易、账户余额、列

微课:针对认定层次重大错报风险的进一步审计程序

报(包括披露)认定层次重大错报风险实施的审计程序,包括控制测试和实质性程序。在设计进一步审计程序时,注册会计师应当考虑下列因素。

(1) 风险的重要性。

(2) 重大错报发生的可能性。

(3) 涉及的各类交易、账户余额、列报的特征。

(4) 被审计单位采用的特定控制的性质。

(5) 注册会计师是否拟获取审计证据,以确定内部控制在防止或发现并纠正重大错报方面的有效性。

(二) 进一步审计程序的性质

进一步审计程序的性质是指进一步审计程序的目的和类型。进一步审计程序的目的包括通过实施控制测试以确定内部控制运行的有效性,通过实施实质性程序以发现认定层次的重大错报。进一步审计程序的类型包括检查、观察、询问、函证、重新计算、重新执行和分析程序。

在确定进一步审计程序的性质时,首先,注册会计师需要考虑的是认定层次重大错报风险的评估结果。评估的认定层次重大错报风险越高,对通过实质性程序获取的审计证据的相关性和可靠性的要求越高。其次,应当考虑评估的认定层次重大错报风险产生的原因,包括考虑各类交易、账户余额和披露的具体特征以及内部控制。

(三) 进一步审计程序的时间

进一步审计程序的时间是指注册会计师何时实施进一步审计程序,或审计证据适用的期间或时点。注册会计师可以在期中或期末实施控制测试或实质性程序。当重大错报风险较高时,注册会计师可能认为在期末或接近期末而非期中实施实质性程序,或采用不通知的方式(如在不通知的情况下对选取的经营地点实施审计程序),或在管理层不能预见的时间实施审计程序更有效,这在考虑应对舞弊风险时尤为重要。例如,如果识别出故意错报或操纵会计记录的风险,注册会计师可能认为将期中得出的结论延伸至期末而实施的审计程序则是无效的。

在确定何时实施审计程序时,注册会计师应当考虑下列因素。

(1) 控制环境。

(2) 何时能得到相关信息。

(3) 错报风险的性质。

(4) 审计证据适用的期间或时点。

(四) 进一步审计程序的范围

进一步审计程序的范围是指实施进一步审计程序的数量,包括抽取的样本量,对某项控制活动的观察次数等。在确定审计程序的范围时,注册会计师应当考虑下列因素:确定的重要性水平;评估的重大错报风险;计划获取的保证程度。

【情境案例 4-3】 利信会计师事务所的注册会计师李敏在对莱宝公司 2022 年度财务报表进行审计时,通过了解被审计单位及环境,在工作底稿中记录了评估的认定层次重大错报风险及计划实施的进一步审计程序的性质、时间安排和范围,具体内容见表 4-2。

表 4-2　评估的认定层次重大错报风险及计划实施的进一步审计程序

序号	财务报表项目及评估的重大错报风险	报表项目及认定类别	计划实施的进一步审计程序		
			性　质	时间安排	范　围
1	应收账款坏账准备计提不足	应收账款/计价和分摊	实质性分析程序(应收账款账龄),重新计算(坏账准备)	财务报表日后	全年应收账款
2	本期固定资产少提折旧	固定资产/计价和分摊	实质性分析程序、重新计算	财务报表日后	各种类别固定资产
3	本期收入虚增	营业收入/发生	实质性分析程序,函证(应收账款),检查(销售业务的销售发票、发运单、收入明细账)	财务报表日前后	营业收入的虚增属于舞弊,属于特别风险的事项,有针对性选取金额大、关联方交易、接近财务报表日前后的重大交易测试项目

五、控制测试与实质性程序

(一)控制测试

1. 控制测试的内涵和要求

控制测试是指用于评价内部控制在防止或发现并纠正认定层次重大错报方面的运行有效性的审计程序。在实施风险评估程序以获取控制是否得到执行的审计证据时,注册会计师应当确定某项控制是否存在,被审计单位是否正在使用。

在测试控制运行的有效性时,注册会计师应当从四个方面获取关于控制是否有效运行的审计证据:①控制在审计期间的不同时点是如何运行的;②控制是否得到一贯执行;③控制由谁执行;④控制以何种方式运行。

当存在下列情况之一时,注册会计师应当实施控制测试:①在评估认定层次重大错报风险时,预期控制的运行是有效的;②仅实施实质性程序并不能够提供认定层次充分、适当的审计证据。

下面介绍与控制测试相关的几组概念。

(1)控制测试属于进一步审计程序,属于应对认定层次重大错报风险的审计程序。

(2)控制测试不同于了解内部控制。控制测试获取的审计证据回答的是"控制运行是否有效",了解内部控制获取的审计证据回答的是"设计的控制是否有效,以及是否正在运行"。

(3)如果预期控制运行无效,注册会计师不拟进行控制测试,而更多依赖实质性程序。

2. 控制测试的性质、时间和范围

控制测试的性质是指控制测试所使用的审计程序(包括询问、观察、检查、重新执行等)的类型及组合。

(1) 询问。询问本身并不足以测试控制运行的有效性,注册会计师应将询问与其他审计程序结合使用,以获取有关控制运行有效性的审计证据。

(2) 观察。观察提供的证据仅限于观察发生的时点,本身也不足以测试控制运行的有效性。

(3) 检查。对运行情况留有书面证据的控制才适用。

(4) 重新执行。如果需要进行大量的重新执行,注册会计师就要考虑通过实施控制测试以缩小实质性程序的范围是否有效率(了解内控:穿行测试)。

控制测试的时间包含两层含义:一是何时实施控制测试;二是测试所针对的控制适用的时点或期间。如果仅需要测试控制在特定时点运行的有效性(如对被审计单位期末存货盘点进行控制测试),注册会计师只需要获取该时点的审计证据。如果拟信赖控制在某一期间运行的有效性,注册会计师需要实施其他测试,以获取相关控制在该期间内的相关时点运行有效的审计证据。这种测试可能包括测试被审计单位对控制的监督。

控制测试的范围是指某项控制活动的测试次数。在确定控制测试的范围时,除考虑对控制的信赖程度外,注册会计师还可能考虑以下因素。

(1) 在拟信赖期间,被审计单位执行控制的频率。

(2) 在所审计期间,注册会计师拟信赖控制运行有效性的时间长度。

(3) 控制的预期偏差率。

(4) 拟获取的有关认定层次控制运行有效性的审计证据的相关性和可靠性。

(5) 通过测试与认定相关的其他控制获取的审计证据的范围。

【学中做 4-2】 在 2022 年度财务报表审计中,注册会计师孟翔了解的相关情况、实施的部分审计程序及相关结论摘录如下。

封盛公司与现金销售相关的内部控制设计合理并得到执行。孟翔对与现金销售相关的内部控制实施控制测试。经询问财务经理,了解到2022 年度相关控制运行有效,未发现例外事项。注册会计师孟翔认为 2022 年度与现金销售相关的内部控制运行有效。

文档:学中做 4-2 解析

要求:针对资料中所述的审计程序及相关结论,假定不考虑其他条件,指出其是否恰当,并简要说明理由。

(二) 实质性程序

1. 实质性程序的内涵和要求

实质性程序是指用于发现认定层次重大错报的审计程序,包括对各类交易、账户余额和披露的细节测试以及实质性分析程序。

注册会计师实施的实质性程序应当包括下列与财务报表编制完成阶段相关的审计程序。

(1) 将财务报表与其所依据的会计记录进行核对或调节。

(2) 检查财务报表编制过程中做出的重大会计分录和其他调整。

由于注册会计师对重大错报风险的评估是一种判断,可能无法充分识别所有的重大错报风险,并且由于内部控制存在固有局限性,无论评估的重大错报风险结果如何,注册会计师都应当针对所有重大的各类交易、账户余额和披露实施实质性程序。

【学中做 4-3】 大有置业公司是利信会计师事务所首次接受委托的审计客户,主要从事房地产开发、销售和物业管理业务。注册会计师林菲负责审计该公司2022年度财务报表,确定财务报表整体的重要性为 2 000 万元。

资料:注册会计师林菲在审计工作底稿中记录了实施进一步审计程序的情况,部分内容摘录如下。

文档:学中做 4-3 解析

大有置业公司 2021 年年末账龄超过三年的预收房款共计 10 亿元,2022 年未发生变动。管理层解释相关地产项目因权属纠纷无法交房。注册会计师林菲查阅了前任注册会计师的相关审计工作底稿,结果满意,据此确认了该预收房款的年末余额。

要求:针对上述资料,假定不考虑其他条件,逐项指出注册会计师林菲的做法是否恰当。如不恰当,简要说明理由。

2. 实质性程序的性质、时间和范围

1) 实质性程序的性质

实质性程序的性质是指实质性程序的类型及组合。实质性程序的两种基本类型包括细节测试和实质性分析程序。

(1) 细节测试。对各类交易、账户余额和披露的具体细节进行测试,目的在于直接识别财务报表认定是否存在错报。

(2) 实质性分析程序。从技术特征上仍然是分析程序。实质性程序的时间可以选择在期中或期末。

2) 实质性程序的时间

如果在期中实施了实质性程序,注册会计师应当针对剩余期间实施进一步的实质性程序,或将实质性程序和控制测试结合使用,以将期中测试得出的结论合理延伸至期末。如果拟将期中测试得出的结论延伸至期末,注册会计师应当考虑针对剩余期间仅实施实质性程序是否足够。如果认为实施实质性程序本身不充分,注册会计师还应测试剩余期间相关控制运行的有效性或针对期末实施实质性程序。

实质性程序的时间选择与控制测试的时间选择,两者的差异和共同点见表 4-3。

表 4-3 实质性程序与控制测试的时间选择比较

时间		控制测试	实质性程序
区别	期中是否实施	获取期中关于控制运行有效性审计证据的做法更具有一种"常态"性(鼓励)	在期中实施实质性程序时更需要权衡其成本效益
	以前证据适用性	拟信赖以前审计获取的有关控制运行有效性的审计证据,已经受到了很大的限制	采取了更加慎重的态度和更严格的限制
共同点		都面临着对期中审计证据和对以前审计获取的审计证据的考虑	

3) 实质性程序的范围

(1) 在确定实质性程序范围时的考虑因素。

① 评估的认定层次重大错报风险。重大错报风险越高,需要实施实质性程序的范围越广。

② 实施控制测试的结果。如果对控制测试结果不满意,注册会计师可能需要考虑扩

大实质性程序的范围。

(2) 在设计细节测试范围时,应主要考虑以下两个因素。

① 样本量。

② 选样方法的有效性等。例如,从总体中选取大额或异常项目,而不是进行代表性抽样或分层抽样(考虑审计抽样风险)。

(3) 实质性分析程序的范围有两层含义。

① 对什么层次上的数据进行分析。

② 需要对什么幅度或性质的差异展开进一步调查。

任务分析

第(3)项不恰当。因为控制发生重大变化,应当分别测试,2022年上半年和下半年与原材料采购批准相关的内部控制活动不同,应当分别测试25个。

第(5)项不恰当。只检查财务经理的签字不够,应当检查财务经理是否按规定完整实施了该控制。

思政德育课堂

防微杜渐,规避风险

一、案例描述

沈诚实问孟翔:"孟老师,您说注册会计师真能把企业可能的欺骗行为都找出来吗?"

孟老师回答说:"能,如果时间足够的话。这是一句正确的废话,注册会计师永远在成本和效益之间进行选择,什么时候时间足够过?"

思政德育课堂:
审计职场故事

沈诚实说:"那岂不是早晚要出事儿?"

孟老师笑着说:"高明的审计应该是,从一开始接一个新客户时,就将高风险排除掉。这样等到注册会计师要做现场审计工作时,已经不会有大的风险了,现场工作仅是为了防止意外,还要控制一些剩余的风险。"

沈诚实说:"您说得对,还真是这样呢。"

孟老师接着说:"在审计一开始承接新客户时,就好像青年男女找对象一样,要看顺了眼才会往下谈的,毕竟是终身大事嘛。审计人都好比是老实巴交的孩子,总想找个踏实的人过一辈子。有时,一个企业明明也不错,但其经营理念可能过于激进,不符合某个会计师事务所的风格或智商水平,注册会计师也会退出这个游戏。就好像找对象要找个彼此能谈得来的一样,否则将来一起生活时没有共同语言啊。"

沈诚实说:"孟老师,我明白了,作为审计人员要树立风险防范意识,防微杜渐,尽可能规避风险。"

二、案例意义

遇到问题要善于透过现象看本质,不要被表面的假象所误导。做事情要脚踏实地,树立风险防范意识,防微杜渐,尽可能规避风险。

问题:用学习情境四学到的知识,分析注册会计师如何评估重大错报风险以及应采取的风险防范措施。

职业能力训练

一、单项选择题

1. 注册会计师通常要求参与项目组讨论的人员不包括(　　)。
   A. 项目合伙人　　　　　　　B. 关键审计人员
   C. 聘请的特定领域专家　　　D. 项目质量控制复核人员

2. 下列关于了解被审计单位性质的说法中,正确的是(　　)。
   A. 对被审计单位组织结构的了解,有助于注册会计师识别关联方关系并了解被审计单位的决策过程
   B. 注册会计师应当了解被审计单位组织结构,考虑复杂组织结构可能导致的重大错报风险,包括财务报表合并、商誉减值以及长期股权投资核算等问题
   C. 了解被审计单位投资活动,有助于注册会计师识别预期在财务报表中反映的主要交易类别、重要账户余额和列报
   D. 了解被审计单位经营活动,有助于注册会计师关注被审计单位在经营策略和方向上的重大变化

3. 在进行风险评估时,注册会计师通常采用的审计程序是(　　)。
   A. 将财务报表与其所依据的会计记录相核对
   B. 实施分析程序以识别异常的交易或事项,以及对财务报表和审计产生影响的金额、比率和趋势
   C. 对应收账款进行函证
   D. 以人工方式或使用计算机辅助审计技术,对记录或文件中的数据计算准确性进行核对

4. 阅读外部信息可能有助于注册会计师了解被审计单位及环境,下列各项不属于外部信息的是(　　)。
   A. 贸易与经济方面的报纸期刊
   B. 证券分析师分析的行业经济情况报告
   C. 银行对被审计单位出具的信用评价报告
   D. 被审计单位签订的销售合同

5. 下列各项中,不属于项目组内部讨论的内容的是(　　)。
   A. 项目组成员是否保持了独立性
   B. 被审计单位面临的经营风险

C. 财务报表容易发生错报的领域以及发生错报的方式

D. 由于舞弊导致重大错报的可能性

6. 注册会计师了解的被审计单位及环境的各项因素中,既涉及内部因素,也涉及外部因素的是( )。

    A. 对被审计单位财务业绩的衡量和评价

    B. 被审计单位的内部控制

    C. 被审计单位的性质

    D. 相关行业状况、法律环境和监管环境及其他外部因素

7. 下列有关注册会计师对被审计单位了解程度的说法中,错误的是( )。

    A. 对从事计算机硬件制造的被审计单位,注册会计师可能更关心市场和竞争以及技术进步的情况

    B. 对金融机构,注册会计师可能更关心宏观经济走势以及货币、财政等方面的宏观经济政策

    C. 对化工等产生污染的行业,注册会计师可能更关心收入的确认

    D. 注册会计师对行业状况、法律环境与监管环境以及其他外部因素了解的范围和程度会因被审计单位所处行业、规模以及其他因素的不同而不同

8. 以下有关了解被审计单位的性质的说法中不恰当的是( )。

    A. 对被审计单位所有权结构的了解有助于注册会计师识别关联方关系并了解被审计单位的决策过程

    B. 注册会计师应当了解被审计单位识别关联方的程序,获取被审计单位提供的所有关联方信息,并考虑关联方关系是否已经得到识别,关联方交易是否得到恰当的记录和充分披露

    C. 了解被审计单位经营活动有助于注册会计师识别预期在财务报表中反映的主要交易类别、重要账户余额和列报

    D. 了解被审计单位筹资活动有助于注册会计师关注被审计单位在经营策略和方向上的重大变化

9. 在了解被审计单位财务业绩衡量和评价情况时,注册会计师应当关注的信息不包括( )。

    A. 关键财务业绩指标

    B. 同期财务业绩比较分析

    C. 员工业绩考核与激励性报酬政策

    D. 主要子公司的重要融资安排

10. 在下列各项中,不属于内部控制要素的是( )。

    A. 控制风险　　　　　　　　B. 控制活动

    C. 对控制的监督　　　　　　D. 控制环境

二、多项选择题

1. 下列有关风险评估的理解中,正确的有( )。

A. 了解被审计单位及环境能够为注册会计师做出职业判断提供重要基础,但并非必要程序
B. 风险评估为确定重要性水平,并随着审计工作的进程评估对重要性水平的判断是否仍然适当提供了重要的基础
C. 评价对被审计单位及环境了解的程度是否恰当,关键是看注册会计师对被审计单位及环境的了解是否足以识别和评估财务报表的重大错报风险
D. 注册会计师对被审计单位及环境了解的程度,要低于管理层为经营管理企业而对被审计单位及环境需要了解的程度

2. 下列各项中,属于风险识别和评估的作用的有(　　)。
  A. 考虑会计政策的选择和运用是否恰当
  B. 确定在实施分析程序时所使用的预期值
  C. 设计和实施进一步审计程序,以将审计风险降至可接受的低水平
  D. 评价所获取审计证据的充分性和适当性

3. 注册会计师应当实施(　　)风险评估程序,以了解被审计单位及环境。
  A. 函证　　　B. 分析程序　　　C. 观察　　　D. 重新计算

4. 以下审计程序中,属于风险评估程序的有(　　)。
  A. 询问　　　B. 分析程序　　　C. 存货监盘　　　D. 检查

5. 下列各项因素中,属于注册会计师了解被审计单位及环境时应当了解的有(　　)。
  A. 相关行业状况、法律环境和监管环境及其他外部因素
  B. 被审计单位对会计政策的选择和运用
  C. 被审计单位的目标、战略以及可能导致重大错报风险的相关经营风险
  D. 被审计单位的内部控制

6. 下列选项中,属于注册会计师需要了解的被审计单位行业状况的内容的有(　　)。
  A. 生产经营的季节性和周期性　　B. 行业的关键指标和统计数据
  C. 会计原则和行业特定惯例　　　D. 通货膨胀水平或币值变动

7. 注册会计师可以向相关人员询问获得对被审计单位及环境的了解。下列与询问相关的说法中,正确的有(　　)。
  A. 询问治理层,可能有助于注册会计师了解财务报表的编制环境
  B. 询问内部审计人员,可能有助于了解本年度针对被审计单位内部控制设计和运行有效性而实施的内部审计程序
  C. 询问普通员工,可能有助于评估管理层对内部审计发现的问题是否采取适当的措施
  D. 询问内部法律顾问,可能有助于了解被审计单位对有关法律、法规的遵循情况

8. 以下有关被审计单位经营风险对重大错报风险的影响的说法中,恰当的有(　　)。
  A. 经营风险的范围比财务报表重大错报风险更广
  B. 了解被审计单位的经营风险有助于识别财务报表重大错报风险
  C. 多数经营风险最终都会产生财务后果,从而影响财务报表
  D. 并非所有的经营风险都会导致重大错报风险

9. 下列各项中,属于注册会计师实施风险评估时可以向管理层和财务负责人询问的事项有( )。

　　A. 新的竞争对手、主要客户和供应商的流失、新的税收法规的实施以及经营目标或战略变化等

　　B. 被审计单位最近的财务状况、经营成果和现金流量

　　C. 所有权结构、组织结构的变化,以及内部控制的变化等

　　D. 可能影响财务报告的交易和事项,或者目前发生的重大会计处理问题

10. 内部控制是被审计单位为了合理保证( ),由治理层、管理层和其他人员设计与执行的政策及程序。

　　A. 对企业章程的遵守　　　　B. 财务报告的可靠性

　　C. 对法律、法规的遵守　　　D. 经营的效率和效果

三、判断题

1. 风险评估程序是指注册会计师为了解被审计单位及环境,以识别和评估认定层次重大错报风险而实施的审计程序。（　　）

2. 被审计单位整体层面的内部控制是否有效将直接影响重要业务流程层面控制的有效性。（　　）

3. 如果被审计单位会计记录的状况和可靠性存在重大问题,可以出具无保留意见审计报告。（　　）

4. 特别风险是指注册会计师识别和评估的、运用职业判断认为需要特别考虑的重大错报风险。（　　）

5. 在确定总体应对措施以及设计和实施进一步审计程序的性质、时间和范围时,注册会计师应当运用职业判断。（　　）

文档:学习情境四
拓展训练

恪守原则 不忘初心——销售与收款循环审计

学习情境五

✒ 情境导航

在完成审计计划工作后,可以转入审计的实施阶段了。审计实施阶段包括销售与收款循环审计、采购与付款循环审计、生产与存货循环审计等。首先我们来看销售与收款循环。销售与收款循环涉及可供销售商品和劳务所有权转让的各项业务和过程。它由客户提出订货要求开始,将商品或劳务转化为应收账款,并以最终收回现金为结束。学习时,要根据销售与收款循环审计的工作过程来体会其审计目标,理解对销售与收款循环实施控制测试和实质性程序的意义,掌握营业收入和应收账款的实质性程序。本情境包括以下五个任务:销售与收款循环的业务活动和相关内部控制;销售与收款循环的重大错报风险;销售与收款循环的控制测试;营业收入审计;应收账款与坏账准备审计。

学习目标

- 了解销售与收款循环的内部控制。
- 能够识别和评估销售与收款循环的重大错报风险。
- 掌握销售与收款循环控制测试的方法。
- 明确营业收入和应收账款的实质性程序。

课程思政

- 弘扬党的二十大精神,恪守原则,不忘初心。
- 树立法治意识,增强谨慎意识。
- 培养严谨的专业精神及审计职业能力。

情境认知

审计中"询问"的妙用

有一次,孟翔与沈诚实根据委托方的要求,对某企业的"销售收入"科目进行专项审计,主要审查其是否有虚开发票、虚增收入、相互"搬砖头"、夸大销售收入等情况。

徒弟沈诚实说:"孟老师,为了达到40%抽查面的要求,我埋头抽查销售发票,然而收效甚微,查不出什么问题。"

孟翔说:"小沈,你别着急啊,你休息一下,再去找几位员工聊聊。"后来,沈诚实找了几位员工"随便聊聊",通过询问得知,该企业可能有"对开发票"的现象。于是,孟翔让沈诚实有意识地检查了几笔大额的进货与销货发票,发现几张进货发票的品种、数量、金额等与销货发票的相关内容完全一致。通过进一步询问了解到,企业为了保持"一般纳税人"的资格,虚增了销售收入。可见,询问与检查相结合,可以起到事半功倍的效果。

沈诚实问孟翔:"孟老师,询问这么有用,那么询问获得的证据是否也很有用呢?"

孟翔说:"询问只是获得口头证据的一种方法,我们必须进一步获得书面证据,只有这样,才能保证审计证据的充分性和适当性。"

任务一　销售与收款循环的业务活动和相关内部控制

微课:销售与收款循环的内部控制

利信会计师事务所的审计人员审查勃利机器制造厂,对有关销售与收款的内部控制进行了调查。了解该厂销售与收款内部控制情况如下。

(1)业务部门收到订货单后,首先进行登记,然后审核订货单的内容和数量,确定能够如期供货后,编制一式两联的销售单,自留一联,另一联传给信用部门。

(2)信用部门根据销售单进行资信调查,并批准赊销。在销售单上签字并传送给运输部门。

(3)仓库部门根据运输部门持有的经信用部门批准的销售单核发货物。填制出库单一式三联,自留一联并登记有关存货账簿,传给会计部门和业务部门各一联。

(4)运输部门办理托运,取得运单并交给开票部门。

(5)会计部门根据出库单和运单开具销货发票,并根据销货发票及出库单和运单编制记账凭证、登记应收账款明细账,并进行总分类核算。

(6)出纳人员收到货款时,应登记银行存款日记账;收到商业汇票时,应登记应收票据登记簿,然后交会计人员制单、记账。

(7)会计部门及时催收尚未付清的应收账款。对确已无法收回的,经批准后可作为坏账处理。对已冲销的坏账,进行登记并加以控制,以免日后收回已冲销坏账时发生舞弊行为。

具体任务:

(1)该企业的销售与收款内部控制是否存在缺陷?

(2) 如果有缺陷,应如何进行消除?

一、销售与收款循环涉及的主要业务活动

(一) 接受客户订单

客户提出订货要求是整个销售与收款循环的起点。一般来说,企业管理层均列出了已批准销售的客户名单,销售单管理部门在决定是否接受某客户的订单时,应追查该客户是否被列入这张名单。如果客户未被列入,通常需要由销售单管理部门的主管来决定是否同意销售。只有在符合企业管理层的授权标准时,才能"接受客户订单"。企业在批准了客户订单之后,通常应编制一式多联的销售单。销售单是证明管理层有关销售交易的"发生"认定的凭据之一,也是此笔销售的交易轨迹的起点。

(二) 批准赊销信用

对于赊销业务,"批准赊销信用"是由信用管理部门根据管理层的赊销政策,在每个客户已被授权的信用额度内进行的。信用管理部门的职员在收到销售单管理部门的销售单后,应将销售单与该客户已被授权的赊销信用额度以及至今尚欠的账款余额加以比较。执行人工赊销信用检查时,应合理划分工作职责,以切实避免销售人员为扩大销售而使企业承受不适当的信用风险。

企业的信用管理部门应对每个新客户进行信用调查,包括获取信用评审机构对客户信用等级的评定报告。无论批准赊销与否,都要求被授权的信用管理部门人员在销售单上签署意见,然后将签署意见后的销售单返回销售单管理部门。

(三) 根据销售单编制发运凭证并发货

(1) 通常要求商品仓库只有在收到经过批准的销售单时才能供货。

(2) 目的是防止仓库在未经授权的情况下擅自发货。

(3) 已批准销售单的一联通常应送达仓库,作为仓库按销售单供货和发货给装运部门的授权依据。

(四) 按销售单装运货物

(1) 将经批准的销售单供货与按销售单装运货物职责相分离,有助于避免负责装运货物的职员在未经授权的情况下装运产品。

(2) 装运之前,还必须进行独立验证,以确定从仓库提取的商品都附有经批准的销售单,并且所提取商品内容与销售单一致。

(五) 向客户开具账单

"向客户开具账单"是指开具并向客户寄送事先连续编号的销售发票,该项业务活动可能存在以下三个主要问题。

(1) 是否对装运的货物都开具了账单("完整性"认定问题)。

(2) 是否只对实际装运的货物才开具账单,有无重复开具账单或虚构交易("发生"认定问题)。

(3) 是否按已授权批准的商品价目表所列价格计价开具账单（"准确性"认定问题）。

为了降低开具账单过程中出现遗漏、重复、错误计价或其他差错的风险，应设立以下控制程序。

(1) 开具账单部门职员在开具每张销售发票之前，独立检查是否存在装运凭证和相应的经批准的销售单。

(2) 依据已授权批准的商品价目表开具销售发票。

(3) 独立检查销售发票计价和计算的正确性。

(4) 将装运凭证上的商品总数与相对应的销售发票上的商品总数进行比较。

上述控制程序有助于确保用于记录销售交易的销售发票的正确性。因此，这些控制与销售交易的"发生""完整性"及"准确性"认定有关。

（六）记录销售

记录销售的控制程序如下。

(1) 依据有效的发运凭证和销售单的销售发票记录销售。这些发运凭证和销售单应能证明销售交易的发生及发生的日期。

(2) 使用事先连续编号的销售发票并对发票使用情况进行监控。

(3) 独立检查已销售发票上的销售金额与会计记录金额的一致性。

(4) 记录销售的职责应与处理销售交易的其他功能相分离。

(5) 对记录过程中所涉及的有关记录的接触权限予以限制，以减少未经授权批准的记录发生。

(6) 定期独立检查应收账款的明细账与总账的一致性。

(7) 由不负责现金出纳和销售及应收账款记账的人员定期向客户寄送对账单，对不符事项进行调查，必要时调整会计记录，编制对账情况汇总报告并交管理层审核。

以上这些控制与"发生""完整性""准确性"以及"（准确性）计价和分摊"认定有关。

（七）办理和记录现金、银行存款收入

在办理和记录现金、银行存款收入时，企业最关心的是货币资金的安全。货币资金的失窃或被侵占可能发生在货币资金收入入账之前或入账之后。

企业通过出纳与现金记账的职责分离、现金盘点、编制银行余额调节表、定期向客户发送对账单等控制来实现上述目的。

（八）办理和记录销货退回、销货折扣与折让

客户如果对商品不满意，销售企业一般会同意在商品售出一定期限内接受退货，或给予一定的销售折让；客户如果提前支付货款，销售企业则可能会给予一定的销售折扣。

发生此类事项时，一般需经授权批准，并应确保与办理此事有关的部门和员工各司其职，分别控制实物流和会计处理。

（九）提取坏账准备

定期对应收账款的信用风险进行评估，并根据预期信用损失计提坏账准备。该项活动与应收账款的"准确性、计价和分摊"认定相关。

（十）核销坏账

如有证据表明某项货款已无法收回，企业即通过适当的审批程序注销该笔货款。

二、销售与收款循环涉及的主要凭证与会计记录

（一）客户订购单
客户提出的书面购货要求是销售交易的起点。

（二）销售单
销售单是列示客户所订商品的名称、规格、数量以及其他与客户订购单有关信息的凭证，作为销售方内部处理客户订购单的凭据。

（三）发运凭证
在发运货物时编制的，用以反映发出商品的规格、数量和其他有关内容的凭证。发运凭证的一联留给客户，其余联（一联或数联）由企业保留。该凭证可用作向客户开具账单的依据。

（四）销售发票
销售发票用来表明已销售商品的名称、规格、数量、价格、销售金额、运费和保险费、开票日期、付款条件等内容的凭证。

以增值税发票为例，销售发票的两联（抵扣联和发票联）寄送给客户，一联（记账联）由企业保留。

销售发票也是在会计账簿中登记销售交易的基本凭证之一。

（五）商品价目表
商品价目表列示已经授权批准的、可供销售的各种商品的价格清单。

（六）贷项通知单
贷项通知单是一种用来表示由于销售退回或经批准的折让而引起的应收货款减少的凭证。

格式通常与销售发票的格式类似，只不过它不是用来证明应收账款的增加，而是用来证明应收账款的减少。

（七）应收账款账龄分析表
通常，应收账款账龄分析表按月编制，反映月末尚未收回的应收账款总额的账龄，并详细反映每个客户月末尚未偿还的应收账款数额和账龄。

（八）应收账款明细表
应收账款明细表是用来记录每个客户各项赊销、还款、销售退回及折让的明细账。

（九）主营业务收入明细表
主营业务收入明细账是用来记录销售交易的明细账。通常记载和反映不同类别商品或服务的营业收入的明细发生情况和总额。

（十）折扣与折让明细表
折扣与折让明细表是用来核算企业销售商品时，按销售合同规定为了及早收回货款而给予客户的销售折扣和因商品品种、质量等原因而给予客户的销售折让情况的明细账。企业可以不设置折扣与折让明细账，直接记入主营业务收入明细账。

（十一）汇款通知书
汇款通知书是与销售发票一起寄给客户，由客户在付款时再寄回给销售单位的凭证。

这种凭证注明了客户的姓名、销售发票号码、销售单位开户银行账号及金额等内容。

（十二）库存现金日记账和银行存款日记账

库存现金日记账和银行存款日记账是用来记录应收账款的收回或现销收入，以及其他各种现金、银行存款收入和支出的日记账。

（十三）坏账审批表

坏账审批表是用来批准将某些应收款项注销为坏账，仅在企业内部使用的凭证。

（十四）客户对账单

客户对账单是定期（月度、季度、年度）寄送给客户的用于购销双方定期核对账目的凭证。注明应收账款的月初余额、本月各项销售交易的金额、本月已收到的货款、各贷项通知单的数额以及期末余额等内容。

（十五）转账凭证

转账凭证是记录转账业务的记账凭证。

根据有关转账业务（即不涉及现金、银行存款收付的各项业务）的原始凭证编制的。

（十六）现金和银行凭证

现金和银行凭证是用来记录现金和银行存款收入业务和支付业务的记账凭证。

思政元素融入 | **高效廉洁·责任担当**

思政素材：抗疫防疫和复工复产中注册会计师行业的责任担当

抗疫期间，注册会计师行业充分发挥财会监督作用，助力各项防疫抗疫工作高效廉洁运转。在疫情之初，不少行业从业人员克服心理恐惧，应召而战，毅然投身抗疫防疫第一线，通过提供审计、咨询服务等多种形式，保障抗疫防疫工作的高效廉洁运转。此外，"两会"期间，注册会计师行业10名全国人大代表、政协委员建言资政，围绕疫情防控、复工复产、经济发展、社会民生等，提交议案3个、提案28个、建议16个。（扫码查看全篇文章）

思政讨论：讨论注册会计师行业的专业价值和责任担当。

文档：抗疫防疫和复工复产中注册会计师行业的责任担当

三、相关内部控制

（一）适当的职责分离

适当的职责分离不仅是预防舞弊的必要手段，还有助于防止各种有意或无意的错误。

（1）主营业务收入与应收账款账簿由不同职员独立登记，并由另一位不负责账簿记录的职员定期调节总账和明细账，构成一项交互牵制。

（2）负责主营业务收入和应收账款记账的职员不得经手货币资金。

（3）赊销批准职能与销售职能分离。

（4）分别设立办理销售、发货、收款三项业务的部门（或岗位）。

（5）订立销售合同前，指定专人就销售价格、信用政策、发货及收款方式等具体事项与客户进行谈判。谈判人员至少两人,并与订立合同的人员相分离。

(6) 编制销售发票通知单的人员与开具销售发票的人员应相互分离。

(7) 销售人员应当避免接触销货现款。

(8) 应收票据的取得和贴现必须经由保管票据以外的主管人员的书面批准。

(二) 恰当的授权审批

对于授权审批问题,注册会计师应当关注以下关键点的审批程序。

(1) 在销售发生之前,赊销已经正确审批。

(2) 非经正当审批,不得发出货物。

(3) 销售价格、销售条件、运费、折扣等必须经过审批。

(4) 审批人应当根据销售与收款授权批准制度的规定,在授权范围内进行审批,不得超越审批权限。

(三) 充分的凭证和记录

(1) 企业在收到客户订购单后,编制一份预先编号的一式多联的销售单,分别用于批准赊销、审批发货、记录发货数量及向客户开具发票等。在这种制度下,通过定期清点销售单和销售发票,可以避免漏开发票或漏记销售的情况。

(2) 财务人员在记录销售交易之前,对相关的销售单、发运凭证和销售发票上的信息进行核对,以确保入账的营业收入是真实发生的、准确的。

(四) 凭证的预先编号

(1) 对凭证预先进行编号,旨在防止销售以后遗漏向客户开具发票或登记入账,也可防止重复开具发票或重复记账。当然,如果对凭证的编号不做清点,预先编号就会失去其控制意义。

(2) 定期检查全部凭证的编号,并调查凭证缺号或重号的原因,是实施这项控制的关键点。

(五) 按月寄出对账单

(1) 由不负责现金出纳和销售及应收账款记账的人员按月向客户寄发对账单,能促使客户在发现应付账款余额不正确后及时反馈有关信息。

(2) 为了使这项控制更加有效,最好将账户余额中出现的所有核对不符的账项,指定一位既不掌管货币资金也不记录主营业务收入和应收账款账目的主管人员处理,然后由独立人员按月编制对账情况汇总报告并交管理层审阅。

(六) 内部核查程序

由内部审计人员或其他独立人员核查销售交易的处理和记录,是实现内部控制目标所不可缺少的一项控制措施,销售与收款内部控制检查的主要内容包括以下几点。

(1) 检查是否存在销售与收款交易不相容职务混岗的现象。

(2) 检查授权批准手续是否健全,是否存在越权审批行为。

(3) 检查信用政策、销售政策的执行是否符合规定。

(4) 检查销售收入是否及时入账,应收账款的催收是否有效,坏账核销和应收票据的管理是否符合规定。

(5) 检查销售退回手续是否齐全,退回货物是否及时入库。

【学中做 5-1】 利信会计师事务所首次接受委托,审计上市公司速达公司 2022 年度财务报表,委派注册会计师孟翔担任项目合伙人。孟翔确定财务报表整体的重要性为1 200万元。速达公司主要提供快递物流服务。

资料:孟翔在审计工作底稿中记录了审计计划,部分内容摘要如下。

速达公司应收账款会计每月末向排名前10位的企业客户寄送对账单,并调查回函差异。因该控制仅涉及一小部分应收账款余额,注册会计师孟翔拟不测试该控制,直接实施实质性程序。

文档:学中做 5-1解析

要求:针对资料,假定不考虑其他条件,逐项指出审计计划的内容是否恰当。

任务分析

(1) 勃利机器制造厂销售与收款内部控制的缺陷如下。

① 销货时缺少会计控制,会计部门不能及时掌握货物销售的情况,不能发现和防止销货是否符合本厂规定的政策,尤其是价格的合理性问题。

② 仓库核发货物没有会计控制,不利于控制客户应收账款的数额。

③ 没有制定销货退回的处理方法。

④ 没有制定内部审计制度,没有及时与客户进行核对的制度。

(2) 具体改进建议如下。

① 销售单应采用一式四联,除业务部门自留及交给运输部门的以外,一联传给会计部门,会计部门据此开具销货发票,一联交仓库作为发货依据。

② 制定销货退回的处理办法。

③ 制定内审计制度,及时与客户核对应收账款的余额。

任务二 销售与收款循环的重大错报风险

任务导入

京津公司是利信会计师事务所的长期审计客户,主要从事家电产品的生产、批发和零售。注册会计师孟翔和徒弟沈诚实一起审计该公司2022年度财务报表,确定财务报表整体的重要性为800万元,明显微小错报的临界值为40万元。

孟翔对该公司店面租金费用实施实质性分析程序时,确定可接受差异额为400万元,账面金额比期望值少1 400万元。孟翔和沈诚实针对其中1 200万元的差异进行了调查,结果满意。因剩余差异小于可接受差异额,注册会计师孟翔认可了管理层记录的租金费用。

具体任务:针对上述资料,假定不考虑其他条件,指出注册会计师孟翔的做法是否恰当。

一、识别与收入确认相关的舞弊风险

注册会计师在识别和评估与收入确认相关的重大错报风险时,应当基于收入确认存在舞弊风险的假定,评价哪些类型的收入、收入交易或认定存在舞弊风险。如果认为该假定不适用于业务的具体情况,从而未将收入确认作为由于舞弊导致的重大错报风险领域,注册会计师应当在审计工作底稿中记录得出该结论的理由。

假定收入确认存在舞弊风险,并不意味着注册会计师应当将与收入确认相关的所有认定都假定为存在舞弊风险。

与收入确认相关的舞弊风险归纳如下。

(1) 高估收入。如果管理层难以实现预期的利润目标,则可能有高估收入的动机或压力(如提前确认收入或记录虚假的收入),因此,收入的发生认定存在舞弊风险的可能性较大,而完整性认定则通常不存在舞弊风险。

(2) 隐瞒收入。如果管理层有隐瞒收入而降低税负的动机,则注册会计师需要更加关注与收入完整性认定相关的舞弊风险。

(3) 推迟确认收入。如果被审计单位预期难以达到下一年度的销售目标,而已经超额实现了本年度的销售目标(以丰补歉),就可能倾向于将本期的收入推迟至下一年度确认。

二、常用的收入确认舞弊手段

1. 虚增收入或提前确认收入(粉饰财报)

(1) 虚构销售交易。

① 在无存货实物流转的情况下,通过与其他方(包括已披露或未披露的关联方、非关联方等)签订虚假购销合同,虚构存货进出库,并通过伪造出库单、发运单、验收单等单据,以及虚开商品销售发票虚构收入。

② 在多方串通的情况下,通过与其他方(包括已披露或未披露的关联方、非关联方等)签订虚假购销合同,并通过存货实物流转、真实的交易单证票据和资金流转配合,虚构收入。

③ 被审计单位根据其所处行业特点虚构销售交易。例如,从事网络游戏运营业务的被审计单位,以游戏玩家的名义,利用体外资金购买虚拟物品或服务,并予以消费,以虚增收入。

(2) 进行显失公允的交易。

① 通过与未披露的关联方或真实非关联方进行显失公允的交易。例如,以明显高于其他客户的价格向未披露的关联方销售商品。与真实非关联方客户进行显失公允的交易,通常会由实际控制人或其他关联方以其他方式弥补客户损失。

② 通过出售关联方的股权,使之从形式上不再构成关联方,但仍与之进行显失公允的交易,或与未来或潜在的关联方进行显失公允的交易。

③ 与同一客户或同受一方控制的多个客户在各期发生多次交易,通过调节各次交易的商品销售价格,调节各期销售收入金额。

(3) 在客户取得相关商品控制权前确认销售收入。

例如,在委托代销安排下,在被审计单位向受托方转移商品时确认收入,而受托方并未获得对该商品的控制权。又如,在客户取得相关商品控制权前,通过伪造出库单、发运单、验收单等单据,提前确认销售收入。

(4) 通过隐瞒退货条款,在发货时全额确认销售收入。

（5）通过隐瞒不符合收入确认条件的售后回购或售后租回协议，而将以售后回购或售后租回方式发出的商品作为销售商品确认收入。

（6）在被审计单位属于代理人的情况下，被审计单位按主要责任人确认收入。

例如，被审计单位为代理商，在仅向购销双方提供帮助接洽、磋商等中介代理服务的情况下，按照相关购销交易的总额而非净额（佣金和代理费等）确认收入。又如，被审计单位将虽然签订购销合同但实质为代理的受托加工业务作为正常购销业务处理，按照相关购销交易的总额而非净额（加工费）确认收入。

（7）对于属于在某一时段内履约的销售交易，通过高估履约进度的方法实现当期多确认收入。

（8）当存在多种可供选择的收入确认会计政策或会计估计方法时，随意变更所选择的会计政策或会计估计方法。

（9）选择与销售模式不匹配的收入确认会计政策。

（10）通过调整与单独售价或可变对价等相关的会计估计，达到多计或提前确认收入的目的。

（11）对于存在多项履约义务的销售交易，未对各项履约义务单独进行核算，而将整体作为单项履约义务一次性确认收入。

（12）对于应以整体作为单项履约义务的销售交易，通过将其拆分为多项履约义务，达到提前确认收入的目的。

2. 少计收入或推迟确认收入（降低税负或转移利润）

（1）被审计单位在满足收入确认条件后，不确认收入，而将收到的货款作为负债挂账，或转入本单位以外的其他账户。

（2）被审计单位采用以旧换新的方式销售商品时，以新旧商品的差价确认收入。

（3）对于应采用总额法确认收入的销售交易，被审计单位采用净额法确认收入。

（4）对于属于在某一时段内履约的销售交易，被审计单位未按实际履约进度确认收入，或采用时点法确认收入。

（5）对于属于在某一时点履约的销售交易，被审计单位未在客户取得相关商品或服务控制权时确认收入，推迟收入确认时点。

（6）通过调整与单独售价或可变对价等相关的会计估计，达到少计或推迟确认收入的目的。

三、收入确认可能存在舞弊风险的迹象

注册会计师保持职业怀疑，充分了解被审计单位业务模式并理解业务逻辑，有助于识别舞弊风险迹象。例如，被审计单位的产品具有一定的销售半径（"流行病调查"），如果存在超出销售半径而没有合理商业理由的销售交易（"矛盾证据"），则可能表明被审计单位存在收入舞弊风险。又如，被审计单位技术水平处于行业中端，但高端产品却占销售收入比重较大，可能表明被审计单位存在收入舞弊风险。

1. 销售客户方面

（1）销售情况与客户所处行业状况不符。例如，客户所处行业景气度下降，但该客户的销售却出现增长；又如，销售数量接近或超过客户所处行业的需求。

(2) 与同一客户同时发生销售和采购交易,或者与同受一方控制的客户和供应商同时发生交易。

(3) 交易标的对交易对方而言不具有合理用途。

(4) 主要客户自身规模与其交易规模不匹配。

(5) 与新成立或之前缺乏从事相关业务经历的客户发生大量或大额的交易,或者与原有客户交易金额出现不合理的大额增长。

(6) 与关联方或疑似关联方客户发生大量或大额交易。

(7) 与个人、个体工商户发生异常大量的交易。

(8) 对应收款项账龄长、回款率低或缺乏还款能力的客户,仍放宽信用政策。

(9) 被审计单位的客户是否付款取决于下列情况。

① 能否从第三方取得融资。

② 能否转售给第三方(如经销商)。

③ 被审计单位能否满足特定的重要条件。

(10) 直接或通过关联方为客户提供融资担保。

2. 销售交易方面

(1) 在临近期末时发生了大量或大额的交易。

(2) 实际销售情况与订单不符,或者根据已取消的订单发货或重复发货。

(3) 未经客户同意,在销售合同约定的发货期之前发送商品或将商品运送到销售合同约定地点以外的其他地点。

(4) 被审计单位的销售记录表明,已将商品发往外部仓库或货运代理人,却未指明任何客户。

(5) 销售价格异常。例如,明显高于或低于被审计单位和其他客户之间的交易价格。

(6) 已经销售的商品在期后有大量退回。

(7) 交易之后长期不进行结算。

3. 销售合同、单据方面

(1) 销售合同未签字盖章,或者销售合同上加盖的公章并不属于合同所指定的客户。

(2) 销售合同中重要条款(如交货地点、付款条件)缺失或含糊。

(3) 销售合同中部分条款或条件不同于被审计单位的标准销售合同,或过于复杂。

(4) 销售合同或发运单上的日期被更改。

(5) 在实际发货之前开具销售发票,或实际未发货而开具销售发票。

(6) 记录的销售交易未经恰当授权或缺乏出库单、货运单、销售发票等证据支持。

4. 销售回款方面

(1) 应收款项收回时,付款单位与购买方不一致,存在较多代付款的情况。

(2) 应收款项收回时,银行回单中的摘要与销售业务无关。

(3) 对不同客户的应收款项从同一付款单位收回。

(4) 经常采用多方债权债务抵销的方式抵销应收款项。

5. 资金方面

(1) 通过虚构交易套取资金。

(2) 发生异常大量的现金交易,或被审计单位有非正常的资金流转及往来,特别是有非正常现金收付的情况。

（3）在货币资金充足的情况下仍大额举债。

（4）被审计单位申请公开发行股票并上市，连续几个年度进行大额分红。

（5）工程实际付款进度明显快于合同约定付款进度。

（6）与关联方或疑似关联方客户发生大额资金往来。

6. 其他方面

（1）采用异于行业惯例的收入确认方法。

（2）与销售和收款相关的业务流程、内部控制发生异常变化，或者销售交易未按照内部控制制度的规定执行。

（3）非财务人员过度参与与收入相关的会计政策的选择、运用以及做出重要会计估计。

（4）通过实施分析程序发现异常或偏离预期的趋势或关系。

（5）被审计单位的账簿记录与询证函回函提供的信息之间存在重大或异常差异。

（6）在被审计单位业务或其他相关事项未发生重大变化的情况下，询证函回函相符比例明显异于以前年度。

（7）被审计单位管理层不允许注册会计师接触可能提供审计证据的特定员工、客户、供应商或其他人员。

需要注意的是，以上情况并未穷尽实务中存在舞弊风险的迹象，被审计单位存在列举的某一迹象也并不意味着其在收入确认方面一定存在舞弊风险，注册会计师应当结合对被审计单位及环境的了解，在审计过程中对异常情况保持高度警觉和职业怀疑，在此基础上运用职业判断确定被审计单位在收入确认方面是否可能存在舞弊风险。

思政元素融入 | **风险导向·专业胜任·质量管理**

思政素材：切实提高上市公司审计质量

时任中国证监会首席会计师陈毓圭说，新时代资本市场改革发展部署对注册会计师行业有新的期待。党中央高度重视资本市场在全面实现国家现代化建设目标中的重要作用，肯定了资本市场在经济运行中的枢纽地位。习近平总书记指出，要"建设一个规范、透明、开放、有活力、有韧性的资本市场"。党的十九届五中全会要求，"全面实行股票发行注册制，建立常态化退市机制，提高直接融资比重"。这些要求已经写进了"十四五"规划。（扫码查看全篇文章）

文档：切实提高上市公司审计质量

思政讨论：随着党的二十大的胜利召开，我国迈上了全面建设社会主义现代化国家的新征程，审计行业也进入了高质量发展的新阶段。中国注册会计师职业道德守则、注册会计师审计准则和会计师事务所质量管理准则均进行了修订。在此背景下，做好注册会计师审计工作、提高审计质量应着重关注4个问题：一是落实风险导向审计理念的问题；二是提高注册会计师专业胜任能力的问题；三是遵守职业道德的问题；四是质量管理体系建设的问题。

四、对收入确认实施分析程序

在设计分析程序时,注册会计师需要在充分了解被审计单位及环境的基础上,识别与收入相关的财务数据和其他财务数据、非财务数据之间存在的关系,以提升实施分析程序的效果。基于被审计单位的业务性质,可以采用不同的数据指标分析。例如,餐饮业可以考虑翻台率,游戏直播行业可以考虑单客充值金额、实际在线时间等。

注册会计师通过实施分析程序,识别被审计单位收入确认舞弊风险的示例。

(1) 将账面销售收入、销售清单和销售增值税销项清单进行核对。

(2) 将本期销售收入金额与以前可比期间的对应数据或预算数进行比较。

(3) 分析月度或季度销售量、销售单价、销售收入金额、毛利率变动趋势。

(4) 将销售收入变动幅度与销售商品及提供劳务收到的现金、应收账款/合同资产、存货、税金等项目的变动幅度进行比较。

(5) 将销售毛利率、应收账款/合同资产周转率、存货周转率等关键财务指标与可比期间数据、预算数或同行业其他企业数据进行比较。

(6) 分析销售收入等财务信息与投入产出率、劳动生产率、产能、水电能耗、运输数量等非财务信息之间的关系。

(7) 分析销售收入与销售费用之间的关系,包括销售人员的人均业绩指标、销售人员薪酬、广告费、差旅费,以及销售机构的设置、规模、数量、分布等。

五、针对舞弊风险的调查方法

(1) 毛利率变动的合理性。如果注册会计师发现被审计单位的毛利率变动较大或与所在行业的平均毛利率差异较大,注册会计师可以采用定性分析与定量分析相结合的方法,从行业及市场变化趋势、产品销售价格和产品成本要素等方面对毛利率变动的合理性进行调查。

(2) 应收账款或合同资产余额较大,或其增长幅度高于销售收入的增长幅度。如果注册会计师发现应收账款或合同资产余额较大,或其增长幅度高于销售收入的增长幅度,注册会计师需要分析具体原因(如赊销政策和信用期限是否发生变化等),并在必要时采取恰当的措施,如扩大函证比例、增加截止测试和期后收款测试的比例、使用与前期不同的抽样方法、实地走访客户等。

(3) 收入增长幅度明显高于管理层预期。如果注册会计师发现被审计单位的收入增长幅度明显高于管理层的预期,可以询问管理层的适当人员,并考虑管理层的答复是否与其他审计证据一致。例如,如果管理层表示收入增长是由于销售量增加所致,注册会计师可以调查与市场需求相关的情况。

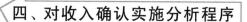

不恰当,需要对差异额的全额进行调查。

任务三 销售与收款循环的控制测试

微课:销售与收款循环的控制测试

任务导入

注册会计师孟翔负责对京津公司2022年12月31日的财务报告内部控制进行审计。注册会计师了解到,公司将客户验货签收作为销售收入确认的时点。部分与销售相关的控制内容摘录如下。

(1) 每笔销售业务均需与客户签订销售合同。
(2) 赊销业务需由专人进行信用审批。
(3) 仓库只有在收到经批准的发货通知单时才能供货。
(4) 负责开具发票的人员无权修改开票系统中已设置好的商品价目表。
(5) 财务人员根据核对一致的销售合同、客户签收单和销售发票编制记账凭证并确认销售收入。
(6) 每月末,由独立人员对应收账款明细账和总账进行调节。

具体任务:

(1) 针对上述(1)至(6)项所列控制,逐项指出是否与销售收入的"发生"认定直接相关。
(2) 从所选出的与销售收入的发生认定直接相关的控制中,选出一项最应当测试的控制,并简要说明理由。

一、控制测试的基本原理

(1) 控制测试程序的类型主要包括询问、观察、检查和重新执行,其提供的保证程度依次递增。注册会计师需要根据所测试的内部控制的特征及需要获得的保证程度选用适当的测试程序。

(2) 如果期中实施了控制测试,应在年末审计时实施适当的前推程序,就控制在剩余期间的运行情况获取证据,以确定控制是否在整个被审计期间持续运行有效。

(3) 控制测试的范围取决于注册会计师需要通过控制测试获取的保证程度。

(4) 如果拟信赖的控制是由计算机执行的自动化控制,除了测试自动化应用控制的运行有效性,还需就相关的信息技术一般控制的运行有效性获取审计证据。

上述控制测试基本要求的原理对其他循环同样适用。

二、以风险为起点的控制测试

(一) 订单处理和赊销的信用控制

订单处理和赊销的信用控制测试见表5-1。

表 5-1 订单处理和赊销的信用控制测试

可能发生错报的环节	相关的财务报表项目及认定	存在的内部控制(自动)	存在的内部控制(人工)	内部控制测试程序
可能向没有获得赊销授权或超出了其信用额度的客户赊销	营业收入:发生 应收账款:存在	订购单上的客户代码与应收账款主文档记录的代码一致。目前未偿付余额加上本次销售额在信用限额范围内。上述两项均满足才能生成销售单	对于不在主文档中的客户或是超过信用额度的客户订购单,需要经过适当授权批准,才可生成销售单	询问员工销售单的生成过程,检查是否所有生成的销售单均有对应的客户订购单为依据 检查系统中自动生成销售单的生成逻辑,是否确保满足了客户范围及信用控制的要求 对于系统外授权审批的销售单,检查是否经过适当批准

（二）发运商品

发运商品的内部控制测试见表 5-2。

表 5-2 发运商品的内部控制测试

可能发生错报的环节	相关的财务报表项目及认定	存在的内部控制(自动)	存在的内部控制(人工)	内部控制测试程序
可能在没有批准发货的情况下发出了商品	营业收入:发生 应收账款:存在	当客户销售单在系统中获得发货批准时,系统自动生成连续编号的发运凭证	保安人员只有看到附有经批准的销售单和发运凭证时才能放行	检查系统内发运凭证的生成逻辑以及发运凭证是否连续编号 询问并观察发运时保安人员的放行检查
发运商品与客户销售单可能不一致	营业收入:准确性 应收账款:准确性、计价和分摊	计算机把发运凭证中所有准备发出的商品与销售单上的商品种类和数量进行比对,打印种类或数量不符的例外报告,并暂缓发货	管理层复核例外报告和暂缓发货的清单,并解决问题	检查例外报告和暂缓发货的清单
已发出商品可能与发运凭证上的商品种类和数量不符	营业收入:准确性 应收账款:准确性、计价和分摊	—	商品打包发运前,装运部门对商品和发运凭证内容进行独立核对,并在发运凭证上签字以示商品已与发运凭证核对且种类和数量相符 客户要在发运凭证上签字以作为收到商品且商品与订购单一致的证据	检查发运凭证上相关员工及客户的签名,作为发货一致的证据

续表

可能发生错报的环节	相关的财务报表项目及认定	存在的内部控制(自动)	存在的内部控制(人工)	内部控制测试程序
已销售商品可能未实际发运给客户	营业收入:发生 应收账款:存在	—	客户要在发运凭证上签字以作为收到商品且商品与订购单一致的证据	检查发运凭证上客户的签名,作为收货的证据

（三）开具发票

开具发票的内部控制测试见表 5-3。

表 5-3 开具发票的内部控制测试

可能发生错报的环节	相关的财务报表项目及认定	存在的内部控制(自动)	存在的内部控制(人工)	内部控制测试程序
商品发运可能未开具销售发票或已开出发票没有发运凭证的支持	应收账款:存在、完整性、权利和义务 营业收入:发生、完整性	发货以后系统根据发运凭证及相关信息自动生成连续编号的销售发票 系统自动复核连续编号的发票和发运凭证的对应关系,并定期生成例外报告	复核例外报告并调查原因	检查系统生成发票的逻辑 检查例外报告及跟进情况
由于定价或产品摘要不正确,以及销售单或发运凭证或销售发票代码输入错误,可能导致销售价格不正确	营业收入:准确性 应收账款:准确性、计价和分摊	通过自定义登录逻辑限制控制定价主文档的更改。只有得到授权的员工才能进行更改 系统通过使用和检查主文档版本序号,确定正确的定价主文档版本已经被上传 系统检查录入的产品代码的合理性	核对经授权的有效的价格更改清单与计算机获得的价格更改清单是否一致 如果发票由手工填写或没有定价主文档,则有必要对发票的价格进行独立核对	检查文件以确定价格更改是否经授权 重新执行以确定打印出的更改后价格与授权是否一致 通过检查 IT 的一般控制和收入交易的应用控制,确定正确的定价主文档版本是否已被用来生成发票 如果发票由手工填写,检查发票中价格复核人员的签名 通过核对经授权的价格清单与发票上的价格,重新执行该核对过程
发票上的金额可能出现计算错误	营业收入:准确性 应收账款:准确性、计价和分摊	每张发票的单价、计算、商品代码、商品摘要和客户账户代码均由计算机程序控制 如果由计算机控制的发票开具程序的更改是受监控的,在操作控制帮助下,可以确保使用的是正确的发票生成程序版本 系统代码有密码保护,只有经授权的员工才可以更改 定期打印所有系统上做出的更改	上述程序的所有更改由上级复核和审批 如果由手工开具发票,独立复核发票上计算的增值税和总额的正确性	自动:询问发票生成程序更改的一般控制情况,确定是否经授权以及现有的版本是否正在被使用 检查有关程序更改的复核审批程序 手工:检查与发票计算金额正确性相关的人员的签名 重新计算发票金额,证实其是否正确

（四）记录赊销

记录赊销的内部控制测试见表5-4。

表 5-4　记录赊销的内部控制测试

可能发生错报的环节	相关的财务报表项目及认定	存在的内部控制（自动）	存在的内部控制（人工）	内部控制测试程序
销售发票入账的会计期间可能不正确	营业收入：截止、发生 应收账款：存在、完整性、权利和义务	系统根据销售发票的信息自动汇总生成当期销售入账记录	定期执行人工销售截止检查程序 向客户发送月末对账单，调查并解决客户质询的差异	检查系统中销售记录生成的逻辑 重新执行销售截止检查程序 检查客户质询信件并确定问题是否已得到解决
销售发票入账金额可能不准确	营业收入：准确性 应收账款：准确性、计价和分摊	系统根据销售发票的信息自动汇总生成当期销售入账记录	复核明细账与总账之间的调节项 向客户发送月末对账单，调查并解决客户质询的差异	检查系统销售入账记录的生成逻辑，对于手工调节项目进行检查，并调查原因是否合理 检查客户质询信件并确定问题是否已得到解决
销售发票可能被计入不正确的应收账款明细账户	应收账款：准确性、计价和分摊	系统将客户代码、商品发送地址、发运凭证、发票与应收账款主文档中的相关信息进行比对	应收账款客户主文档中明细账的汇总金额应与应收账款总分类账核对。对于两者之间的调节项需要调查原因并解决 向客户发送月末对账单，调查并解决客户质询的差异	检查应收账款客户主文档中明细余额汇总金额的调节结果与应收账款总分类账是否核对相符，以及负责该项工作的员工签名 检查客户质询信件并确定问题是否已得到解决

（五）记录应收账款的收款

记录应收账款的收款控制测试见表5-5。

表 5-5　记录应收账款的收款控制测试

可能发生错报的环节	相关的财务报表项目及认定	存在的内部控制（自动）	存在的内部控制（人工）	内部控制测试程序
应收账款记录的收款与银行存款可能不一致	应收账款/货币资金：完整性、存在、权利和义务、准确性、计价和分摊	在每日编制电子版存款清单时，系统自动贷记应收账款	将每日收款汇总表、电子版收款清单和银行存款清单相比较 定期取得银行对账单，独立编制银行存款余额调节表 向客户发送月末对账单，对客户质询的差异应予以调查并解决	检查核对每日收款汇总表、电子版收款清单和银行存款清单的核对记录和核对人签名 检查银行存款余额调节表和负责编制的员工的签名 检查客户质询信件并确定问题是否已被解决

可能发生错报的环节	相关的财务报表项目及认定	存在的内部控制(自动)	存在的内部控制(人工)	内部控制测试程序
收款可能被计入不正确的应收账款账户	应收账款:准确性、计价和分摊、存在	电子版的收款清单与应收账款明细账之间建立连接界面,根据对应的客户名称、代码、发票号等将收到的款项对应到相应的客户账户。对于无法对应的款项生成例外事项报告 系统定期生成按客户细分的应收账款账龄分析表	将生成的例外事项报告的项目进行手工核对,或调查产生的原因并解决 向客户发送月末对账单,对客户质询的差异应予以调查并解决 管理层每月复核按客户细分的应收账款账龄分析表,并调查长期余额或其他异常余额	检查系统中的对应关系审核设置是否合理 检查对例外事项报告中的信息进行核对的记录以及无法对应事项的解决情况 检查客户质询信件并确定问题是否已被解决 检查管理层对应收账款账龄分析表的复核及跟进措施

(六) 坏账准备计提及坏账核销

坏账准备计提及坏账核销控制测试见表 5-6。

表 5-6 坏账准备计提及坏账核销控制测试

可能发生错报的环节	相关的财务报表项目及认定	存在的内部控制(自动)	存在的内部控制(人工)	内部控制测试程序
坏账准备的计提可能不充分	应收账款:准确性、计价和分摊	系统自动生成应收账款账龄分析表	管理层对财务人员基于账龄分析表,采用预期信用损失模型计算编制的坏账准备计提表进行复核。复核无误后需在坏账准备计提表上签字 管理层复核坏账核销的依据,并进行审批	检查财务系统计算账龄分析表的规则是否正确 询问管理层如何复核坏账准备计提表的计算,检查是否有复核人员的签字 检查坏账核销是否经过管理层的恰当审批

(七) 记录现金销售

记录现金销售控制测试见表 5-7。

表 5-7 记录现金销售控制测试

可能发生错报的环节	相关的财务报表项目及认定	存在的内部控制(自动)	存在的内部控制(人工)	内部控制测试程序
登记入账的现金收入与企业已经实际收到的现金不符	营业收入：完整性、发生、截止、准确性 货币资金：完整性、存在	现金销售通过统一的收款台用收银机集中收款，并自动打印销售小票	销售小票应交予客户确认金额一致 通过监视器监督收款台 每个收款台都打印每日现金销售汇总表 盘点每个收款台收到的现金，并与相关销售汇总表调节相符 独立检查所有收到的现金已存入银行 将每日现金销售汇总表与银行存款单相比较 定期取得银行对账单，独立编制银行存款余额调节表	实地观察收银台、销售点的收款过程，并检查在这些地方是否有足够的物理监控 检查收款台打印销售小票、现金销售汇总表的程序设置和修改权限设置 检查盘点记录和结算记录上负责计算现金和与销售汇总表相调节工作的员工的签名 检查银行存款单和销售汇总表上的签名，证明已实施复核 检查银行存款余额调节表的编制和复核人员的审核记录

任务分析

针对要求(1)：事项(1)与销售收入的发生认定直接相关。事项(2)与销售收入的发生认定不直接相关。事项(3)与销售收入的发生认定不直接相关。事项(4)与销售收入的发生认定不直接相关。事项(5)与销售收入的发生认定直接相关。事项(6)与销售收入的发生认定不直接相关。

针对要求(2)：注册会计师最应当选择事项(5)进行控制测试。因为客户签收单是确认销售收入发生的关键环节，同时也是外来原始凭证，因此与第(1)项控制相比，第(5)项控制对销售收入的发生认定的错报更有说服力。

任务四 营业收入审计

微课：营业收入审计

任务导入

上市公司胜院集团是利信会计师事务所的常年审计客户，主要从事汽车的生产和销售。注册会计师孟翔负责审计该公司 2022 年度财务报表，确定财务报表整体的重要性为

1 000万元,明显微小错报的临界值为30万元。

资料一:注册会计师孟翔在审计工作底稿中记录了所了解的甲公司情况及环境,部分内容摘录如下。

2022年,在钢材价格及劳动力成本大幅上涨的情况下,该公司通过调低主打车型的价格,保持了良好的竞争力和市场占有率。

资料二:孟翔在审计工作底稿中记录了该公司的财务数据,部分内容摘录见表5-8。

表5-8 部分内容摘录　　　　　　　　　　金额单位:万元

项目	未审数 2023年	已审数 2022年
营业收入	100 000	95 000
营业成本	89 000	84 500

具体任务:针对资料一,结合资料二,假定不考虑其他条件,指出资料一所列事项是否可能表明存在重大错报风险。如果认为可能表明存在重大错报风险,简要说明理由,并说明该风险主要与哪些财务报表项目的哪些认定相关(不考虑税务影响)。

营业收入项目用来核算企业在销售商品、提供劳务等主营业务活动中所产生的收入,以及企业确认的除主营业务活动以外的其他经营活动实现的收入,包括主营业务收入和其他业务收入。工业企业的主营业务收入主要包括销售商品、自制半成品、代制品、代修品以及提供工业性劳务等所取得的收入,商品流通企业的主营业务收入主要是销售商品取得的收入。其他业务收入包括出租固定资产、出租无形资产、出租包装物和商品、销售材料等取得的收入。

一、营业收入的审计目标

审计目标与财务报表认定的关系见表5-9。

表5-9 审计目标与财务报表认定的关系

审计目标	财务报表认定					
	发生	完整性	准确性	截止	分类	列报
① 利润表中记录或披露的营业收入已发生,且与被审计单位有关	√					
② 所有应当记录的营业收入均已记录,应当包括在财务报表中的相关披露均已包括		√				
③ 与营业收入有关的金额及其他数据已恰当记录,相关披露已得到恰当计量和描述			√			
④ 营业收入已记录于正确的会计期间				√		
⑤ 营业收入已记录于恰当的账户					√	
⑥ 营业收入已被恰当地汇总或分解且表述清楚,按照企业会计准则的规定在财务报表中做出的相关披露是相关联的、可理解的						√

【**实务辨析 5-1·多选题**】 下列审计程序中,与营业收入的"发生"认定相关的有(   )。

A. 检查应收账款的贷方发生额,以测试是否正常收到货款
B. 获取产品价目表,抽查售价是否符合价格政策
C. 从收入明细账追查至发运凭证及其他凭证,以测试销售交易是否真实
D. 检查发运凭证等是否连续编号,是否有漏号

文档:实务辨析 5-1 分析

二、主营业务收入的实质性程序

（一）获取或编制主营业务收入明细表

（1）复核数据计算是否正确,并与总账数和明细账合计数核对是否相符;同时,结合其他业务收入科目数额,与报表数核对相符。

（2）检查以非记账本位币结算的主营业务收入的折算汇率及折算是否正确。

（二）执行实质性分析程序

（1）将本期的主营业务收入与上期的主营业务收入进行比较,分析产品销售的结构和价格变动是否正常,并分析异常变动的原因。

（2）比较本期内各种产品销售收入在不同月份内的波动情况,分析其变动趋势是否正常,并查明异常现象和重大波动的原因。

（3）计算本期重要产品的毛利率,分析比较本期与上期同类产品毛利率的变化情况,注意收入与成本是否配比,并查明重大波动和异常情况的原因。

（三）检查主营业务收入的确认的正确性

主营业务收入在不同的销售方式和不同的结算方式下收入确认的时间也不一样,主要结算方式如下。

（1）采用交款提货方式销售,以货款已经收到或取得收取货款的权利,同时发票账单和提货单已交给购货方时确认收入实现。审计人员应审查被审计单位是否收到货款或取得收取货款的权利,并已将发票账单和提货单交付购货单位,特别注意有无扣压结算凭证,将当期收入转入下期入账,或者开具假发票,并将虚列的收入记账,在下期予以冲销的情况。

（2）采用预收款项方式销售,在商品已经发出时确认收入实现。审计人员应审查被审计单位是否收到了货款,是否在货物发出之后确认收入;是否存在开具虚假出库凭证,提前确认收入;或已发出商品的交易不入账,而转为下期收入的情况。

（3）采用托收承付方式销售,在商品已经发出,并办妥托收手续时确认收入实现。审计人员应审查被审计单位是否发货,托收手续是否办妥,发运凭证是否真实,托收承付结算回单是否正确。

（4）采用委托其他单位代销方式销售,企业应在代销商品已经销售,并收到代销清单时确认收入实现。审计人员应查明有无编制虚假代销清单、虚增本期收入的情况。

（5）销售合同或协议明确销售价款的收取采用递延方式,实质上具有融资性质的,应按照应收的合同或协议价款的公允价值确定销售商品收入金额。应收的合同或协议价款与其公允价值之间的差额,应当在合同或协议期间内采用实际利率法进行摊销,计入当期损益。

(6) 对长期工程合同收入，如果合同的结果能够可靠估计，应根据完工百分比法合理确认收入。审计人员应审查收入的计算、确认方法是否符合规定，并核对应计收入与实际收入是否一致，查明有无随意确认收入、虚增或虚减本期收入的情况。

(7) 对外转让土地使用权和销售商品房的，在土地使用权和商品房已经移交，并将发票结算账单提交给对方时，确认收入的实现。审计人员应审查已办理的移交手续是否符合规定要求，发票账单是否已交对方，查明被审计单位有无编造虚假移交手续、开具虚假发票的行为，防止出现高价出售、低价入账，而从中贪污货款的行为。

（四）检查主营业务收入的真实性

主营业务收入的真实性是指所有账面上反映的主营业务收入必须是真实的，防止虚构收入的行为出现。可采用抽查主营业务收入明细账，并追查至记账凭证和原始凭证（销售发票和发运凭证等）的方法确定主营业务收入是否真实。

（五）检查主营业务收入的完整性

主营业务收入的完整性是指所有发生的主营业务收入均已在账面上反映，防止少计、漏记行为的出现。一般采用抽查主营业务收入的原始凭证（销售发票、发运凭证等），并追查至记账凭证及明细账的方法来检查销售记录是否完整。

（六）执行主营业务收入截止测试

确定被审计单位主营业务收入业务的会计记录归属期是否正确，即是否有应计入本期的收入被推迟至下期，或者应计入下期的收入提前至本期。对主营业务收入实施截止日测试，主要是抽查资产负债表日前后的销售收入与退货记录，检查销售业务的会计处理有无跨年度现象，对跨年度的重大销售项目应予以调整。

围绕上述 3 个重要日期，在审计实务中，审计人员可以考虑选择 3 条审计路线实施截止测试，具体内容见表 5-10。

表 5-10 收入截止测试的 3 条审计路线

起点	路线	目的	优点	缺点
账簿记录	从报表日前后若干天的账簿记录查至记账凭证，检查发票存根与发货凭证	证实已入账收入是否在同一期间已开具发票发货，有无多记收入，防止高估营业收入	比较直观，容易追查至相关凭证记录	缺乏全面性和连贯性，只能查多记，无法查漏记
销售发票	从报表日前后若干天的发票存根查至发货凭证与账簿记录	确认已开具发票的货物是否已发货并于同一会计期间确认收入，防止低估收入	较全面、连贯，容易发现漏记收入	较费时、费力，尤其难以查找相应的发货及账簿记录，不易发现多记收入
发运凭证	从报表日前后若干天的发货凭证查至发票开具情况与账簿记录	确认收入是否已计入适当的会计期间，防止低估收入	较全面、连贯，容易发现漏记收入	较费时、费力，尤其难以查找相应的发货及账簿记录，不易发现多记收入

上述 3 条审计路线在实务中均被广泛采用,但它们并不是孤立的,审计人员可以在同一被审计单位财务报表审计中并用这 3 条路线。实际上,由于被审计单位具体情况不同,管理层意图不同,多记收入或少记收入的情况均有可能发生。因此,审计人员应当凭借专业经验和所掌握的信息做出正确判断,选择其中一条或两条审计路线实施有效的收入截止测试。主营业务收入实质性程序的结果要记录于审计工作底稿(见表 5-11)中。

表 5-11 主营业务收入审定表

单位名称:		查验人员:			查验日期:		索引号:	
所属期间:	年度	复核人员:			复核日期:			
上期审定数	本期未审数	同比增减	调整		其中滚调		审定数	
			借	贷	借	贷		
审计说明:			经审计调整如下:			借方		贷方
1. 报表、总账、明细账核对情况:			1.					
			2.					
			3.					
			审计结论:经审计期末余额			可以确认		
						调整后可以确认		

(七)检查有无未经批准的大额销售

注册会计师应结合对资产负债表日应收账款的函证程序,查明有无未经认可的大额销售。

(八)检查销售退回

如果被审计单位存在销售退回,注册会计师应检查相关手续是否符合规定,结合原始凭证检查其会计处理是否正确,结合存货项目检查其是否真实。

(九)检查有无特殊的销售行为

对于特殊的销售行为,如附有销售退回条件的商品销售、委托代销、售后回购、以旧换新、商品需要安装和检验的销售、分期收款销售、出口销售、售后租回等,注册会计师应确定恰当的审计程序进行审核。

(十)确定主营业务收入的列报情况

注册会计师应确定主管业务收入的列报是否恰当。

| 思政元素融入 | 执着专注，精益求精，一丝不苟 |

思政素材：习近平在全国劳动模范和先进工作者表彰大会上的讲话（2020.11）

大力弘扬劳模精神、劳动精神、工匠精神。"不惰者，众善之师也。"在长期实践中，我们培育形成了爱岗敬业、争创一流、艰苦奋斗、勇于创新、淡泊名利、甘于奉献的劳模精神，崇尚劳动、热爱劳动、辛勤劳动、诚实劳动的劳动精神，执着专注、精益求精、一丝不苟、追求卓越的工匠精神。劳模精神、劳动精神、工匠精神是以爱国主义为核心的民族精神和以改革创新为核心的时代精神的生动体现，是鼓舞全党全国各族人民风雨无阻、勇敢前进的强大精神动力。（扫码查看全篇文章）

文档：习近平在全国劳动模范和先进工作者表彰大会上的讲话

思政讨论：联系习总书记讲话，学习大国工匠精神，树立"依法、独立、奉献"的审计职业精神。做事敬业尽责、精益求精、严谨细致、一丝不苟，认真对待每一份凭证、每一页账簿、每一个数据，从审计资料的蛛丝马迹中发现线索并提出问题，做到"博学之、审问之、慎思之、明辨之、笃行之"。

三、其他业务收入的实质性程序

其他业务收入的实质性程序一般分为 6 个步骤。

（1）获取或编制其他业务收入明细表，复核加计是否正确，并与总账数和明细账合计数核对是否相符；结合主营业务收入科目，与营业收入报表数核对是否相符。

（2）计算本期其他业务收入与其他业务成本的比率，并与上期该比率比较，检查是否有重大波动，如有，应查明原因。

（3）检查其他业务收入内容是否真实、合法，收入确认原则及会计处理是否符合规定，择要抽查原始凭证进行核实。

（4）对异常项目，应追查入账依据及有关法律文件是否充分。

（5）抽查资产负债表日前后一定数量的记账凭证，实施截止测试，追踪到销售发票、收据等，确定入账时间是否正确，对于重大跨期事项作必要的调整建议。

（6）确定其他业务收入的列报是否恰当。

任 务 分 析

资料分析结果见表 5-12。

表 5-12　任务导入中的资料分析结果

事项序号	是否可能表明存在重大错报风险（是/否）	理　　由	财务报表项目名称及认定
（1）	是	在原材料和人工成本上涨，而主要产品价格下降的情况下，毛利率仍与上年相当，可能存在多计收入、少计成本的风险	营业收入（发生）

任务五 应收账款与坏账准备审计

勃利机器制造厂 2022 年度报表中有 905 笔应收账款账户,借方余额共计 4 250 000 元,另有 10 个账户余额在贷方,共计 50 000 元。注册会计师根据控制测试的结果,将与应收账款的存在与计价认定有关的重大错报风险评估为高水平,确定的可容忍的错报为 125 000 元。

具体任务:针对存在与计价的认定,下一步的实质性程序该如何开展?

一、应收账款审计

应收账款是指企业因销售商品、提供劳务而形成的债权,包括企业因销售商品或提供劳务等应向购货单位或接受劳务单位收取的货款、代垫运杂费等。

(一)应收账款审计目标

审计目标与财务报表认定对应关系见表 5-13。

表 5-13 审计目标与财务报表认定对应关系

审计目标	财务报表认定					
	存在	完整性	权利和义务	准确性、计价和分摊	分类	列报
①资产负债表中记录的应收账款是存在的	√					
②所有应当记录的应收账款均已记录,相关披露均已包括		√				
③记录的应收账款由被审计单位拥有或控制			√			
④应收账款以恰当的金额包括在财务报表中,与之相关的计价或分摊调整已恰当记录,相关披露已得到恰当计量和描述				√		
⑤应收账款已记录于恰当的账户					√	
⑥应收账款已被恰当地汇总或分解且表述清楚,相关披露在适用的财务报告编制基础下是相关的、可理解的						√

（二）应收账款的实质性程序

1. 获取或编制应收账款明细表

对应收账款明细数据进行复核加计，与总账数和明细账合计数核对相符，并结合坏账准备科目，与报表数核对相符。

应收账款明细表是根据应收账款各明细账编制的，该明细表可以由被审计单位提供，也可以由注册会计师自己编制。但如果由被审计单位提供，注册会计师必须对其进行复核。在审计实务中，由注册会计师编制的应收账款明细表常结合应收账款的账龄进行分析，以便了解应收账款的可收回性。

【**学中做 5-2**】 注册会计师沈诚实对东方公司 2022 年应收账款进行审计时得到的应收账款回收情况如表 5-14 所示。

表 5-14 应收账款账龄分析表　　　　单位：万元

账　　龄	年初数	年末数
1 年以内	2 652	2 715
1～2 年	1 002	1 075
2～3 年	654	1 105
3 年以上	432	1 212
合计	4 740	6 107

文档：学中做 5-2 解析

要求：指出该公司应收账款账龄分析表中存在的问题，并确定下一步的审计重点。

2. 对应收账款实施实质性分析程序

（1）复核应收账款借方累计发生额与主营业务收入是否配比，如存在差异，应查明原因。

（2）在明细表上标明重要客户，并编制重要客户的应收账款增减变动表，与上期比较分析是否发生较大变动。必要时收集客户资料分析其变动的合理性。

（3）计算应收账款周转率、应收账款周转天数等指标，并与被审计单位的以前年度指标、同行业同期相关指标进行对比分析，检查是否存在重大异常。

3. 向债务人函证应收账款

注册会计师可以在考虑被审计单位的经营环境、内部控制的有效性、账户或交易的性质、被询证者处理询证函的习惯做法及回函的可能性等基础上，确定应收账款函证的对象、方式、时间、控制和不符事项的处理。

（1）函证对象。一般情况下，注册会计师应选择以下项目作为函证对象。

① 大额或账龄较长的项目。

② 与债务人发生纠纷的项目。

③ 关联方项目。

④ 主要客户（包括关系密切的客户）项目。

⑤ 交易频繁但期末余额较小甚至为零的项目。

⑥ 可能产生重大错报或舞弊的非正常项目。

（2）函证方式的选择。函证方式分为积极式函证和消极式函证两种。

① 积极式函证，又称肯定式函证。采用这种函证方式，注册会计师应当要求被询证者不论在何种情况下必须回函，确认询证函所列示信息是否正确，或填列询证函要求的信息。

当债务人个别账户的欠款金额较大或者有理由相信欠款可能存在争议、差错等问题时，采用积极式函证较为合适。

② 消极式函证，又称否定式函证。采用这种函证方式，注册会计师只要求被询证者仅在对询证函列示信息有异议的情况下才予以回函。

当同时存在下列情况时，注册会计师可考虑采用消极式函证方式：重大错报风险评估为低水平；涉及大量余额较小的账户；预期不存在大量的错误；没有理由相信被询证者不认真对待函证。

【情境案例 5-1】 常用积极式询证函的格式见表 5-15。

表 5-15 企业询证函（积极式）

编号：

××（公司）：

本公司聘请的××会计师事务所正在对本公司××年度财务报表进行审计，按照中国注册会计师审计准则的要求，应当询证本公司与贵公司的往来账项等事项。下列数据出自本公司账簿记录，如与贵公司记录相符，请在本函下端"信息证明无误"处签章证明；如有不符，请在"信息不符"处列明不符项目及金额。回函请直接寄至××会计师事务所。

回函地址： 邮编：
电话： 传真： 联系人：

1. 本公司与贵公司的往来账项列示如下：

截止日期	贵公司欠/元	欠贵公司/元	备注

2. 其他事项。

本函仅为复核账目之用，并非催款结算。若款项在上述日期之后已经付清，仍请及时复函为盼。

（被审计单位盖章）
年 月 日

结论：
1. 信息证明无误。

（公司盖章）
年 月 日
经办人：

2. 信息不符，请列明不符的详细情况。

（公司盖章）
年 月 日
经办人：

【情境案例 5-2】 常用消极式询证函的格式见表 5-16。

表 5-16 企业询证函(消极式)

编号：

××(公司)：

　　本公司聘请的××会计师事务所正在对本公司××年度财务报表进行审计，按照中国注册会计师审计准则的要求，应当询证本公司与贵公司的往来账项等事项。下列数据出自本公司账簿记录，如与贵公司记录相符，则无须回复；如有不符，请直接通知会计师事务所，并在空白处列明贵公司认为正确的信息。回函请直接寄至××会计师事务所。

回函地址：　　　　　　　邮编：
电话：　　　　　　　　　传真：　　　　　　　　　联系人：

1. 本公司与贵公司的往来账项列示如下：

截止日期	贵公司欠/元	欠贵公司/元	备注

2. 其他事项。

本函仅为复核账目之用，并非催款结算。若款项在上述日期之后已经付清，仍请及时核对为盼。

(被审计单位盖章)

年　　月　　日

××会计师事务所：
　　上面的信息不正确，差异如下：

(公司盖章)
年　　月　　日
经办人：

---

　　(3) 函证时间的选择。注册会计师应选择恰当的时间进行函证，通常是以资产负债表日为截止日，在资产负债表日后的适当时间内实施函证。如果重大错报风险评估为低水平，注册会计师可选择资产负债表日前适当日期为截止日实施函证，并对所函证项目自该截止日起至资产负债表日止发生的变动实施实质性程序。

　　(4) 函证的控制。审计人员应直接控制询证函的发送和回收。对于因无法投递而退回的信函要进行分析，查明是由于被函证者地址迁移、差错而致使信函无法投递，还是这笔应收账款本来就是一笔假账。对于采用肯定式函证方式未回函的，可再次复询，由审计人员发出第二封甚至第三封询证函。如果仍然得不到答复，审计人员应考虑采用必要的替代程序。例如，检查与销售有关的文件，包括销售合同、销售订单、销售发票副本及发运凭证等，以验证这些应收账款的真实性。审计人员可通过函证结果汇总表的方式对询证函的收回情况加以控制。应收账款函证结果汇总表如表 5-17 所示。

表 5-17 应收账款函证结果汇总表

被审计单位名称：				制表：			日期：				
结账日： 年 月 日				复核：			日期：				
询证函编号	债务人名称	债务人地址及联系方式	账面金额	函证方式	函证日期		回函日期	替代程序	确认余额	差异金额及说明	备注
					第一次	第二次					

【**学中做 5-3**】 注册会计师沈诚实对凌致公司应收账款进行审计,该公司 2022 年应收账款有 50 户,其中有 10 户应收账款在 150 万元以上,其余 40 户在 5 万元以下。在对应收账款进行内部控制的研究和评价时发现该公司各内部控制点均有良好控制。

要求:判断如何选择函证对象和函证方式。

文档:学中做 5-3 解析

(5) 对不符事项的处理。注册会计师收回的询证函若有差异,即函证出现了不符事项,应当首先提请被审计单位查明原因,并做进一步分析和核实。不符事项的原因可能是由于双方登记入账的时间不同,或是由于一方或双方记账错误,也可能是被审计单位的舞弊行为。对应收账款而言,登记入账的时间不同而产生的不符事项主要表现如下。

① 债务人已经付款,而被审计单位尚未收到款项。

② 被审计单位已经发出货物,并登记了应收账款,债务人尚未收到货物,因此未确认应付款项。

③ 债务人由于种种原因已将货物退回,并冲减了应付款项,而被审计单位尚未收到货物,也未对应收账款做出调整。

④ 债务人对收到的货物数量、质量和价格等不满意而全部或部分拒付。

如果不符事项构成错报,审计人员应当重新考虑所实施审计程序的性质、时间和范围。

4. 对未发询证函的应收账款抽查有关原始凭证

注册会计师对未发询证函的应收账款应抽查有关的销售合同、销售订单、销售发票副本及出库凭证和发运凭证等原始凭证,以验证应收账款的真实性。

5. 对坏账进行检查

首先,注册会计师应检查有无债务人破产或者死亡的,以及破产或以遗产清偿后仍无法收回的,或者债务人长期未履行清偿义务的应收账款;其次,应检查被审计单位坏账的处理是否经授权批准,有关会计处理是否正确。

6. 检查有无不属于结算业务的债权

不属于结算业务的债权,不应在应收账款中进行核算。因此,注册会计师应抽查应收账款明细账,并追查有关原始凭证,查证被审计单位有无不属于结算业务的债权。如有,应建议被审计单位作适当调整。

7. 对外币结算的应收账款进行检查

注册会计师对于用非记账本位币结算的应收账款,应检查其采用的汇率及折算方法是否正确。

8. 分析应收账款明细账余额

分析应收账款明细账余额,对于出现贷方余额的项目,应查明原因,必要时做重分类调整。

9. 确定应收账款的列报是否恰当

如果被审计单位为上市公司,则其财务报表附注通常应披露期初、期末余额的账龄分析以及期末欠款金额较大的单位账款。

【实务辨析 5-2·单选题】 下列有关注册会计师是否实施应收账款函证程序的说法中,正确的是( )。

A. 对上市公司财务报表执行审计时,注册会计师应当实施应收账款函证程序
B. 对小型企业财务报表执行审计时,注册会计师可以不实施应收账款函证程序
C. 如果有充分证据表明函证很可能无效,注册会计师可以不实施应收账款函证程序
D. 如果在收入确认方面不存在由于舞弊导致的重大错报风险,注册会计师可以不实施应收账款函证程序

文档:实务辨析 5-2 分析

二、坏账准备审计

微课:坏账准备审计

（一）坏账准备的审计目标

(1) 确定计提坏账准备比率是否恰当,坏账准备是否充分。
(2) 确定坏账准备增减变动的记录是否完整。
(3) 确定坏账准备年末余额是否正确。
(4) 确定坏账准备在会计报表中的披露是否恰当。

（二）坏账准备的实质性程序

在审计实务中,坏账准备的实质性程序主要有以下几点。

(1) 取得或编制坏账准备明细表,复核加计是否正确,与坏账准备总账数、明细账合计数核对是否相符。

(2) 将应收账款坏账准备本期计提数与资产减值损失对应明细项目的发生额进行核对,以确定是否相符。

(3) 检查应收账款坏账准备的计提和核销的审批程序,评价坏账准备所依据的资料、假设及计提方法是否恰当。

(4) 实际发生坏账损失的,检查转销依据是否符合有关规定,会计处理是否正确。

(5) 检查长期挂账应收账款。

(6) 检查函证结果,对债务人回函中反映的例外事项及存在争议的,注册会计师应查明原因并做记录,必要时应建议被审计单位做相应的调整。

(7) 实施分析程序,评价应收账款坏账准备计提的合理性。

(8) 确定应收账款坏账准备的披露是否恰当。

【情境案例 5-3】 注册会计师沈诚实在对华泰公司 2022 年年报进行审计时发现:该公司年末应收账款余额为 1 000 000 元,其他应收款为 100 000 元,坏账准备年末余额为 53 000 元,该企业坏账准备的计提比例为 3‰。

注册会计师沈诚实发现坏账准备的计提存在的问题,经计算,坏账准备年末余额应为 (1 000 000＋100 000)×3‰＝33 000(元),该公司多提坏账准备:53 000－33 000 ＝ 20 000(元)。

为证明应收账款的存在及计价问题,下一步应对应收账款明细账的借方余额抽取样本进行函证;对明细账贷方余额结合"应付账款""预收账款"进行测试,看是否存在分类错误,必要时建议被审计单位进行重分类调整。

思政德育课堂

子公司销售内部控制存在缺陷

一、案例描述

2023 年 1 月,A 集团正式成立检查小组,对下属子公司的销售与收款系统的内部会计控制进行检查,发现该子公司在销售过程中,销售业务按照销售合同进行,销售部门根据销售合同编制发货通知单,分别通知仓库发货和运输部门办理托运手续。产品发出后,销售部门根据仓库转来的发货通知单开具发票,运输部门将发货通知单与销售发票一并送交财务部门,财务部门将其与销售合同核对后,开具运杂费清单。通知出纳人员办理货款结算,并进行账务处理。公司未设独立的客户信用审查机构,在会计部门和销售部门也没有专人负责此项工作。

二、案例意义

2019 年 1 月,习近平总书记在省部级主要领导干部坚持底线思维着力防范化解重大风险专题研讨班开班式上提出要强化风险意识,提高风险化解能力,完善风险防控机制。

财政部发布的《企业内部控制应用指引第 9 号——销售业务》中,不仅明确了单位应当建立对销售与收款内部控制的监督检查制度,单位监督检查机构或人员应通过实施控制测试和实质性程序检查销售与收款内部控制制度是否健全,各项规定是否得到有效执行。

问题:用学习情境五学到的知识,指出该子公司销售内部控制存在哪些缺陷。

职业能力训练

一、单项选择题

1. 针对销售与收款循环的主要单据与会计记录,下列说法中不正确的是( )。
   A. 发运凭证的一联留给客户,其余联由企业保留,通常其中有一联由客户在收到商品时签署并返还给销售方,用作销售方确认收入及向客户收取货款的依据
   B. 销售发票是在会计账簿中登记销售交易的基本凭证之一
   C. 企业管理层通常要求商品仓库管理人员只有在收到经过批准的销售单时才能编制发运凭证并供货
   D. 应收账款账龄分析表应当按年编制,反映年末应收账款总额的账龄区间,并详细反映每个客户年末应收账款金额和账龄

2. 下列与销售相关的内部控制中,与营业收入的发生认定直接相关的是( )。
   A. 仓库管理人员只有在收到经批准的销售单时才能编制发运凭证并供货
   B. 负责开具销售发票的员工无权修改开票系统中已设置好的商品价目表
   C. 依据有效的发运凭证和销售单及销售发票记录销售
   D. 一般于资产负债表日对应收账款的信用风险进行评估,并根据预期信用损失计提坏账准备

3. 企业在批准了客户订购单之后,会编制一式多联的销售单,该项活动与销售交易的( )认定相关。
   A. 准确性   B. 发生   C. 完整性   D. 截止

4. 针对被审计单位销售交易的业务流程,下列说法中恰当的是( )。
   A. 接受客户订购单—批准赊销信用—开具销售发票—根据销售单编制发运凭证并供货—按销售单及发运凭证装运货物
   B. 批准赊销信用—接受客户订购单—根据销售单编制发运凭证并供货—开具销售发票—按销售单及发运凭证装运货物
   C. 接受客户订购单—批准赊销信用—根据销售单编制发运凭证并供货—按销售单及发运凭证装运货物—开具销售发票
   D. 批准赊销信用—接受客户订购单—根据销售单编制发运凭证并供货—按销售单及发运凭证装运货物—开具销售发票

5. 针对使用信息系统实现自动化的被审计单位,下列销售与收款循环的内部控制中存在设计缺陷的是( )。
   A. 信用管理部门赊销审批后,信息系统自动更新主营业务收入明细账及应收账款明细账
   B. 仓库部门在销售单得到发货批准后才能生成连续编号的发运凭证,并能按照设定的要求核对发运凭证与销售单之间相关内容的一致性
   C. 在销售单和发运凭证核对一致的情况下生成连续编号的销售发票,并对例外事项进行汇总,以供企业相关人员进行进一步的处理

D. 系统将客户代码、商品发送地址、发运凭证、发票与应收账款主文档中的相关信息进行比对以免销售发票被计入不正确的应收账款明细账户

6. 下列与销售交易相关的内部控制中,针对营业收入的发生认定最当应测试的是( )。

　　A. 信用管理部门的员工在收到销售单管理部门的销售单后,应将销售单与该客户已被授权的赊销信用额度以及至今尚欠的账款余额加以比较

　　B. 财务人员根据核对一致的销售合同、客户签收单、销售发票、销售单、发运凭证等编制记账凭证并确认销售收入

　　C. 销售发票连续编号

　　D. 现金折扣需经过适当的授权批准

7. 针对销售交易,被审计单位的以下内部控制中,不满足职责适当分离的基本要求的是( )。

　　A. 在销售合同订立前,应当指定专门人员就销售价格、信用政策、发货及收款方式等具体事项与客户进行谈判并在谈判成功后直接订立合同

　　B. 应当分别设立办理销售、发货、收款三项业务的部门(或岗位)

　　C. 应收票据的取得和贴现必须经由保管票据以外的主管人员的书面批准

　　D. 销售人员应当避免接触销货现款

8. 下列有关舞弊风险的说法中正确的是( )。

　　A. 金额大的存货项目一定会存在舞弊

　　B. 应收账款作为重要项目,在审计时应当直接假定其存在舞弊风险

　　C. 注册会计师应当直接假定收入确认存在舞弊风险

　　D. 注册会计师在关联方审计中,应当直接假定超出正常经营过程的关联方交易存在舞弊风险

9. 下列有关收入确认存在的舞弊风险的评估的说法中不恰当的是( )。

　　A. 假定收入确认存在舞弊风险,并不意味着注册会计师应当将与收入确认相关的所有认定都假定为存在舞弊风险

　　B. 如果管理层难以实现预期的利润目标,则可能有高估收入的动机或压力,因此,收入的发生认定存在舞弊风险的可能性较大,而完整性认定则通常不存在舞弊风险

　　C. 如果管理层有隐瞒收入而降低税负的动机,则注册会计师需要更加关注与收入完整性认定相关的舞弊风险

　　D. 如果被审计单位预期难以达到下一年度的销售目标,而已经超额实现了本年度的销售目标,就可能倾向于将下一年度的收入提前至本期确认

10. 以下属于管理层为了降低税负或转移利润而少计或推迟确认收入的舞弊手段的是( )。

　　A. 通过隐瞒退货条款,在发货时全额确认销售收入

　　B. 对于属于在某一时段内履约的销售交易,通过高估履约进度的方法实现当期多确认收入

　　C. 被审计单位采用以旧换新的方式销售商品时,以新旧商品的差价确认收入

　　D. 在客户取得相关商品控制权前确认销售收入

二、多项选择题

1. 以下有关销售交易相关内部控制的说法中恰当的有（　　）。
   A. 企业应收票据的取得和贴现必须经由保管票据以外的主管人员的书面批准
   B. 非经正当审批，不得发出货物
   C. 企业在收到客户订购单后，编制一份预先编号的一式多联的销售单，分别用于批准赊销、审批发货、记录发货数量以及向客户开具发票等
   D. 对凭证预先进行编号，旨在防止销售以后遗漏向客户开具发票或登记入账，但是防止不了重复开具发票或重复记账

2. 以下有关职责分离的说法中恰当的有（　　）。
   A. 适当的职责分离不仅是预防舞弊的必要手段，也有助于防止各种有意或无意的错误
   B. 主营业务收入账系是记录主营业务成本之外的员工独立登记，并由另一位不负责账簿记录的员工定期调节总账和明细账，构成一项交互牵制
   C. 负责主营业务收入和应收账款记账的员工不得经手货币资金，是防止舞弊的一项重要控制
   D. 销售人员通常有一种追求更大销售数量的自然倾向，赊销的审批则在一定程度上可以抑制这种倾向

3. 下列各项中，属于销售与收款循环涉及的主要凭证的有（　　）。
   A. 请购单　　　　　　　　　　B. 发运凭证
   C. 验收及入库单　　　　　　　D. 折扣与折让明细账

4. 企业在销售交易中通常需要经过审批的单据包括（　　）。
   A. 商品价目表　　B. 销售单　　C. 销售发票　　D. 贷项通知单

5. 注册会计师通常可以通过（　　）程序，了解销售和收款循环的业务活动和相关内部控制。
   A. 获取并阅读被审计单位的相关业务流程图或内部控制手册等资料
   B. 观察仓储部门人员是否以及如何将装运的商品与销售单上的信息进行核对
   C. 检查销售单、发运凭证、客户对账单等
   D. 选取一笔已收款的销售交易，追踪该笔交易从接受客户订购单直至收回货款的整个过程

6. 以下各项中，属于与收款交易类别相关的主要业务活动的有（　　）。
   A. 接受客户订购单
   B. 办理和记录现金、银行存款收入
   C. 提取坏账准备
   D. 办理和记录销售退回、销售折扣与折让

7. 为了降低开具发票过程中出现遗漏、重复、错误计价或其他差错的风险，被审计单位通常需要设立（　　）控制。

A. 依据已授权批准的商品价目表开具销售发票
B. 将发运凭证上的商品总数与相对应的销售发票上的商品总数进行比较
C. 负责开发票的员工在开具每张销售发票之前,检查是否存在发运凭证
D. 负责开发票的员工在开具每张销售发票之前,检查是否存在相应的经批准的销售单

8. 下列各项中,针对被审计单位记录销售的相关的控制程序恰当的有( )。
A. 使用事先连续编号的销售发票并对发票使用情况进行监控
B. 依据有效的发运凭证和销售单记录销售。这些发运凭证和销售单应能证明销售交易的发生及发生的日期
C. 为方便管理,由记录销售的人员负责办理和记录销售退回
D. 由不负责现金出纳和销售及应收账款记账的人员定期向客户寄发对账单,对不符事项进行调查,必要时调整会计记录,编制对账情况汇总报告并交管理层审核

9. 被审计单位销售与收款循环中的内部核查程序的主要内容包括( )。
A. 重点检查是否存在销售与收款交易不相容职务混岗的现象
B. 重点检查授权批准手续是否健全,是否存在越权审批行为
C. 重点检查信用政策、销售政策的执行是否符合规定
D. 重点检查销售收入是否及时入账,应收账款的催收是否有效,坏账核销和应收票据的管理是否符合规定

10. 被审计单位设计的以下针对收款交易的内部控制,存在缺陷的有( )。
A. 企业应当建立应收账款信用风险分析制度和逾期应收账款催收制度,财会部门应当负责应收账款的催收,销售部门应当督促财会部门加紧催收
B. 企业应当按产品设置应收账款台账,及时登记每一种产品应收账款余额增减变动情况和对应客户的信用额度使用情况
C. 企业对于可能成为坏账的应收账款应当报告有关决策机构,由其进行审查,确定是否确认为坏账
D. 企业应当定期与往来客户通过函证等方式核对应收账款、应收票据、预收款项等往来款项。如有不符,应查明原因,及时处理

三、判断题

1. 在销售与收款循环审计中,审计人员应当将销售业务的真实性作为重要目标进行审计程序。( )
2. 在销售的截止测试中,审计人员可以考虑采用以账簿记录为起点的审计路线,以防止少计收入。( )
3. 应收账款的账龄分析将有助于了解坏账准备的计提是否充分。( )
4. 对于大额应收账款余额,应采用积极式函证予以证实。( )
5. 应收账款询证函的编制和寄发均由审计人员亲自进行。( )
6. 采用委托其他单位代销产品的被审计单位,审计人员应提请其在代销产品销售时确认收入的实现。( )

实 训 项 目

营业收入审计实训

一、实训背景

2023年1月20日,北京弘信会计师事务所对山东星辰股份有限公司2022年度的会计报表进行审计,审计员赵芳负责对该企业的主营业务收入与应收账款的审计,该审计员对山东星辰股份有限公司的主营业务收入的重要性评价是140 000.00元,所有应收账款的期初余额都是2022年发生的。

实务操作视频:
营业收入
审计概况

二、实训资料

扫码查看原始单据。

文档:营业收入审计实训资料

三、实训要求

任务1:编制营业收入审定表。

任务2:编制月度毛利率分析表。

任务3:编制主营业务收入明细表。

任务4:编制营业收入抽查表。

任务5:编制主营业务收入截止测试。

四、实训提示

(1) 毛利=营业收入-营业成本;毛利率=(营业收入-营业成本)÷营业收入。

(2) 变动额=本期收入合计数-上期数;变动率=变动额÷上期数。

(3) 原始凭证内容完整:原始凭证应包括银行进账单、销售单、增值税专用发票等。

(4) 有无授权批准:销售单是否经有关人员授权批准。

(5) 财务处理正确:根据记账凭证所附原始凭证内容判断账务处理是否正确。

(6) 金额核对相符:核对记账凭证中所记录数据是否与原始凭证相符。

文档:营业收入审计实训提示

文档:学习情境五
拓展训练

与时俱进 科学高效——采购与付款循环审计

学习情境六

🖋 情 境 导 航

　　企业的采购与付款循环包括购买商品、劳务和固定资产,以及企业在经营活动中为获取收入而发生的直接或间接的支出。企业的部分支出可能与产品收入直接相关,部分支出可能会形成企业资产,而这些资产又形成了企业经营活动的基础。企业性质和类别的不同决定了费用支出的差异,对于制造业来说,其采购与付款循环的费用支出包括生产过程所需的设备支出,原材料、低值易耗品、备品配件的购买与储存支出,市场经营费用,将产品运达顾客或零售商发生的运输费用及管理费用等。学生在学习时,要根据采购与付款交易审计的工作过程来体会采购与付款交易审计的目标,理解对应付账款和固定资产实施控制测试和实质性程序的意义,区别应付账款和固定资产审计的异同,提高对采购与付款交易审计重要性的认识。本情境包括以下五个任务:采购与付款循环的主要业务活动和相关内部控制;采购与付款循环的重大错报风险;采购与付款循环的控制测试;应付账款审计;固定资产审计。

学 习 目 标

- 了解采购与付款循环的主要业务活动和相关内部控制。
- 能够识别和评估采购与付款循环的重大错报风险。
- 掌握采购与付款循环的控制测试。
- 明确采购与付款循环的实质性程序。

课 程 思 政

- 培养重知识、强技能的工匠精神。
- 培养与时俱进、科学高效、严谨务实的工作作风。
- 把党的二十大精神贯彻落实到审计工作的各个环节。

情 境 认 知

汝果欲学诗,功夫在诗外——审计人要考虑任何事情的合理性

　　沈诚实曾经跟着孟翔去做审计。有一次孟翔让他去看一看一项固定资产的原始单据。

他去查了一下发票,是德国一个公司开给这个中国公司的,是一辆大众的辉腾,价值30万元。沈诚实看过了发票,核对了固定资产明细账,一切满意地去向孟翔汇报去了。孟翔一听就笑了,说:"我给你30万元,你给我再买一辆辉腾回来。"

他这才意识到:辉腾价格怎么可能这么低?毕竟不是迈腾,也不是帕萨特。那张德国公司开给中国公司的发票,为什么是用中文写的?还是人民币价格,不是美元或马克价格。如果是进口轿车,为什么完全没有海关关税支付或免税的任何记录?

这一圈问下来,才知道这一切都是伪造的。所以说到底,审计意见是用财务数字真实准确地讲出了企业的经营情况。为了能保证这一点,审计人员必须考虑一件事情的合理性,不能仅是形式上手续完备就行。

陆游说:"汝果欲学诗,功夫在诗外。"审计人员要做好审计,很多时候应用的不单是会计知识和审计理论。

任务一　采购与付款循环的业务活动和相关内部控制

任务导入

微课:采购与付款循环的内部控制

恒信会计师事务所接受委派,对智工上市公司2022年度会计报表进行审计。注册会计师于2023年1月对该公司的内部控制制度进行了解和测试,注意到该公司在采购与付款循环中的控制活动如下。

(1) 采购物资需由请购部门编制请购单,经请购部门经理批准后,送采购部门。

(2) 公司采购金额在10万元以下的,由采购部经理批准;采购金额超过10万元的,由总经理批准。由于总经理出差而生产车间又急需采购材料,采购部经理多次批准了单笔金额超过10万元的采购申请。

(3) 根据请购单中所列信息,采购人员张某编制订购单寄至供应商处。

(4) 采购完成后,由采购部指定采购部业务人员进行验收,并编制一式多联的未连续编号的验收单,仓库根据验收单验收货物,在验收单上签字后,将货物移入仓库加以保管。验收单一联交采购部登记采购明细账和编制付款凭单,付款凭单经批准后,月末交会计部,一联交会计部登记材料明细账,一联由仓库保留并登记材料明细账。

(5) 应付凭单部门核对供应商发票、入库单和采购订单,并编制预先连续编号的付款凭单。会计部门在接到经应付凭单部门审核的上述单证和付款凭单后,登记原材料和应付账款明细账。月末,在与仓库核对连续编号的入库单和采购订单后,应付凭单部门对相关原材料入库数量和采购成本进行汇总。应付凭单部门对已经验收入库但尚未收到供应商发票的原材料编制清单,会计部门据此将相关原材料暂估入账。

（6）采购退货由采购部负责，采购部集中在每个季度末向财会部提供退货清单。

具体任务：指出智工上市公司内部控制在设计与运行方面的缺陷，并提出改进建议。

一、采购与付款循环涉及的主要业务活动

采购与付款循环是企业的重要的业务环节，主要包括购买商品、劳务和固定资产，以及企业在经营活动中为取得收入而发生的直接或间接的支出。该业务循环涉及的业务范围广泛，通常会涉及会计报表中的应付账款、应付票据、预付款项、固定资产、累计折旧、在建工程、工程物资、固定资产清理、固定资产减值准备、无形资产、长期待摊费用、长期应付款及管理费用等，在企业的总资产和负债中占有相当的比重，因此，该业务循环在审计工作中应是重点查的领域之一。

（一）制订采购计划

基于企业的生产经营计划，生产、仓库等部门定期编制采购计划，经部门负责人等适当的管理人员审批后提交采购部门，具体安排商品及服务采购。

（二）供应商认证及信息维护

通常企业对合作的供应商事先进行资质等审核，将通过审核的供应商信息录入系统，形成完整的供应商清单，并及时对信息变更进行更新。采购部门只能向通过审核的供应商进行采购。

（三）请购商品和劳务

（1）生产部门和其他部门对所需要购买的商品或劳务编制请购单。

（2）由于企业内不少部门都可以填列请购单，可以分部门设置请购单的连续编号。每张请购单必须经过对这类支出预算负责的主管人员签字批准。

（3）请购单是证明有关采购交易的"发生"认定的凭据之一，也是采购交易轨迹的起点。

（四）编制订购单

（1）采购部门在收到请购单后，只能对经过恰当批准的请购单发出订购单。

（2）订购单应正确填写所需要的商品品名、数量、价格、厂商名称和地址等，预先予以顺序编号并经过被授权的采购人员签名。

（3）其正联应送交供应商，副联则送至企业内部的验收部门、应付凭单部门和编制请购单的部门。

（4）随后，应独立检查订购单的处理，以确定是否确实收到商品并正确入账。

（5）这项检查与采购交易的"完整性"和"发生"认定有关。

（五）验收商品

（1）验收部门首先应比较所收商品与订购单上的要求是否相符，然后盘点商品并检查商品有无损坏。

（2）验收后，验收部门应对已收货的每张订购单编制一式多联、预先按顺序编号的验收单。

（3）验收人员将商品送交仓库或其他请购部门时，应取得经过签字的收据，或要求其

在验收单的副联上签收,以确立他们对所采购的资产应负的保管责任。

(4) 验收人员应将其中的一联验收单送交应付凭单部门。

(5) 验收单是支持资产以及与采购有关的负债的"存在或发生"认定的重要凭据。

(六) 储存已验收的商品

(1) 将已验收商品的保管与采购的其他职责相分离,可减少未经授权的采购和盗用商品的风险。

(2) 存放商品的仓储区应相对独立,限制无关人员接近。

(3) 这些控制与商品的"存在"认定有关。

(七) 编制付款凭单

应付凭单部门编制付款凭单。这项控制包括以下功能。

(1) 确定供应商发票的内容与相关的验收单、订购单的一致性。

(2) 确定供应商发票计算的正确性。

(3) 编制有预先顺序编号的付款凭单,并附上支持性凭证(如订购单、验收单和供应商发票等)。

(4) 独立检查付款凭单计算的正确性。

(5) 在付款凭单上填入应借记的资产或费用账户名称。

(6) 由被授权人员在凭单上签字,以示批准照此凭单要求付款。

经适当批准和有预先编号的凭单为记录采购交易提供了依据,与"存在""发生""完整性""权利和义务""计价和分摊"等认定有关。

(八) 确认与记录负债

在收到供应商发票时,应付账款部门应将发票上所记载的品名、规格、价格、数量、条件及运费与订购单上的有关资料核对,如有可能,还应与验收单上的资料进行比较。

对于每月末尚未收到供应商发票的情况,则需根据验收单和订购单暂估相关的负债。

(九) 办理付款

通常是由应付凭单部门负责确定未付凭单在到期日付款。企业有多种款项结算方式,以支票结算方式为例,编制和签署支票的有关控制包括以下几项。

(1) 独立检查已签发支票的总额与所处理的付款凭单的总额的一致性。

(2) 应由被授权的财务部门的人员负责签署支票。

(3) 被授权签署支票的人员应确定每张支票都附有一张已经适当批准的未付款凭单,并确定支票收款人姓名和金额与凭单内容的一致。

(4) 支票一经签署就应在其凭单和支持性凭证上用加盖印戳或打洞等方式将其注销,以免重复付款。

(5) 支票签署人不应签发无记名甚至空白的支票。

(6) 支票应预先按顺序编号,保证支出支票存根的完整性和作废支票处理的恰当性。

(7) 应确保只有被授权的人员才能接近未经使用的空白支票。

(十) 记录现金、银行存款支出

(1) 会计主管应独立检查记入银行存款日记账与应付账款明细账的金额的一致性,

以及与支票汇总记录的一致性。

(2) 通过定期比较银行存款日记账记录的日期与支票副本的日期,独立检查入账的及时性。

(3) 独立编制银行存款余额调节表。采购与付款循环的主要业务流程如图 6-1 所示。

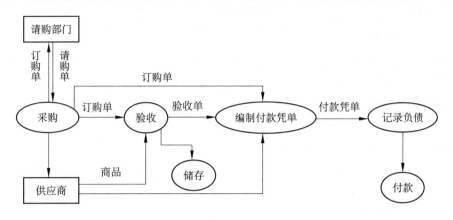

图 6-1 采购与付款循环的主要业务流程

【学中做 6-1】 注册会计师林菲负责审计申华集团公司 2022 年度财务报表。申华集团公司将经批准的合格供应商信息录入信息系统形成供应商主文档,生产部员工在信息系统中填制连续编号的请购单时只能选择该主文档中的供应商。供应商的变动需由采购部经理批准,并由其在系统中更新供应商主文档。林菲认为该内部控制设计合理,拟予以信赖。

文档:学中做 6-1 解析

要求:假定不考虑其他条件,指出注册会计师林菲的处理是否恰当。如不恰当。简要说明理由。

二、采购与付款循环涉及的主要凭证与会计记录

采购与付款交易涉及的主要凭证与会计记录包括请购单、订购单、验收单、卖方发票、付款凭单、转账凭证、付款凭证、应付账款明细账、库存现金日记账和银行存款日记账、供应商对账单等。

下面用表 6-1 来说明在采购与付款循环中主要经济业务和相关凭证记录之间的关系。

表 6-1 采购与付款循环中主要经济业务和相关凭证记录之间的关系

业务	原始凭证与记录	记账凭证与账簿	会计分录
填写请购单	请购单	—	
采购	订购单、购货合同、购货发票	记账凭证、材料采购明细账与总账、应交税费明细账与总账、应付账款明细账与总账	借:材料采购 　　应交税费 贷:应付账款

续表

业务	原始凭证与记录	记账凭证与账簿	会计分录
验收入库	验收单	记账凭证、材料采购明细账与总账、原材料明细账与总账	借:原材料 贷:材料采购
支付货款	付款凭单、支票等	付款凭证、现金、银行存款日记账与总账、应付账款明细账与总账	借:应付账款 贷:银行存款

三、相关内部控制

(一)适当的职责分离

采购与付款交易不相容岗位至少包括:请购与审批;询价与确定供应商;采购合同的订立与审批;采购与验收;采购、验收与相关会计记录;付款审批与付款执行。

(二)恰当的授权审批

付款需要由经授权的人员审批,审批人员在审批前需检查相关支持文件,并对其发现的例外事项进行跟进处理。

(三)凭证的预先编号及对例外报告的跟进处理

(1)通过对入库单的预先编号以及对例外情况的汇总处理,被审计单位可以应对存货和负债记录方面的完整性风险。

(2)如果该控制是人工执行的,被审计单位可以安排入库单编制人员以外的独立复核人员定期检查已经进行会计处理的入库单记录,确认是否存在遗漏或重复记录的入库单,并对例外情况予以跟进。

(3)如果在IT环境下,则系统可以定期生成列明跳号或重号的入库单统计例外报告,由经授权的人员对例外报告进行复核和跟进,可以确认所有入库单都进行了处理,且没有重复处理。

【情境案例6-1】 沈诚实经过几年的审计工作经验积累,发现在企业采购与付款循环中,常见的错弊主要有以下几个方面。

(1)盲目采购或采购不及时。采购部门或人员没有按照采购计划或请购单进行采购,造成超储积压或供应脱节。其原因一方面可能是控制制度不健全,对需求和市场评估不足;另一方面可能是采购人员故意所为,以满足个人私利。

(2)采购价格不实。由于采购价格不透明,采购人员在采购时接受各种形式的回扣是较为普遍的现象,这就导致采购价格虚高,采购质量难以保证。

(3)验收不严格。验收人员不认真核对采购物资的质量和数量或对验收时发现的问题未能及时报告。其原因主要是验收人员玩忽职守、对控制制度认识不足。存在以少报多、以次充好、人情过关等现象,也容易诱发采购人员舞弊。

(4)付款控制不严格。采购结算时,审核不严或单证不齐就付款,或应付账款管理混乱,导致重复付款、货款流失。

| 思政元素融入 | 初心使命・求真务实・四个全面 |

思政素材：围绕"四个全面"战略布局 努力做好新时期审计工作

"四个全面"是彼此关联、相互内嵌、环环相扣、相互贯通的，统一于中国特色社会主义的伟大实践，统一于"两个一百年"奋斗目标和中华民族伟大复兴的中国梦。围绕全面建设社会主义现代化国家的要求，审计工作中应把促进发展贯穿始终，充分发挥政策落实"督查员"和经济发展"安全员"作用，着力推进全面协调可持续发展。（扫码查看全篇文章）

文档：围绕"四个全面"战略布局 努力做好新时期审计工作

思政讨论：深刻领会"四个全面"战略布局的重大意义和思想精髓，落实到审计工作中，就是要正确认识和把握审计在"四个全面"战略布局中的定位和作用，更加有效地发挥审计监督作用。

任务分析

（1）无缺陷。

（2）有缺陷。采购部经理多次越权审批，没有严格遵循授权批准控制制度。

建议：完善总经理不在时的例外授权审批制度。

（3）有缺陷。由张某同时承担供应商选定、价格协商和采购业务执行等不相容的职责，违背了不相容职责相分离的原则。

建议：供应商选定、价格协商和采购业务应由不同的人员来执行。

（4）有缺陷。一是由采购部门指定采购部业务人员进行验收不准确，因为采购与验收是不相容的岗位，应当相分离；二是未连续编号的验收单，因为验收单不连续编号，容易产生舞弊；三是付款凭单批准后，月末交会计部，违背了及时进行会计处理的原则。

建议：采购部门负责采购，由验收部门负责验收，不相容职责由不同部门来实施；验收单不仅要一式多联，而且要连续编号；付款凭单经批准后，要及时提交会计部。

（5）无缺陷。

（6）有缺陷。退货的管理和控制存在缺陷，退货业务处理由采购部全权负责不妥，按季度报送清单周期太长，不利于及时控制，缺乏对退货货款的追讨控制。此外，关键业务不能由同一人或同一个部门承担，原始凭证要及时报送并作会计处理。

建议：退货以及货款的追讨应由采购部、信用部、会计部等分工协作，建立完善的管理和控制制度。

任务二 采购与付款循环的重大错报风险

任务导入

画苕公司是利信会计师事务所的常年审计客户，主要从事化工产品的生产和销售，注册会计师孟祥和沈诚实负责审计该公司2022年度财务报表,确定财务报表整体的重要性为800万元。

注册会计师孟翔在审计工作底稿中记录了所了解的画苔公司情况及环境,部分内容摘录如下:2021年12月,该公司聘请金鼎评估公司对其拥有的一项采矿权进行评估,并据此计提资产减值准备2 000万元;2022年12月,该公司聘请振发测量公司对该矿储量进行测量,结果表明上年评估的储量偏低,管理层因此冲回资产减值准备1 200万元。

具体任务:针对上述资料,假定不考虑其他条件,逐项指出资料所列事项是否可能表明存在重大错报风险。如果认为可能表明存在错报风险,简要说明理由,并说明该风险主要与哪些财务报表项目的哪些认定相关(不考虑税务影响)。

一、相关交易和余额存在的重大错报风险

(一)低估负债或相关准备

(1)遗漏交易,例如未记录已收取货物但尚未收到发票的采购相关的负债或未记录尚未付款的已经购买的服务支出等。

(2)采用不正确的费用支出截止期,例如将本期的支出延迟到下期确认。

(3)将应当及时确认损益的费用性支出资本化,然后通过资产的逐步摊销予以消化等。

(二)管理层错报负债费用支出的偏好和动因

被审计单位管理层可能为了完成预算,满足业绩考核要求,保证从银行获得资金,吸引潜在投资者,误导股东,影响公司股价等动机,通过操纵负债和费用的确认控制损益。

(1)平滑利润。通过多计准备或少计负债和准备,把损益控制在被审计单位管理层希望的程度。

(2)利用特别目的实体把负债从资产负债表中剥离,或利用关联方之间的费用定价优势制造虚假的收益增长趋势。

(3)被审计单位管理层把私人费用计入企业费用,把企业资金当作私人资金运作。

(三)费用支出的复杂性

例如,被审计单位以复杂的交易安排购买一定期间的多种服务,管理层对于涉及的服务受益与付款安排所涉及的复杂性缺乏足够的了解。这可能导致费用支出分配或计提的错误。

(四)不正确地记录外币交易

(1)当被审计单位进口用于出售的商品时,可能由于采用不恰当的外币汇率而导致该项采购的记录出现差错。

(2)还存在未能将诸如运费、保险费和关税等与存货相关的进口费用进行正确分摊的风险。

(五)舞弊和盗窃的固有风险

如果被审计单位经营大型零售业务,由于所采购商品和固定资产的数量及支付的款

项庞大,交易复杂,容易造成商品发运错误,员工和供应商客户发生舞弊和盗窃的风险较高。如果那些负责付款的会计人员有权接触应付账款主文档,并能够通过在应付账款主文档中擅自添加新的账户来虚构采购交易,风险也会增加。

（六）存在未记录的权利和义务

这可能导致资产负债表分类错误以及财务报表附注不正确或披露不充分。

二、根据重大错报风险评估结果设计进一步审计程序

当存在下列情形之一时,注册会计师应当设计和实施控制测试。

（1）在评估认定层次重大错报风险时,预期控制的运行是有效的（即在确定实质性程序的性质、时间安排和范围时,注册会计师拟信赖控制运行的有效性）。

（2）仅实施实质性程序并不能够提供认定层次充分、适当的审计证据。

根据采购及付款循环的重大错报风险评估结果设计进一步审计程序总体审计方案示例见表 6-2。

表 6-2 根据采购及付款循环的重大错报风险评估结果设计进一步审计程序总体审计方案示例

重大错报风险描述	相关财务报表项目及认定	风险程度	是否信赖控制	进一步审计程序的总体方案	拟从控制测试中获取的保证程度	拟从实质性程序中获取的保证程度
确认的负债及费用并未实际发生	应付账款、其他应付款/存在；销售、管理费用/发生	一般	是	综合性方案	高	低
不计提采购相关的负债或不计提尚未付款的已经购买的服务支出	应付账款、其他应付款/完整；销售费用、管理费用/完整	特别	是	综合性	高	中

任务分析

资料内容的重大错报风险分析结果见表 6-3。

表 6-3 任务导入涉及的重大错报风险

是否可能表明存在重大错报风险（是/否）	理　由	财务报表项目名称及认定
是	采矿权属于无形资产,无形资产减值准备一经计提,在以后的存续期间不得转回。华泰公司转回了上期期末计提无形资产减值准备,导致无形资产违反计价和分摊认定,资产减值损失违反了完整性认定	无形资产/准确性、计价和分摊 资产减值损失/完整性

任务三 采购与付款循环的控制测试

奥克公司是利信会计师事务所的常年审计客户。注册会计师林菲负责审计该公司 2022 年度财务报表,确定财务报表整体的重要性为 240 万元。

资料:注册会计师林菲在审计工作底稿中记录了实施的控制测试,部分内容摘录见表 6-4。

微课:采购与付款循环的控制测试

表 6-4 实施的控制测试

序号	控制	控制测试
(1)	财务总监负责审批金额超过 50 万元的付款申请单,并在系统中进行电子签署	注册会计师林菲从系统中导出已经财务总监审批的付款申请单,抽取样本进行检查
(2)	财务人员将原材料订购单、供应商发票和入库单核对一致后,编制记账凭证(附上述单据)并签字确认	注册会计师林菲抽取了若干记账凭证及附件,检查是否经财务人员签字

具体任务:针对上述资料,假定不考虑其他条件,指出资料所列控制测试是否恰当。如不恰当,提出改进建议。

一、采购与付款循环的控制测试要点

审计人员可以凭借以往与客户交往的经验,并通过运用询问、观察和检查凭证等审计程序来取得对被审计单位采购与付款业务的了解,并将了解的情况用文字叙述、调查表或流程图的方式记录于审计工作底稿中。采购与付款循环的控制测试主要包括以下内容。

(1) 关于请购商品或劳务内部控制的测试。审计人员应关注对请购单的提出和核准的控制程序,对其进行控制测试时,应选择若干张请购单,检查摘要、数量及日期和相应文件的完整性,审核核准的证据手续是否完整,有无核准人签字等。

(2) 关于订购商品或劳务内部控制的测试。审计人员应注意对订货单的填制和处理的控制,关注订货单是否准确处理和全部有效。进行测试时,应注意审查订货单内容的完整性,审查订货单是否附有请购单或其他授权文件。

(3) 关于货物验收内部控制的测试。审计人员应确定购货发票是否与验收单一致,验收部门是否独立行使职责,并编制正确的验收单,询问并观察验收部门在收货时对货物的检查情况,检查按编号顺序处理的验收单的完整性,即验收单的内容填写是否完整,查阅货物质量检验单的内容和处理程序。

思政元素融入	强技能——细心分辨、抽丝剥茧、按图索骥

思政素材:异常采购的背后

某活动中心资质欠缺、财务管理混乱的现象引起审计人员的关注。在梳理相关项目的报销凭证时,审计人员发现该活动中心不仅没有规范的会计账簿,不少报销附件还欠缺必要的合同或发票。特别是临近项目验收,该活动中心存在一天支付多笔物资采购款的情况。审计人员对此存有疑虑,怎么一天之内买了那么多物资?这几笔物资采购报销凭证的附件中,既没有供应商盖章确认的送货单,也没有物资领用签收记录。这里面有什么猫腻呢?最终,审计人员通过比对活动台账、核查工商信息、实地走访等多种方式,查出以物资采购名义套取现金6万余元的问题。(扫码查看全篇文章)

文档:异常采购的背后

思政讨论:进入新时代,简单地就账查账早已无法适应当前审计工作的新要求,需要审计人员细心分辨、抽丝剥茧、按图索骥,才能真正将问题查深查透,充分发挥审计监督职能作用。

(4) 关于应付账款内部控制的测试。审计人员应检查购货业务的原始凭证,包括每一张记录负债增加的记账凭证是否均附有订货单、验收单、购货发票,审核这些原始凭证的数量、单价、金额是否一致,原始凭证上的各项手续是否齐全。应注意现金折扣的处理是否由经授权的经办人按规定处理,测试中可抽查部分购货发票,注意有关人员是否在现金折扣期限内按原发票价格支付货款,然后从供货方取得退款支票或现金,有无丧失了本应获得的折扣的问题。审计人员还应根据付款凭证记录的内容,分别追查应付账款和存货明细账与总账是否进行平行登记,金额是否一致。

(5) 关于付款业务内部控制的测试。审计人员可通过询问、观察、检查以及重复执行内部控制等措施对资金支出进行测试,其步骤与方法是:检查支票样本,审核付款是否经过批准,支票是否与应付凭单一致,付款后是否注销凭单,支票是否由经过授权批准的人员签发;检查支票登记簿的编号次序,与相应的应付账款明细账以及银行存款日记账核对,审查其金额是否一致;观察编制凭证和签发支票、签发支票与保管支票的职责分配是否符合内部控制原则;检查付款支票样本,确定资金支付是否完整地记录在适当的会计期间。

在对被审计单位的内部控制进行必要的了解与测试之后,审计人员应当对内部控制作出评价,确定其可信赖程度,明确实质性程序的范围与重点,必要时对实质性程序的内容作出相应的调整。同时,对测试过程中发现的内部控制的薄弱环节,应当在工作底稿中进行记录,并以适当的形式告知被审计单位的管理层。

二、固定资产的内部控制和控制测试

固定资产与一般的商品在内部控制和控制测试问题上固然有许多共性的地方,但固定资产还具有不少特殊性,有必要对其单独加以说明。就许多从事制造业的被审计单位而言,固定资产在其资产总额中占有很大的比重,固定资产的购建会影响其现金流量,而固定资产的折旧、维修等费用则是影响其损益的重要因素。固定资产管理一旦失控,所造成的损失将远远超过一般的商品存货等流动资产。所以,为了确保固定资产的真实、完整、安全和有效利用,被审计单位应当建立和健全固定资产的内部控制。

1. 固定资产的预算制度

预算制度是固定资产内部控制中最重要的部分。通常,大中型企业应编制旨在预测与控制固定资产增减和合理运用资金的年度预算;小规模企业即使没有正规的预算,对固定资产的购建也要事先加以计划。

2. 授权批准制度

完善的授权批准制度包括:企业的资本性预算只有经过董事会等高层管理机构批准方可生效;所有固定资产的取得和处置均需经企业管理层书面认可。

3. 账簿记录制度

除固定资产总账外,被审计单位还需设置固定资产明细分类账和固定资产登记卡,按固定资产类别、使用部门和每项固定资产进行明细分类核算。固定资产的增减变化均应有充分的原始凭证。

4. 职责分工制度

固定资产的取得、记录、保管、使用、维修、处置等,均应明确划分责任,由专门部门和专人负责。

5. 资本性支出和收益性支出的区分制度

企业应制定区分资本性支出和收益性支出的书面标准。通常需明确资本性支出的范围和最低金额,凡不属于资本性支出的范围、金额低于下限的任何支出,均应列作费用并抵减当期收益。

6. 固定资产的处置制度

固定资产的处置包括投资转出、报废、出售等,均要有一定的申请报批程序。

7. 固定资产的定期盘点制度

对固定资产的定期盘点,是验证账面各项固定资产是真实存在、了解固定资产放置地点和使用状况以及发现是否存在未入账固定资产的必要手段。

8. 固定资产的维护保养制度

固定资产应有严密的维护保养制度,以防止因各种自然和人为的因素而遭受损失,并应建立日常维护和定期检修制度,延长使用寿命。

【学中做 6-2】 注册会计师沈诚实于 2022 年 2 月 22 日对伊人诺股份有限公司采购与付款循环的内部控制进行了解,发现如下一些情况。

(1)伊人诺股份有限公司的材料采购由采购部门负责,根据自己编制的采购单采购,货物进厂后由隶属于采购部门的验收部门负责验收。

(2) 如果货物验收合格,验收部门就在"采购单"上盖"货已验讫"印章,交给会计部门付款。

(3) 验收不合格的货物由验收部门直接退给供货商,验收部门不负责开验收单。

(4) 验收后的货物直接堆放在机器旁准备加工。

要求:结合所学知识分析该公司的采购与付款内部控制是否存在缺陷。如果存在缺陷,应如何进行改进?

文档:学中做
6-2解析

三、关键控制点的选择和测试

在实际工作中,并不需要对该流程的所有控制点进行测试,而是应该针对识别的可能发生错报的环节,选择足以应对评估的重大错报风险的关键控制点进行控制测试。

【学中做6-3】 奥克公司销售经理每月将销售费用实际发生额与预算数进行比较分析,并编制分析报告,交副总经理审核。注册会计师孟翔选取了4个月的分析报告,检查了报告上副总经理的签字,据此认为该控制运行有效。

要求:针对上述资料,假定不考虑其他条件,逐项指出孟翔的做法是否恰当。如不恰当,简要说明理由。

文档:学中做
6-3解析

任务分析

任务导入资料内容的控制测试分析结果见表6-5。

表6-5 任务导入的控制测试及改进建议

序号	控制测试是否恰当(是/否)	改 进 建 议
(1)	否	控制测试的总体应为所有金额超过50万元的付款申请单
(2)	否	应当对记账凭证后附的原材料订购单、供应商发票和入库单进行检查

任务四 应付账款审计

任务导入

注册会计师沈诚实接受指派对伊人诺股份有限公司进行2022年度财务报表审计。沈诚实已对其购货、验收、付款,以及支出循环的内部控制

微课:应付
账款审计

度进行了了解与评价,并决定不进行控制测试。根据分析性程序,沈诚实认为2022年12月31日资产负债表上所列的应付账款余额有可能少记。

具体任务:

(1) 如何查找未入账的应付账款呢?

(2) 作为往来款项,应付账款是否需要函证?如果需要函证,应付账款与应收账款函证有什么区别呢?

应付账款是企业在正常经营过程中,因购买材料、商品和接受劳务供应等经营活动而应付给供应商的款项。注册会计师应结合赊购交易进行应付账款的审计。

一、应付账款的审计目标

审计目标与财务报表认定对应关系见表6-6。

表6-6 审计目标与财务报表认定对应关系

审计目标	财务报表认定					
	存在	完整性	权利和义务	准确性、计价和分摊	分类	列报
① 资产负债表中记录的应付账款是存在的	√					
② 所有应当记录的应付账款均已记录,相关披露均已包括		√				
③ 资产负债表中记录的应付账款是被审计单位应当履行的偿还义务			√			
④ 应付账款以恰当的金额包括在财务报表中				√		
⑤ 应付账款已记录于恰当的账户					√	
⑥ 应付账款已被恰当地汇总或分解且表述清楚,相关披露在适用的财务报告编制基础下是相关的、可理解的						√

二、应付账款的实质性程序

(一) 获取或编制应付账款明细表

(1) 复核加计是否正确,并与报表数、总账数和明细账合计数核对是否相符。

(2) 检查非记账本位币应付账款的折算汇率及折算是否正确。

(3) 分析出现借方余额的项目,查明原因,必要时,建议作重分类调整。

(4)结合预付账款、其他应付款等往来项目的明细余额,调查有无同挂的项目、异常余额或与购货无关的其他款项(如关联方账户),如有,应做出记录,必要时建议作调整。

（二）执行实质性分析程序

根据被审计单位实际情况,选择以下方法对应付账款执行实质性分析程序。

(1)将期末应付账款余额与期初余额进行比较,分析波动原因。

(2)分析长期挂账的应付账款,要求被审计单位做出解释,判断被审计单位是否缺乏偿债能力或利用应付账款隐瞒利润,并注意其是否可能无须支付,对确实无须支付的应付账款的会计处理是否正确,依据是否充分。关注账龄超过3年的大额应付账款在资产负债表日后是否偿付,检查偿付记录、单据及披露情况。

(3)计算应付账款与存货的比率,应付账款与流动负债的比率,并与以前年度相关比率对比分析,评价应付账款整体的合理性。

(4)分析存货和营业成本等项目的增减变动,判断应付账款增减变动的合理性。

（三）函证应付账款

一般情况下,并非必须函证应付账款,这是因为函证不能保证查出未记录的应付账款,况且注册会计师能够取得采购发票等外部凭证来证实应付账款的余额。但如果控制风险较高,某应付账款明细账户金额较大,则应考虑进行应付账款的函证。

注册会计师进行函证时,应选择较大金额的债权人,以及那些在资产负债表日金额不大,甚至为零,但为被审计单位重要供应商的债权人,作为函证对象。函证最好采用积极函证方式,并具体说明应付金额。与应收账款的函证一样,注册会计师必须对函证的过程进行控制,要求债权人直接回函,并根据回函情况编制与分析函证结果汇总表,对未回函的,应考虑是否再次函证。

如果存在未回函的重大项目,注册会计师应采用替代审计程序。例如,检查决算日后应付账款明细账及库存现金和银行存款日记账,核实其是否已支付,同时检查该笔债务的相关凭证资料,如合同、发票、验收单,核实应付账款的真实性。

文档:学中做6-4解析

【学中做6-4】 注册会计师沈诚实对伊人诺股份有限公司进行审计时,决定对其下列4个明细账户中的两个进行函证,有关资料见表6-7。

表6-7 应付账款项目审计 单位:元

明 细 账 户	应付账款年末余额	本年度供货总额
A公司	42 650	66 100
B公司	—	2 880 000
C公司	85 000	95 000
D公司	289 000	3 032 000

要求:请选择其中两家公司进行函证,并说明理由。

（四）检查是否存在未入账的应付账款

(1)检查债务形成的相关原始凭证,如供应商发票、验收报告或入库单等,查找有无未及时入账的应付账款,确认应付账款期末余额的完整性。

（2）检查资产负债表日后应付账款明细账贷方发生额的相应凭证，关注其购货发票的日期，确认其入账时间是否合理。

（3）获取被审计单位与其供应商之间的对账单，并将对账单与被审计单位财务记录之间的差异进行调节（如在途款项、在途商品、付款折扣、未记录的负债等），查找有无未入账的应付账款，确定应付账款金额的准确性。

（4）针对资产负债表日后付款项目，检查银行对账单及有关付款凭证（如银行汇款通知、供应商收据等），询问被审计单位内部或外部的知情人员，查找有无未及时入账的应付账款。

（5）结合存货监盘程序，检查被审计单位在资产负债日前后的存货入库资料（验收报告或入库单），检查是否有大额货到单未到的情况，确认相关负债是否计入了正确的会计期间；如果注册会计师通过这些审计程序发现某些未入账的应付账款，应将有关情况详细记入审计工作底稿，并根据其重要性确定是否需要建议被审计单位进行相应的调整。

【学中做 6-5】 利信会计师事务所的注册会计师孟翔和助理沈诚实一起负责审计肽华公司 2022 年度财务报表。审计工作底稿中与负债审计相关的部分内容摘录如下。

文档：学中做 6-5 解析

（1）肽华公司各部门使用的请购单未连续编号，请购单由部门经理批准，超过一定金额还需总经理批准。沈诚实认为该项控制设计有效，实施了控制测试，结果满意。

（2）为查找未入账的应付账款，沈诚实检查了资产负债表日后应付账款明细账贷方发生额的相应凭证，并结合存货监盘程序，检查了肽华公司资产负债表日前后的存货入库资料，结果满意。

（3）肽华公司有一笔账龄 3 年以上、金额重大的其他应付款，因 2021 年度未发生变动，沈诚实未实施进一步审计程序。

要求：针对上述第（1）、（2）、（3）项，逐项指出沈诚实的做法是否恰当。如不恰当，简要说明理由。

（五）检查已偿付的应付账款的真实性

针对已偿付的应付账款，追查至银行对账单、银行付款单据和其他原始凭证，检查其是否在资产负债表日前真实偿付。

（六）检查异常或大额交易及重大调整事项

针对异常或大额交易及重大调整事项（大额的购货折扣或退回、会计处理异常的交易、未经授权的交易或缺乏支持性凭证的交易等），应检查相关原始凭证和会计记录，以分析交易的真实性和合理性。

异常的应付账款及重大调整事项往往需要注册会计师有较多的职业判断，需谨慎对待。

（七）检查带有现金折扣的应付账款

对带有现金折扣的应付账款，应检查是否按发票上记载的全部应付金额入账，在实际获得现金折扣时再冲减财务费用。

（八）检查不同债务重组方式下的会计处理

被审计单位与债权人进行债务重组的,检查不同债务重组方式下的会计处理是否正确。

（九）检查应付账款是否作出恰当列报

一般来说,"应付账款"项目应根据"应付账款"和"预付账款"科目所属明细科目的期末贷方余额的合计数填列。

任务分析

（1）可以通过以下方式查找未入账的应付账款。

① 检查债务形成的相关原始凭证,如供应商发票、验收报告或入库单等,查找有无未及时入账的应付账款,确认应付账款期末余额的完整性。

② 检查资产负债表日后应付账款明细账贷方发生额的相应凭证,关注其购货发票的日期,确认其入账时间是否合理。

③ 获取被审计单位与其供应商之间的对账单,并将对账单和被审计单位财务记录之间的差异进行调节（如在途款项、在途商品、付款折扣、未记录的负债等）,查找有无未入账的应付账款,确定应付账款金额的准确性。

④ 针对资产负债表日后付款项目,检查银行对账单及有关付款凭证（如银行汇款通知、供应商收据等）,询问被审计单位内部或外部的知情人员,查找有无未及时入账的应付账款。

⑤ 结合存货监盘程序,检查被审计单位在资产负债日前后的存货入库资料（验收报告或入库单）,检查是否有大额货到单未到的情况,确认相关负债是否计入了正确的会计期间。

（2）作为往来款项,一般情况下,应付账款不需要函证,但如果控制风险较高,某些应付账款明细账户金额较大或被审计单位处于财务困难阶段,则应进行应付账款的函证。

应收账款和应付账款函证的区别如下。

① 函证审计程序的重要程度不同。应收账款主要审计目标是应收账款的存在性,通过函证能获取十分有说服力的外部证据,以证明应收账款的真实存在性及正确性等情况,因此应收账款函证是必要程序;应付账款主要审计目标是应付账款的完整性,应付账款函证不是达到该目标最直接、最有效的审计程序,函证不能保证查出未入账的应付账款,况且注册会计师能够取得购货发票等外部凭证来证实应付账款的余额,因此应付账款函证不是法定程序。

② 选择函证审计程序对象不同。应收账款应选择余额较大、有争议的进行函证;应付账款应选择较大金额的债权人,以及那些资产负债表日金额不大,甚至为零,但为企业重要供货人的债权人作为函证对象。

③ 函证方式不同。应收账款函证对于大金额账项采用积极式函证,对于小金额账项则采用消极式函证,有时候两种函证方式结合起来使用可能更适宜;应付账款函证最好采用积极式函证,并具体说明应付金额。

④ 替代程序不同。

任务五 固定资产审计

任务导入

审计人员在审查伊人诺股份有限公司2022年度固定资产折旧时,发现2021年年末新增已投入生产使用的机床一台,原价为100 000元,预计净残值为10 000元,预计使用年限为5年,从2022年1月起开始计提折旧。使用年数总和法对该项固定资产进行折旧,其余各类固定资产均用直线法折旧,且该公司未在财务报表附注中披露该事项。

具体任务:
(1)该机床采用年数总和法折旧对报表有什么影响?
(2)作为审计人员,应要求该被审计单位在报表中如何处理该事项?

固定资产是指企业为生产商品、提供劳务、出租或经营管理而持有的,使用年限超过一年以及单位价值较高的有形资产。

固定资产审计的范围,一方面包括固定资产的原价、累计折旧和固定资产减值准备项目的审计;另一方面包括与固定资产增减和计提折旧有关项目的审计。

一、固定资产的审计目标

(1)确定资产负债表中记录的固定资产是否存在。
(2)确定所有应记录的固定资产是否均已记录。
(3)确定记录的固定资产是否由被审计单位拥有或控制。
(4)确定固定资产以恰当的金额包括在财务报表中,与之相关的计价或分摊已恰当记录。
(5)确定固定资产原价、累计折旧和固定资产减值准备是否已按照企业会计准则的规定在财务报表中做出恰当列报。

二、账面余额的实质性程序

(一)获取或编制固定资产及累计折旧分类汇总表

注册会计师应获取或编制固定资产及累计折旧分类汇总表,检查固定资产的分类是否正确,并与总账数和明细账合计数核对是否相符,结合累计折旧、减值准备科目与报表数核对是否相符。

(二)对固定资产实施实质性分析程序

(1)基于对被审计单位及环境的了解,可通过以下两种方法,在考虑

微课:固定资产的
实质性测试程序

有关数据之间相互关系影响的同时,建立有关数据的期望值:①分类计算本期计提折旧额与固定资产原值的比率,并与上期比较;②计算固定资产修理及维护费用占固定资产原值的比率,并进行本期各月及本期与以前各期的比较。

(2)确定可接受的差异额。

(3)将实际情况与期望值比较,识别需要进一步调查的差异。

(4)如果其差额超过可接受的差异额,调查并获取充分的解释和恰当的审计证据(佐证),如检查相关的凭证。

(5)评估实质性分析程序的测试结果。

(三)实地检查重要固定资产

以固定资产明细分类账为起点,进行实地追查,以证明会计记录中所列固定资产确实存在,并了解其目前的使用状况;也可以以实地为起点,追查至固定资产明细分类账,以获取实际存在的固定资产均已入账的证据。

(四)检查固定资产的所有权或控制权

对于各类固定资产,注册会计师应获取、汇集不同的证据以确定其是否确归被审计单位所有;对于外购的机器设备等固定资产,通常经审核采购发票、采购合同等予以确定;对于房地产类固定资产,尚需查阅有关的合同、产权证明、财产税单、抵押借款的还款凭据、保险单等书面文件;对于融资租入的固定资产,应验证有关融资租赁合同;对于汽车等运输设备,应验证有关运营证件等;对于受留置权限制的固定资产,通常还应审核被审计单位的有关负债项目等予以证实。

(五)检查本期固定资产的增加

(1)询问管理层当年固定资产的增加情况,并与获取或编制的固定资产明细表进行核对。

(2)重点检查本年度增加固定资产的计价是否正确,手续是否齐备,会计处理是否正确。

(六)检查本期固定资产的减少

(1)结合固定资产清理科目,抽查固定资产账面转销额是否正确。

(2)检查出售、盘亏、转让、报废或毁损的固定资产是否经授权批准,会计处理是否正确。

(3)检查因修理、更新改造而停止使用的固定资产的会计处理是否正确。

(4)检查投资转出固定资产的会计处理是否正确。

(5)检查债务重组或非货币性资产交换转出固定资产的会计处理是否正确。

(6)检查转出的投资性房地产账面价值及会计处理是否正确。

(7)检查其他减少固定资产的会计处理是否正确。

【情境案例6-2】 审计助理沈诚实在审阅伊人诺股份有限公司2022年度"固定资产"账簿记录过程中,发现6月12日一项业务贷方发生额为10 000元,摘要为"报废固定资产",对应科目是"累计折旧"和"营业外支出"。从不正确的对应关系中可初步判断此业务有问题,于是调出相关凭证,其会计分录如下:

借:营业外支出——非常损失   8 000

  累计折旧   2 000
  贷：固定资产   10 000

  从凭证记录中可以看出，该项固定资产的成新率高达80%，却提前报废。经了解，公司在此期间没有发生过火灾等意外事故。随后，沈诚实又调阅了该项固定资产卡片，发现该项固定资产仅使用了两年，且无大修的记录，说明它性状良好。经反复与公司主管及该固定资产的保管人员交谈得知，该项业务是经领导批准，将该项固定资产按账面净值进行了转让，所获款项被有关人员私分。

  分析：根据《企业会计制度》的规定，企业因出售、报废和毁损等原因减少的固定资产，应通过"固定资产清理"科目核算。"固定资产清理"科目的借方归集固定资产的账面净值和清理过程中发生的费用及税金；贷方归集收回出售固定资产的价款、残料价值和变价收入等。因此，该项业务属于虚报固定资产毁损。

  鉴于该固定资产已被变卖，建议作以下调整分录。

  借：其他应收款   8 000
  贷：营业外支出——非常损失   8 000

  （七）检查固定资产的后续支出

  确定固定资产有关的后续支出是否满足资产确认条件，如不满足，该支出是否在该后续支出发生时计入当期损益。

  （八）检查固定资产的租赁

  租赁一般分为经营租赁和融资租赁两种。

  在经营租赁中，租入固定资产的企业按合同规定的时间，交付一定的租金，享有固定资产的使用权，而固定资产的所有权仍属出租单位。因此，租入固定资产的企业的固定资产价值并未因此增加，企业对经营租入的固定资产不在"固定资产"账户内核算，只是另设备查簿进行登记；租出固定资产的企业，仍继续提取折旧，同时取得租金收入。

  在融资租赁中，租入单位向租赁公司租赁固定资产，分期偿付价款，全部付清后就取得了固定资产的所有权。因此，融资租赁支付的租金，包括固定资产的价值和融资利息，并且这种租赁的结果通常是固定资产所有权最终归属租入单位，故租入单位在租赁期间，对融资租入的固定资产应按企业的固定资产一样管理，并计提折旧、进行维修。

  （九）检查闲置固定资产

  获取暂时闲置固定资产的相关证明文件，并观察其实际状况，检查是否已按规定计提折旧，相关的会计处理是否正确。

  （十）检查已提足折旧仍继续使用的固定资产

  获取已提足折旧仍继续使用固定资产的相关证明文件，并做相应记录。

  （十一）检查待售固定资产

  获取持有待售固定资产的相关证明文件，并做相应记录，检查对其预计净残值调整是否正确，会计处理是否正确。

  （十二）检查固定资产的抵押、担保情况

  注册会计师在对固定资产抵押、担保审计时，应结合对银行借款等的检查进行，如存在抵押、担保情况，应取证、记录，并提请被审计单位作恰当披露。

(十三) 确定固定资产已作出恰当列报

确定固定资产是否已按照企业会计准则的规定在财务报表中作出恰当的列报。

三、累计折旧的实质性程序

微课：累计折旧的审计

(1) 获取或编制累计折旧分类汇总表，复核加计是否正确，并与总账数和明细账合计数核对是否相符。

(2) 检查被审计单位制定的折旧政策和方法是否符合相关会计准则的规定，确定其所采用的折旧方法能否在固定资产预计使用寿命内合理分摊其成本，前后期是否一致，预计使用寿命和预计净残值是否合理。

【学中做 6-6】 审计助理沈诚实审查伊人诺股份有限公司 2022 年度"固定资产"和"累计折旧"项目时，发现下列情况。

① 对所有的空调机按照实际使用的时间(5—9 月)计提折旧。

② 公司有融资租入的设备 4 台，租赁期为 5 年，未列入计提折旧固定资产的范围。

③ 对已提足折旧的设备 4 台，租赁期为 5 年，列入计提折旧的固定资产范围。

文档：学中做 6-6 解析

④ 8 月初购入吊车 2 辆，价值 2 000 000 元，当月已投入使用并同时开始计提折旧。

要求：指出上述各项中存在的问题，并提出改进建议。

(3) 复核本期折旧费用的计提和分配。

(4) 将"累计折旧"账户贷方的本期计提折旧额与相应的成本费用中的折旧费用明细账户的借方相比较，以查明所计提折旧金额是否已全部摊入本期产品成本或费用。若存在差异，应追查原因，并考虑是否建议适当调整。

(5) 检查累计折旧的减少是否合理、会计处理是否正确。

(6) 检查累计折旧的披露是否恰当。

四、减值准备的实质性程序

固定资产的可收回金额低于其账面价值称为固定资产减值。这里的可收回金额应当根据固定资产的公允价值减去处置费用后的净额与资产预计未来现金流量的现值两者之间的较高者确定。这里的处置费用包括与固定资产处置有关的法律费用、相关税费、搬运费以及为使固定资产达到可销售状态所发生的直接费用等。

固定资产减值准备的实质性程序如下。

(1) 获取或编制固定资产减值准备明细表，复核加计是否正确，并与总账数和明细账合计数核对是否相符。

(2) 检查被审计单位计提固定资产减值准备的依据是否充分，会计处理是否正确。

(3) 检查资产组的认定是否恰当，计提固定资产减值准备的依据是否充分，会计处理是否正确。

（4）计算本期末固定资产减值准备占期末固定资产原值的比率，并与期初该比率比较，分析固定资产的质量状况。

（5）检查被审计单位处置固定资产时原计提的减值准备是否同时结转，会计处理是否正确。

（6）检查是否存在转回固定资产减值准备的情况。按照企业会计准则的规定，固定资产减值损失一经确认，在以后会计期间不得转回。

（7）确定固定资产减值准备的披露是否恰当。

任务分析

（1）该公司的固定资产折旧方法本期出现不一致，且未充分揭示，这违反了现行会计制度。由此，计算的该事项资产负债表和损益表的影响如下。

用年数总和法计算的年折旧额＝(100 000－10 000)×5÷15＝30 000(元)

用直线法计算的年折旧额＝(100 000－10 000)÷5＝18 000(元)

所以，由于折旧方法的改变，使得本年度多提折旧额12 000元，致使资产负债表中的"累计折旧"项目增加12 000元，损益表中的利润总额减少12 000元。

（2）审计人员应要求被审计单位在财务报表附注中作这样的提示"本公司由于对原值为100 000元，预计净残值为10 000元，预计使用年限为5年的机床采用年数总和法进行折旧，与采用直线法相比，使本年度的折旧额增加12 000元，利润总额减少12 000元，特予以揭示"。

思政德育课堂

世通事件

一、案例描述

思政德育课堂：世通事件

世界通信公司是美国第二大长途电话公司，名列世界50大企业，拥有8.5万名员工，业务遍及65个国家和地区。2002年4月，世界通信公司曝出特大财务丑闻，涉及金额达110亿美元。7月，纽约地方法院宣布，美国第二大长途电话公司世界通信公司正式向法院申请破产保护，以1 070多亿美元的资产、410亿美元的债务创下了美国破产案的历史新纪录。该事件造成2万名世界通信公司员工失业，并失去所有保险及养老金保障。

美国证券交易委员会公布的最终调查资料显示，在1999年到2001年的两年间，世界通信公司虚构的销售收入90多亿美元；通过滥用准备金科目，利用以前年度计提的各种准备金冲销成本，以夸大对外报告的利润，所涉及的金额达到16.35亿美元；又将38.52亿美元经营费用单列于资本支出中；加上其他一些类似手法，使得世界通信公司2000年财务报表有了营收增加239亿美元的亮点。

重大审计失败的常见原因包括被审计单位内部控制失效或高管人员逾越内部控制，注册会计师与被审计单位通同舞弊，缺乏独立性，没有保持应有的职业审慎和职业怀疑。尽管世界通信公司存在前所未有的财务舞弊，其财务报表严重歪曲失实，但安达信会计公司至少从1999年起一直为世界通信公司出具无保留意见的审计报告。就目前已经披露的资料看，安达信会计公司对世界通信公司的财务舞弊负有不可推卸的重大过失审计责任。安达信会计公司对世界通信公司的审计将是一项可载入史册的典型的重大审计失败案例。

二、案例意义

审计人员要保持应有的职业审慎和职业怀疑。同学们今后踏上审计工作岗位，要牢记使命担当，不忘审计初心，努力成为独立、客观、公正的审计人。

问题：查阅相关资料，分析世通事件带给我们哪些启示。

职业能力训练

一、单项选择题

1. 针对被审计单位"临近会计期末的采购未被记录在正确的会计期间"的重大错报风险，下列注册会计师所做的控制测试程序中，不恰当的是（　　）。
    A. 检查系统例外报告的生成逻辑
    B. 询问复核人对例外报告的检查过程，确认发现的问题是否及时得到了跟进处理
    C. 核对例外报告中的采购是否计提了相应负债，检查复核人的签署确认
    D. 检查系统入库单编号的连续性

2. 以下有关被审计单位针对采购与付款交易内部控制的说法中，不恰当的是（　　）。
    A. 付款需要由经授权的人员审批，审批人员在审批前需检查相关支持文件，并对其发现的例外事项进行跟进处理
    B. 通过对入库单的预先编号以及对例外情况的汇总处理，被审计单位可以应对存货和负债记录方面的高估风险
    C. 采购、验收与相关会计记录需职责分离
    D. 付款审批与付款执行需职责分离

3. 在（　　）情况下，如果被审计单位应付账款年末余额比上年末显著下降，注册会计师很可能得出应付账款完整性认定存在重大错报风险的结论。
    A. 原材料供不应求
    B. 供应商与被审计单位的结算由赊销变为现销
    C. 供应商缩短被审计单位享受的现金折扣天数
    D. 原材料供大于求

4. 当被审计单位管理层具有高估利润、粉饰财务状况的动机时，注册会计师主要关注的是被审计单位（　　）的重大错报风险。
    A. 低估负债，低估费用　　　　　　B. 高估费用，高估负债

C. 低估费用,高估负债 D. 高估费用,低估负债

5. 函证被审计单位的应付账款时,注册会计师的以下做法中正确的是(　　)。
   A. 某账户在资产负债表日账户余额较小,但为被审计单位重要供应商,注册会计师决定不对其函证
   B. 如果存在被询证者最终未作回复的重大项目,注册会计师应采用替代审计程序
   C. 注册会计师不需要对函证的过程进行控制
   D. 某账户在资产负债表日账户余额为零,但为被审计单位重要供应商,注册会计师决定不对其函证

6. 针对被审计单位"新增供应商或供应商信息变更未经恰当的认证"的错报环节,注册会计师作出如下测试程序中可能不恰当的是(　　)。
   A. 询问复核人复核供应商数据变更请求的过程
   B. 抽样检查变更需求是否有相关文件支持及有复核人的复核确认
   C. 询问复核人复核采购计划的过程,检查采购计划是否经复核人恰当复核
   D. 检查系统中采购订单的生成逻辑,确认是否存在供应商代码匹配的要求

7. 针对被审计单位"订单未被录入系统或在系统中重复录入"的错报环节,注册会计师作出如下测试程序中可能不恰当的是(　　)。
   A. 检查系统例外报告的生成逻辑
   B. 询问复核人对例外报告的检查过程
   C. 确认发现的问题是否及时得到了跟进处理
   D. 抽样检查采购订单是否有对应的请购单及复核人签署确认

8. 下列各项中,最能发现未入账的应付账款的是(　　)。
   A. 检查验收单 B. 检查营业成本的计算
   C. 函证应收账款 D. 检查营业收入的确认

二、多项选择题

1. 下列有关采购业务涉及的主要单据和会计记录的说法中,不恰当的有(　　)。
   A. 请购单是由生产、仓库等相关部门的有关人员填写,送交财务部门,是申请购买商品、劳务或其他资产的书面凭据
   B. 订购单是由采购部门填写,经适当的管理层审核后发送供应商,是向供应商购买订购单上所指定的商品和劳务的书面凭据
   C. 验收单是收到商品时所编制的凭据,只列示采购商品的金额
   D. 采购部门在收到请购单后,请购单无论是否经过批准,都可以发出订购单

2. 采购与付款循环的下列相关凭单中,编制后需要相关人员签字批准的有(　　)。
   A. 请购单 B. 订购单 C. 验收单 D. 付款凭单

3. 以下针对采购与付款的具体控制活动的说法中,恰当的有(　　)。
   A. 基于企业的生产经营计划,生产、仓库等部门定期编制采购计划,经部门负责人等适当的管理人员审批后提交采购部门,具体安排商品及服务采购

B. 采购部门只能向通过审核的供应商进行采购

C. 验收后,仓储部门应对已收货的每张订购单编制一式多联、预先按顺序编号的验收单,作为验收和检验商品的依据

D. 记录采购交易之前,应付凭单部门应核对订购单、验收单和卖方发票的一致性并编制付款凭单

4. 下列有关采购业务相关控制活动的说法中,恰当的有(　　)。

A. 采购部门只能向通过审核的供应商进行采购

B. 将已验收商品的保管与采购的其他职责相分离,可减少未经授权的采购和盗用商品的风险

C. 采购部门在收到请购单后,只能对经过恰当批准的请购单发出订购单

D. 编制连续编号的请购单,仅与采购交易的"完整性"认定相关

5. 以下各项中,应当职责分离的有(　　)。

A. 请购与审批　　　　　　　　B. 询价与确定供应商

C. 采购与验收　　　　　　　　D. 付款审批与付款执行

6. 记录采购交易之前,应付凭单部门应核对订购单、验收单和卖方发票的一致性并编制付款凭单,这项控制的功能包括(　　)。

A. 确定供应商发票的内容与相关的验收单、订购单的一致性

B. 确定供应商发票计算的正确性

C. 编制有预先顺序编号的付款凭单,并附上支持性凭证,同时独立检查付款凭单计算的正确性

D. 在付款凭单上填入应借记的资产或费用账户名称

7. 企业在以支票结算采购的商品时,编制和签署支票的相关控制包括(　　)。

A. 独立检查已签发支票的总额与所处理的付款凭单的总额的一致性

B. 应由被授权的财务部门的人员负责签署支票

C. 支票一经签署就应在其凭单和支持性凭证上用加盖印戳或打洞等方式将其注销,以免重复付款

D. 支票应预先顺序编号,保证支出支票存根的完整性和作废支票处理的恰当性

8. 在手工系统下,会计部门应根据已签发的支票编制付款记账凭证,并据以登记银行存款日记账及其他相关账簿,以记录银行存款支出为例,相关的控制包括(　　)。

A. 支票一经签署就应在其凭单和支持性凭证上用加盖印戳或打洞等方式将其注销,以免重复付款

B. 通过定期比较银行存款日记账记录的日期与支票副本的日期,独立检查入账的及时性

C. 独立编制银行存款余额调节表

D. 会计主管应独立检查记入银行存款日记账和应付账款明细账的金额的一致性,以及与支票汇总记录的一致性

9. 被审计单位材料采购业务存在的下列情况中,属于内部控制设计缺陷的有(　　)。

A. 请购单既可以由仓库人员填制,也可以由车间、管理部门人员填制

B. 请购单可以没有连续编号,因为请购业务的审批人员涉及各个部门
C. 验收人员出差期间,验收工作由采购部门人员代为执行
D. 如未收到卖方发票,被验收的原材料不能办理入库手续

三、判断题

1. 对大规模企业而言,企业内部各个部门都可填制请购单。为了加强控制,企业的请购单必须连续编号。   (   )
2. 应付账款通常不需函证,如函证,最好采用消极式函证。   (   )
3. 应付账款函证时,应选择的函证对象是较大金额的债权人,那些在资产负债表日金额为零的债权人不必函证。   (   )
4. 审查固定资产减少的主要目的在于查明已减少的固定资产是否已做适当的会计处理。   (   )
5. 固定资产采购、付款、保管、记账应由不同人员分别负责,实行必要的职务分离。
                                                                    (   )
6. 通常由采购部门提出请购,并由其办理采购业务。   (   )

实训项目

审计应付账款实训

一、实训背景

2023年1月20日,北京弘信会计师事务所负责审计山东星辰股份有限公司2022年度财务报表,审计人员李丽负责审计该企业的应付账款项目,2021年度财务报表已经过审计,金额可以确认。其他实训资料请查找相关应付账款总账、明细账、记账凭证和2022年资产负债表。

实务操作视频:
审计应付账款概述

二、实训资料

扫码查看原始单据。

文档:审计应付账款实训资料

三、实训要求

任务1:编制应付账款审定表。

任务2：编制应付账款明细表。
任务3：编制应付账款抽查表。
任务4：编制应付账款询证函。

四、实训提示

（1）审计人员李丽负责填写好企业询证函，由被审计单位（山东星辰股份有限公司）财务人员负责盖章，由审计人员李丽亲自寄出询证函。尚未收到被询证单位的回函。依次函证：中国联大股份有限公司、东丰股份有限公司、江华股份有限公司。

（2）编制应付账款明细表时，表中审计"调整数"和"重分类"在完成应付账款抽查表后再填写；"期末审定数账龄分析"需要根据应付账款明细账进行分析。如果存在问题，请在"审计说明"中详细列明。

文档：审计应付账款实训提示

文档：学习情境六拓展训练

学习情境七

环环相扣 循序渐进——生产与存货循环审计

🖊 情境导航

通常企业存货的计价和相关销售成本都会对利润表和财务状况产生重大影响,也就是说,存货的重大错报对于流动资产、总资产、销售成本、利润分配和所得税等各方面都会产生一定的影响。注册会计师应当确认在财务报表中,存货在财务报表日是否存在,是否属被审计单位所有,金额是否符合计价认定。学生在学习时,要根据生产与存货循环审计的工作过程来体会生产与存货循环审计的目标,理解对生产与存货循环实施控制测试和实质性程序的意义,提高对生产与存货循环审计重要性的认识。本情境主要包括以下5个任务:生产与存货循环的业务活动和相关内部控制;生产与存货循环的重大错报风险;生产与存货循环的控制测试;存货审计;营业成本审计。

🔲 学习目标

- 了解生产与存货循环的业务活动和相关内部控制。
- 能够评估生产与存货循环的重大错报风险。
- 明确生产与存货循环主要经济业务的控制测试。
- 掌握生产与存货循环主要账户的实质性测试。

🎬 课程思政

- 不断更新知识结构,努力达到业务精通、技能娴熟。
- 领会党的二十大精神内涵,树立科学审计理念,依法审计,客观公正。

❄ 情境认知

成本不能光算"总账"

有一次,注册会计师孟翔带徒弟沈诚实对一家工业企业进行财务报表审计,该企业生产一种塑料制品,主要用于汽车零配件,该企业成本计算方法很简单,期初产品定额成本加本期生产费用,再减期末产品定额成本,就等于本期产品销售总成本。

在审计过程中,沈诚实对孟翔说:"孟老师,我通过对产成品的实物抽盘、对料工费成本的凭证抽查,未发现异常情况。"然而,孟翔却说:"小沈,上述成本计算方法不规范,我提出了异议。"

沈诚实很惊讶,问孟翔:"孟老师,我们已履行了必要的审计程序,本期生产费用、期末产成品数量也可以确认,这有什么不对的呢?"孟翔说:"首先,该企业单位定额成本长期不变,按上述方法计算的产品销售成本,不能正确反映产品的实际成本;其次,产品的销售成本与销售收入不能做到配比;最后,采用这种倒轧法,企业管理不善而造成的损失浪费,也可能作为产品销售成本处理了。"

沈诚实说:"我原来以为,成本只有轧出总账、计算总的销售成本和利润、编制利润表就行了,不知道还要计算具体产品的销售成本。"孟翔说:"成本计算的对象就是产品品种,如企业生产多种产品,制造费用要采用适当的方法在各成本计算对象之间进行分配;如果企业还有在产品,生产成本应该在完工产品与在产品之间进行分配,通过这一环节,才能正确计算完工产品成本,并作为计算产品销售成本的依据。"

沈诚实听了孟翔的"讲课",似乎受益匪浅,她说:"工业企业成本核算确实比较复杂,过去在大学里学到的知识远远不够,今后,我还要在工作实践中好好向您学习哩!"

任务一 生产与存货循环的业务活动和相关内部控制

微课:生产与存货循环的业务活动和相关内部控制

任务导入

注册会计师孟翔和沈诚实对行录制药有限公司生产与存货循环内部控制进行审计时发现下列事项:材料由采购部门负责采购,材料进厂后由隶属于采购部的验收部门负责验收。验收合格的材料在采购单上盖"货已验讫"印章,然后交会计部门付款,如不合格直接退给供应商,验收部门不负责开验收报告单。验收后的材料直接堆放在机器旁准备加工。生产完工的产成品交给制造部门的储藏室保管。

具体任务:根据上述资料指出该公司在生产与存货循环内部控制中存在的缺陷,并简要说明理由,同时提出改进建议。

一、生产与存货循环涉及的主要凭证与会计记录

(一)生产指令

生产指令又称"生产任务通知单"或"生产通知单",是企业下达制造产品等生产任务的书面文件,用以通知供应部门组织材料发放,生产车间组织产品制造,会计部门组织成本计算。

（二）领发料凭证

领发料凭证是企业为控制材料发出所采用的各种凭证，如材料发出汇总表、领料单、限额领料单、领料登记簿、退料单等。

（三）产量和工时记录

登记工人或生产班组在出勤时间内完成产品数量、质量和生产这些产品所耗费工时数量的原始记录。

（四）工薪汇总表及工薪费用分配表

工薪汇总表：反映全部工薪的结算情况，据以进行工薪总分类核算和汇总整个企业工薪费用，是工薪费用分配的依据。

工薪费用分配表：反映各生产车间各产品应负担的生产工人工薪及福利费。

（五）材料费用分配表

汇总反映各生产车间各产品所耗费的材料费用的原始记录。

（六）制造费用分配汇总表

汇总反映各生产车间各产品所应负担制造费用的原始记录。

（七）成本计算单

归集某一成本计算对象所应承担的生产费用，计算该成本计算对象的总成本和单位成本的记录。

（八）产成品入库单和出库单

产成品入库单是产品生产完成并经检验合格后从生产部门转入仓库的凭证。产成品出库单是根据经批准的销售单发出产成品的凭证。

（九）存货明细账

存货明细账是反映各种存货增减变动情况和期末库存数量及相关成本信息的会计记录。

（十）存货盘点指令、盘点表及盘点标签

在实施存货盘点之前，管理人员通常编制存货盘点指令，对存货盘点的时间、人员、流程及后续处理等方面做出安排。

在盘点过程中，通常会使用盘点表记录盘点结果，使用盘点标签对已盘点存货及数量作出标识。

（十一）存货货龄分析表

很多制造型企业通过编制存货货龄分析表，识别流动较慢或滞销的存货，并根据市场情况和经营预测，确定是否需要计提存货跌价准备。这对于管理具有保质期的存货（如食物、药品、化妆品等）尤其重要。

二、了解业务活动和内部控制的程序

（1）询问参与生产和存货循环各业务活动的被审计单位人员，一般包括生产部门、仓储部门、人事部门和财务部门的员工和管理人员。

（2）获取并阅读企业的相关业务流程图或内部控制手册等资料。

（3）观察生产和存货循环中特定控制的运用，例如观察生产部门如何将完工产品移送入库的流程及相关控制活动。

（4）检查文件资料，例如检查原材料领料单、成本计算表、产成品出入库单等。

（5）实施穿行测试，即追踪一笔交易在财务报告信息系统中的处理过程。例如，选取某种产成品，追踪该产品制订生产计划、领料生产、成本核算、完工入库的整个过程。

三、总体控制目标与基本控制措施

与存货相关的内部控制涉及采购、验收、仓储、领用、加工、装运出库和盘点等方面。

（1）采购。控制目标是所有交易都已获得适当的授权与批准。使用订购单是一项基本内部控制措施。订购单应预先连续编号并定期清点，事先确定价格并获得批准。

（2）验收。控制目标是所有收到的商品都已得到记录。应当设置独立的部门负责验收商品。使用验收单是一项基本控制措施。验收单应预先连续编号并定期清点。

（3）仓储。控制目标是确保与存货实物的接触必须得到指示和批准。应当采取实物控制措施，使用适当的存储设施，以使存货免受意外损毁、盗窃或破坏。

（4）领用。控制目标是所有存货的领用均应得到批准和记录。使用领用单是一项基本控制措施，领用单应当定期清点（注意：没有强调连续编号）。

（5）加工。控制目标是对所有的生产过程做出适当的记录。使用生产报告是一项基本的内部控制措施。在生产报告中，应当对产品质量缺陷和零部件使用及报废情况及时作出说明。

（6）装运出库。控制目标是所有装运都得到记录。使用发运凭证是一项基本控制措施。发运凭证应当预先编号，定期进行清点，并作为日后开具收款账单的依据。

（7）盘点。制订合理的存货盘点计划，确定合理的存货盘点程序，配备相应的监督人员，对存货进行独立的内部验证，将盘点结果与永续存货记录进行独立的调节，对盘点表和盘点标签进行充分控制（连续编号并清点）。

四、主要业务活动和相关内部控制

生产与存货循环涉及的主要业务活动包括计划和安排生产、发出原材料、生产产品、核算产品成本、产成品入库及储存、发出产成品、存货盘点、计提存货跌价准备等。

（一）计划和安排生产

生产计划部门根据顾客订单或对销售预测、存货需求的分析，决定生产授权并计划和安排生产，签发生产通知单，下达制造产品等生产任务，通知供应、仓储部门和生产车间，根据材料、零部件的库存和生产需求情况，组织材料收发和产品制造。会计部门依据生产计划部门的生产通知单组织成本计算工作。

（二）发出原材料

仓储部门的责任是根据从生产部门收到的领料单发出原材料。领料单通常需一式三联，列示材料数量和种类以及领料部门的名称。仓库管理人员发料并签署后，将其中一联连同材料交给领料部门（生产部门存根联），一联留在仓库登记材料明细账（仓库联），一联

交会计部门进行材料收发核算和成本核算(财务联)。

（三）生产产品

生产部门在收到生产通知单及领取原材料后，便将生产任务分解到每一个生产工人，并将所领取的原材料交给生产工人，据以执行生产任务。生产工人在完成生产任务后，将完成的产品交生产部门查点，然后转交检验员验收并办理入库手续；或是将所完成的产品移交下一个部门，作进一步加工。

（四）核算产品成本

为了正确地核算产品成本，对在产品进行有效控制，必须建立健全成本会计制度，将生产控制和成本核算有机结合在一起。一方面，生产过程中的各种记录、生产通知单、领料单、计工单、入库单等文件资料都要汇集到会计部门，由会计部门对其进行检查和核对，了解和控制生产过程中存货的实物流转；另一方面，会计部门要设置相应的会计账户，会同有关部门对生产过程中的成本进行核算和控制。成本会计制度可以非常简单，只是在期末记录存货余额；也可以是完善的标准成本制度，持续地记录所有材料处理、在产品和产成品，并产生对成本差异的分析报告。完善的成本会计制度应该提供原材料转为在产品，在产品转为产成品，以及按成本中心、分批生产任务通知单或生产周期所消耗的材料、人工和间接费用的分配与归集的详细资料。主要资料有工资汇总表、人工费用分配表、材料费用分配表、制造费用分配汇总表、成本计算单、存货明细账等。

（五）产成品入库及储存

产成品入库，需由仓储部门先行点验和检查，然后签收。签收后，将实际入库数量通知会计部门。据此，仓储部门确立了本身应承担的责任，并对验收部门的工作进行验证。除此之外，仓储部门还应根据产成品的品质特征分类存放，并填制标签。

（六）发出产成品

发出产成品需由独立的发运部门进行。装运产成品时必须持有经有关部门核准的发运通知单，并据此编制出库单。产成品出库单至少一式四联：一联交仓储部门；一联发运部门留存；一联送交顾客；一联作为给顾客开发票的依据。

（七）存货盘点

管理人员编制盘点指令，安排适当人员对存货实物进行定期盘点，将盘点结果与存货账面数量进行核对，调查差异并进行适当调整。

对于盘点存货这项业务活动，有些被审计单位的内部控制要求做到以下几点。

(1) 生产部门和仓储部门在盘点日前对所有存货进行清理和归整，便于盘点顺利进行。

(2) 每一组盘点人员中应包括仓储部门以外的其他部门人员，即不能由负责保管存货的人员单独负责盘点存货；安排不同的工作人员分别负责初盘和复盘。

(3) 盘点表和盘点标签事先连续编号，发放给盘点人员时登记领用人员；盘点结束后回收并清点所有已使用和未使用的盘点表和盘点标签。

(4) 为防止存货被遗漏或重复盘点，所有盘点过的存货贴盘点标签，注明存货品名、数量和盘点人员，完成盘点前检查现场确认所有存货均已贴上盘点标签。

(5) 将不属于本单位的代其他方保管的存货单独堆放并作标识；将盘点期间需要领用的原材料或出库的产成品分开堆放并做标识。

（6）汇总盘点结果，与存货账面数量进行比较，调查分析差异原因，并对认定的盘盈和盘亏提出账务调整建议，经仓储经理、生产经理、财务经理和总经理复核批准后入账。

（八）计提存货跌价准备

财务部门根据存货货龄分析表信息及相关部门提供的有关存货状况的信息，结合存货盘点过程中对存货状况的检查结果，对出现损毁、滞销、跌价等降低存货价值的情况进行分析计算，计提存货跌价准备。

对于这项业务活动，有些被审计单位的内部控制要求做到以下几点。

（1）定期编制存货货龄分析表，管理人员复核该分析表，确定是否有必要对滞销存货计提存货跌价准备，并计算存货可变现净值，据此计提存货跌价准备。

（2）生产部门和仓储部门每月上报残冷背次存货明细，采购部门和销售部门每月上报原材料和产成品最新价格信息，财务部门据此分析存货跌价风险并计提跌价准备，由财务经理和总经理复核批准并入账。

任务分析

（1）该公司尚未设立完善的请购单系统。

（2）采购部门与验收部门职能未分开。

（3）验收部门未编制验收报告单。

（4）验收部门不应在采购单加盖"货已验讫"印章，应另在单独的验收报告单中预留空格，以注明完全合格或有拒收数量及拒收原因。

（5）不应由会计部门付款，应由会计部门编制付款凭单通知财务部门开票付款。

（6）不合格货品退给供应商过程草率，应在验收报告单中注明退回数量，并请供应商签名认可。

（7）验收后的货品不得堆放至机器旁，应置于原材料仓库，再凭完善的领用单控制系统办理领料手续。

（8）产成品采用永续盘存制计算数量，并应计算金额。

（9）产成品应由完善的产成品仓库控制。

任务二　生产与存货循环的重大错报风险

任务导入

利信会计师事务所的注册会计师孟翔与助理沈诚实，负责审计多家被审计单位2022年度财务报表。与存货审计相关的部分事项如下。

（1）行录制药公司为制造型企业，采用信息系统进行成本核算。助理沈诚实对信息系统一般控制和相关的自动化应用控制进行测试后结果满意，不再对成本核算实施实质性程序。

（2）因景广图书公司存货不存在特别风险，且以前年度与存货相关的控制运行有效，助理沈诚实因此减少了本年度存货细节测试的样本量。

具体任务：针对上述第(1)、(2)项，指出助理沈诚实做法是否恰当。如不恰当，简要说明理由。

一、生产与存货循环存在的重大错报风险

对存货年末余额的测试，通常是审计中最复杂也最费时的部分。对存货存在和存货价值的评估常常十分困难。相应地，要求实施存货项目审计的注册会计师应具备较高的专业素质和相关业务知识，分配较多的审计工时，运用多种有针对性的审计程序。

（一）存货审计复杂的主要原因

（1）存货通常是资产负债表中的一个主要项目，而且通常是构成营运资本的最大项目。

（2）存货存放于不同的地点，这使对它的实物控制和盘点都很困难。企业必须将存货置放于便于产品生产和销售的地方，但是这种分散也带来了审计的困难。

（3）存货项目的多样性也给审计带来了困难。例如，化学制品、宝石、电子元件及其他的高科技产品。

（4）存货本身的状况以及存货成本的分配也使存货的估价存在困难。

（5）不同企业采用的存货计价方法存在多样性。

（二）可能导致存货重大错报风险的因素

（1）交易的数量和复杂性。

（2）成本核算的复杂性。

（3）产品的多元化。

（4）某些存货项目的可变现净值难以确定。

（5）将存货存放在很多地点。

（6）寄存的存货。

例如，以下类别的存货就可能增加审计的复杂性与风险。

（1）具有漫长制造过程的存货。制造过程漫长的企业（如飞机制造和酒类产品酿造企业）的审计重点包括递延成本、预期发生成本以及未来市场波动可能对当期损益的影响等事项。

（2）具有固定价格合约的存货。预期发生成本的不确定性是其重大审计问题。

（3）与时装相关的服装行业。由于服装产品的消费者对服装风格或颜色的偏好容易发生变化，因此，存货是否过时是重要的审计事项。

（4）鲜活、易腐商品存货。因为物质特性和保质期短暂，此类存货变质的风险很高。

（5）具有高科技含量的存货。由于技术进步，此类存货容易过时。

（6）单位价值高昂、容易被盗窃的存货。例如，珠宝存货的错报风险通常高于铁制纽扣之类存货的错报风险。

二、根据重大错报风险评估结果设计进一步审计程序

无论是采用综合性方案还是实质性方案,获取的审计证据都应当能够从认定层次应对所识别的重大错报风险,直至针对该风险所涉及的全部相关认定均已获取了足够的保证程度,见表 7-1。

表 7-1　生产和存货循环的重大错报风险和进一步审计程序总体方案

重大错报风险描述	相关财务报表项目及认定	风险程度	是否信赖控制	进一步审计程序的总体方案	拟从控制测试中获取的保证程度	拟从实质性程序中获取的保证程度
① 存货实物可能不存在	存货:存在	特别	是	综合性方案	中	高
② 存货的单位成本可能存在计算错误	存货:准确性、计价和分摊 营业成本:准确性	一般	是	综合性方案	中	低
③ 已销售产品的成本可能没有准确结转至营业成本	存货:准确性、计价和分摊 营业成本:准确性	一般	是	综合性方案	中	低
④ 存货的账面价值可能无法实现	存货:准确性、计价和分摊	特别	否	实质性方案	无	高

【学中做 7-1】 利信会计师事务所的注册会计师林菲负责审计胜大公司 2021 年度财务报表,与存货审计相关的部分事项如下。

胜大公司的存货存在特别风险。林菲在了解相关内部控制后,未测试控制运行的有效性,直接实施了细节测试。

要求:针对上述内容,指出注册会计师林菲做法是否恰当。如不恰当,简要说明理由。

文档:学中做 7-1 解析

思政元素融入	严守准则,勤勉尽责

思政素材:5.72 亿元存货不知所踪,广州浪奇公司治理令人忧

广州浪奇于 2021 年 4 月 30 日披露年报,公司 2020 年实现营业总收入 33.5 亿元,同比下降 73%,降幅较 2019 年同期扩大;实现归母净利润 —44.8 亿元,2019 年同期为 6 135.6 万元,未能维持盈利状态。2021 年一季度公司实现营业总收入 6 亿元,同比下降 64.9%;归母净利润 —3 332.3 万元,2020 年同期为 —1 886.3 万元,亏损幅度扩大。

一般情况下,企业大多采用以销定产的生产方式,但广州浪奇在营

文档:5.72 亿元存货不知所踪,广州浪奇公司治理令人忧

收增长停滞的情况下,存货的大幅增加就显得十分"扎眼"。即使产品销售不畅,导致存货有所增加,也不应该如此大幅度的增加,这有悖于常理。毕竟存货大量积压在仓库中,不但会挤占资金,影响企业的流动性,而且会产生额外的仓储费用,增加存货跌价损失风险。从这诸多迹象来看,广州浪奇财务真实性很让人怀疑,注册会计师出具了保留意见审计报告。(扫码查看全篇文章)

思政讨论:联系存货审计目标、审计程序,讨论存货审计应重点关注哪些重大错报风险?如何有效应对存货审计风险?

【学中做 7-2】 利信会计师事务所的注册会计师林菲负责审计多家被审计单位 2022 年度财务报表。与存货审计相关的部分事项如下。

胜大公司为制造型企业,存货产销量大但年末余额不重大。因此,注册会计师林菲未了解与生产和存货循环相关的业务流程,直接实施了细节测试。

文档:学中做 7-2 解析

要求:针对上述内容,指出林菲的做法是否恰当。如不恰当,简要说明理由。

任务分析

(1) 不恰当。制造业的成本核算涉及重大类别交易或账户余额,应当实施实质性程序。

(2) 不恰当。以前年度与存货相关的控制运行有效不构成减少本年度细节测试样本规模的充分理由,注册会计师还应当了解相关控制在本期是否发生变化。

 生产与存货循环的控制测试

任务导入

利信会计师事务所的注册会计师孟翔与助理沈诚实,负责审计行录制药有限公司 2022 年度财务报表。

微课:生产与存货循环的控制测试

资料:行录制药有限公司利用 ERP 系统核算生产成本,在以前年度,利用 ERP 系统之外的 G 软件手工输入相关数据后进行存货账龄的统计和分析。2022 年,信息技术部门在 ERP 系统中开发了存货账龄分析子模块,于每月末自动生成存货账龄报告。该公司会计政策规定,应当结合存货账龄等因素确定存货期末可变现净值,计提存货跌价准备。

具体任务:针对资料内容,假定不考虑其他条件,指出资料所列事项是否可能表明存在重大错报风险。如果认为存在重大错报风险,简要说明理由,并说明该风险主要与哪些财务报表项目(仅限于营业收入、营业成本、资产减值损失、应收账款、存货、固定资产和应

付职工薪酬)的哪些认定相关。

总体上看,生产与存货循环的内部控制主要包括存货数量的内部控制和存货单价的内部控制两方面。由于生产与存货循环与其他业务循环的紧密联系,生产与存货循环中某些审计程序,特别是对存货余额的审计程序,与其他相关业务循环的审计程序同时进行将更为有效。例如,原材料的采购和记录是作为采购与付款循环的一部分进行测试的,人工成本(包括直接人工成本和制造费用中的人工费用)是作为工薪循环的一部分进行测试的。因此,在对生产与存货循环的内部控制实施测试时,要考虑其他业务循环的控制测试是否与本循环相关,避免重复测试。

风险评估和风险应对是整个审计过程的核心,因此,注册会计师通常以识别的重大错报风险为起点,选取拟测试的控制并实施控制测试。表 7-2 列示了通常情况下注册会计师对生产和存货循环的风险、存在的控制及控制测试程序。

表 7-2 生产与存货循环的风险、存在的控制及控制测试程序

可能发生错报的环节	相关财务报表项目及认定	存在的内部控制(自动)	存在的内部控制（人工）	内部控制测试程序
（一）发出原材料				
发出的原材料可能未正确计入相应产品的生产成本中	存货:准确性、计价和分摊营业成本:准确性	领料单信息输入系统时需输入对应的生产任务单编号和所生产的产品代码,每月末系统自动归集生成材料成本明细表	生产主管每月末将其生产任务单及相关领料单存根联与材料成本明细表进行核对,调查差异并处理	检查生产主管核对材料成本明细表的记录,并询问其核对过程及结果
（二）记录人工成本				
生产工人的人工成本可能未得到准确反映	存货:准确性、计价和分摊营业成本:准确性	所有员工有专属员工代码和部门代码,员工的考勤记录记入相应员工代码	人事部每月编制工薪费用分配表,按员工所属部门将工薪费用分配至生产成本、制造费用、管理费用和销售费用,经财务经理复核后入账	① 检查系统中员工的部门代码设置是否与其实际职责相符。② 询问并检查财务经理复核工资费用分配表的过程和记录
（三）记录制造费用				
发生的制造费用可能没有得到完整归集	存货:完整性/准确性、计价和分摊营业成本:准确性/完整性	系统根据输入的成本和费用代码自动识别制造费用并进行归集	成本会计每月复核系统生成的制造费用明细表并调查异常波动。必要时由财务经理批准进行调整	① 检查系统的自动归集设置是否符合有关成本和费用的性质,是否合理。② 询问并检查成本会计复核制造费用明细表的过程和记录,检查财务经理对调整制造费用的分录的批准记录

续表

可能发生错报的环节	相关财务报表项目及认定	存在的内部控制（自动）	存在的内部控制（人工）	内部控制测试程序
（四）计算产品成本				
生产成本和制造费用在不同产品之间、在产品和产成品之间的分配可能不正确	存货：准确性、计价和分摊 营业成本：准确性	—	成本会计执行产品成本核算日常成本核算，财务经理每月末审核产品成本计算表及相关资料（原材料成本核算表、工薪费用分配表、制造费用分配表等），并调查异常项目	① 询问财务经理如何执行复核及调查。 ② 选取产品成本计算表及相关资料，检查财务经理的复核记录
（五）产成品入库				
已完工产品的生产成本可能没有转移到产成品中	存货：准确性、计价和分摊	系统根据当月输入的产成品入库单和出库单信息自动生成产成品收（入库）发（出库）存（余额）报表	成本会计将产成品收发存报表中的产品入库数量与当月成本计算表中结转的产成品成本对应的数量进行核对	询问和检查成本会计将产成品收发存报表与成本计算表进行核对的过程和记录
（六）发出产成品				
销售发出的产成品的成本可能没有准确转入营业成本	存货：准确性、计价和分摊 营业成本：准确性	系统根据确认的营业收入所对应的售出产品自动结转营业成本	财务经理和总经理每月对毛利率进行比较分析，对异常波动进行调查和处理	① 检查系统设置的自动结转功能是否正常运行，成本结转方式是否符合公司成本核算政策。 ② 询问和检查财务经理和总经理进行毛利率分析的过程和记录，并对异常波动的调查和处理结果进行核实
（七）盘点存货				
存货可能被盗或因材料领用/产品销售未入账而出现账实不符	存货：存在	—	仓库保管员每月末盘点存货并与仓库台账核对并调节一致；成本会计监督其盘点与核对，并抽查部分存货进行复盘。每年末盘点所有存货，并根据盘点结果分析盘盈盘亏并进行账面调整	—

续表

可能发生错报的环节	相关财务报表项目及认定	存在的内部控制（自动）	存在的内部控制（人工）	内部控制测试程序
（八）计提存货跌价准备				
可能存在冷背残次的存货，影响存货的价值	存货：准确性、计价和分摊 资产减值损失：完整性	系统根据存货入库日期自动统计货龄，每月末生成存货货龄分析表	财务部根据系统生成的存货货龄分析表，结合生产和仓储部门上报的存货损毁情况及存货盘点中对存货状况的检查结果，计提存货减值准备，报总经理审核批准后入账	询问财务经理识别减值风险并确定减值准备的过程，检查总经理的复核批准记录

在上述控制测试中，如果人工控制在执行时依赖于信息系统生成的报告，注册会计师还应当针对系统生成报告的准确性执行测试，例如，与计提存货跌价准备相关的管理层控制中使用了系统生成的存货货龄分析表，其准确性影响管理层控制的有效性。因此，注册会计师需要同时测试存货货龄分析表的准确性。

有些被审计单位采用信息系统执行全程自动化成本核算。在这种情况下，注册会计师通常需要对信息系统中的成本核算流程和参数设置进行了解和测试（可能需要利用信息技术专家的工作），并测试相关信息系统一般控制的运行有效性。

思政元素融入 ｜ 明大德、受公德、严私德

思政素材：脱贫路上的审计人，扶贫路上显真情

华志荣同志是一名审计"老将"。在扶贫审计领域深耕细作多年，几乎见证了脱贫攻坚的全过程。他说："扶贫审计关乎每一位贫困户的利益，我们要紧盯每一分扶贫资金，保证脱贫攻坚工程交出一份让人民满意、经得起考验的答卷。"在某次扶贫审计中，他发现部分贫困学生疑似没有享受教育助学政策，于是他一边查看贫困学生的资料，一边向学校打听学生情况并入户走访，核实这些困难学生是否纳入扶贫帮助对象。一直跟踪落实，直至建档立卡学生享受资助政策。这让他感到十分欣慰，且不忘嘱咐大家："教育扶贫，不论金额大小，都要认真对待，要确保建档立卡贫困家庭学生应助尽助，充分发挥资助育人的功能。"（扫码查看全篇文章）

文档：脱贫路上的审计人，扶贫路上显真情

思政讨论：审计人员应关注民生疾苦，从人民利益出发。取信于民，听审于民，体现人民的意志。要坚守审计职业准则和职业道德，做到"明大德、受公德、严私德"。

资料存在重大错报风险分析结果见表7-3。

表7-3 任务导入资料存在重大错报风险分析结果

是否可能表明存在重大错报风险(是/否)	理　　由	财务报表项目名称及其认定
是	存在信息技术控制薄弱导致账龄分析不准确的风险，影响存货跌价准备准确性	存货/准确性、计价和分摊资产减值损失/准确性

任务四　存货审计

任务导入

注册会计师孟翔和沈诚实负责审计行录制药有限公司2022年度财务报表，确定存货为重要账户，并拟对存货实施监盘。存货监盘计划的部分内容摘录如下。

(1) 该公司共有5个存货仓库，各仓库的存货盘点及监盘时间安排如表7-4所示。

表7-4　各仓库的存货盘点及监盘时间安排表

仓库编号	存货名称	盘点及监盘时间
仓库1	存货a	2022年12月31日
仓库2	存货b	2022年12月31日
仓库3	存货a	2022年12月30日
仓库4	存货c	2022年12月30日
仓库5	存货d	2022年12月31日

(2) 对盘点结果进行测试时，采取从存货实物选取项目追查至存货盘点记录表的方法。

(3) 观察盘点现场，确定应纳入盘点范围的存货是否已经适当整理和排列，并附有盘点标识，关注存货盘点是否存在遗漏或重复。

(4) 存货b为饮料，按箱存放。包装方式：每箱有10个纸盒，每个纸盒中有20支饮料。开箱检查，确认每箱中有几个纸盒。

(5) 存货c为燃料煤，按堆存放。监盘时应当先测量其体积，并根据体积和比重估算存货数量。

(6) 存货d为原材料，该公司对存货d的入库单连续编号。存货d盘点结束时，检查截至盘点日最后一张入库单并取得复印件，以用于对该存货入库实施的截止性测试。

具体任务：逐项指出上述存货监盘计划是否恰当。如不恰当，简要说明理由。

存货是指企业在日常活动中持有以备出售的产成品或商品、处在生产过程中的在产品、在生产过程或提供劳务过程中耗用的材料和物料等。存货审计涉及的会计科目包括材料采购或在途物资、原材料、材料成本差异、库存商品、发出商品、商品进销差价、委托加工物资、委托代销商品、受托代销商品、周转材料、生产成本、制造费用、劳务成本、存货跌价准备等。

一、存货的审计目标

（一）存货审计内容

存货审计涉及数量和单价两个方面。针对数量，主要是存货监盘，包括对第三方保管的存货实施函证等程序，对在途存货检查相关凭证和期后入库记录等；针对单价，包括对购买和生产成本的审计程序和对存货可变现净值的审计程序。

（二）存货审计目标

(1) 账面存货余额对应的实物是否真实存在（存在）。
(2) 属于被审计单位的存货是否均已入账（完整性）。
(3) 存货是否属于被审计单位（权利和义务）。
(4) 存货单位成本的计量是否准确（准确性、计价和分摊）。
(5) 存货的账面价值是否可以实现（准确性、计价和分摊）。

二、存货的实质性程序

（一）存货监盘

1. 存货监盘的作用

存货监盘是指注册会计师现场观察被审计单位存货的盘点，并对已盘点的存货进行适当检查。

存货监盘针对的主要是存货的存在认定、完整性认定以及权利和义务的认定，注册会计师监盘存货的目的在于获取有关存货数量和状况的审计证据，以确证被审计单位记录的所有存货确实存在，已经反映了被审计单位拥有的全部存货，并属于被审计单位的合法财产。

微课：存货
监盘概述

存货监盘作为存货审计的一项核心审计程序，通常可同时实现上述多项审计目标。

除非出现无法实施存货监盘的特殊情况，注册会计师应当实施必要的替代程序，在绝大多数情况下都必须亲自观察存货盘点过程，实施存货监盘程序。

需要说明的是，尽管实施存货监盘，获取有关期末存货数量和状况的充分、适当的审计证据是注册会计师的责任，但这并不能取代被审计单位管理层定期盘点存货、合理确定存货的数量和状况的责任。事实上，管理层通常制定程序，要求对存货每年至少一次实物盘点，以作为编制财务报表的基础，并用以确定被审计单位永续盘存制的可靠性（如适用）。

【学中做 7-3】 利信会计师事务所的注册会计师林菲负责审计多家被审计单位 2022 年度财务报表。与存货审计相关的部分事项如下。

林菲于 2022 年年末对胜大公司存货实施监盘时，得知管理层拟于 2023 年 1 月销毁

一批过期商品,林菲检查了该批商品的账簿记录,确认已全额计提跌价准备,不再将其纳入监盘范围。

要求:针对上述事项,指出注册会计师林菲做法是否恰当。如不恰当,简要说明理由。

文档:学中做 7-3 解析

2. 存货监盘的计划

(1) 制订存货监盘计划的基本要求。注册会计师在评价被审计单位存货盘点程序的基础上,根据下列主要的情况,编制存货监盘计划,对存货监盘做出合理安排。

① 存货的特点。

② 存货盘存制度。

③ 存货内部控制的有效性。

(2) 制订存货监盘计划应考虑的相关事项。

① 与存货相关的重大错报风险。

② 与存货相关的内部控制的性质。

③ 对存货盘点是否制定了适当的程序,并下达了正确的指令。

④ 存货盘点的时间安排。

⑤ 被审计单位是否一贯采用永续盘存制。

⑥ 存货的存放地点,以确定适当的监盘地点。

⑦ 是否需要专家协助。

(3) 存货监盘计划的主要内容。

① 存货监盘的目标、范围及时间安排。存货监盘的主要目标包括获取被审计单位资产负债表日有关存货数量和状况以及有关管理层存货盘点程序可靠性的审计证据,检查存货的数量是否真实完整,是否归属被审计单位,存货有无毁损、陈旧、过时、残次和短缺等状况。

存货监盘范围的大小取决于存货的内容、性质以及与存货相关的内部控制的完善程度和重大错报风险的评估结果。

存货监盘的时间,包括实地察看盘点现场的时间、观察存货盘点的时间和对已盘点存货实施检查的时间等,应当与被审计单位实施存货盘点的时间相协调。

② 存货监盘的要点及关注事项。存货监盘的要点主要包括注册会计师实施存货监盘程序的方法、步骤,各个环节应注意的问题以及所要解决的问题。注册会计师需要重点关注的事项包括盘点期间的存货移动、存货的状况、存货的截止确认、存货的各个存放地点及金额等。

③ 参加存货监盘人员的分工。注册会计师应当根据被审计单位参加存货盘点人员分工、分组情况、存货监盘工作量的大小和人员素质情况,确定参加存货监盘的人员组成以及各组成人员的职责和具体的分工情况,并加强督导。

④ 检查存货的范围。注册会计师应当根据对被审计单位存货盘点和对被审计单位内部控制的评价结果确定检查存货的范围。在实施观察程序后,如果认为被审计单位内部控制设计良好且得到有效实施,存货盘点组织良好,可以相应缩小实施检查程序的

范围。

3. 存货监盘程序

存货监盘程序主要包括控制测试与实质性程序两种方式。注册会计师需要确定存货监盘程序以控制测试为主还是实质性程序为主,哪种方式更加有效。如果只有少数项目构成了存货的主要部分,注册会计师以实质性程序为主的审计方式获取与存在认定相关的证据更为有效。在这种情况下,对于单位价值较高的存货项目,应实施100%的实质性程序。而对于其他存货则可视情况进行抽查。但在大多数审计业务中,注册会计师会发现以控制测试为主的审计方式更加有效。如果注册会计师采用以控制测试为主的审计方式,并准备信赖被审计单位存货盘点的控制措施与程序,那么,绝大部分的审计程序将限于询问、观察及抽查。

微课:存货监盘程序

在存货盘点现场实施监盘时,注册会计师应当实施下列审计程序。

(1) 评价管理层用以记录和控制存货盘点结果的指令和程序。

(2) 观察管理层制定的盘点程序的执行情况。在被审计单位盘点存货前,注册会计师应当观察盘点现场,确定应纳入盘点范围的存货是否已经适当整理和排列,并附有盘点标识,防止遗漏或重复盘点。在监盘过程中,应当跟随被审计单位安排的存货盘点人员,注意观察被审计单位事先制订的存货盘点计划是否得到了贯彻执行,盘点人员是否准确无误地记录了被盘点存货的数量和状况。

(3) 检查存货。注册会计师应当对已盘点的存货进行适当检查,将检查结果与被审计单位盘点记录相核对,形成相应记录。检查的目的既可以是确证被审计单位的盘点计划得到适当的执行(控制测试),也可以是证实被审计单位的存货实物总额(实质性程序)。如果观察程序能够表明被审计单位的组织管理得当,盘点、监督以及复核程序充分有效,注册会计师可据此减少所需检查的存货项目。

检查的范围通常包括每个盘点小组盘点的存货以及难以盘点或隐蔽性较强的存货,并可能避免让被审计单位事先知道将抽取检查哪些存货项目。

(4) 执行抽盘。注册会计师应当从存货盘点记录中选取项目追查至存货实物,以测试盘点记录的准确性;还应当从存货实物中选取项目追查至存货盘点记录,以测试存货盘点记录的完整性。

在实施检查程序时如发现差异,一方面应当查明原因,并及时提请被审计单位更正;另一方面应当考虑错误的潜在范围和重大程度,必要时应扩大检查范围以减少错误的发生。注册会计师还可要求被审计单位就某一特殊领域的存货或特定盘点小组重新进行盘点。

(5) 需要特别关注的情况。

① 存货盘点范围。被审计单位盘点存货前,注册会计师应当观察盘点现场,确定应纳入盘点范围的存货是否已经适当整理和排列,并附有盘点标识,防止遗漏或重复盘点。对未纳入盘点范围的存货,注册会计师应当查明未纳入的原因。

② 对特殊类型存货的监盘。对某些特殊类型的存货,被审计单位通常使用的盘点方法和控制程序并不完全适用。这些存货通常没有盘点标签,或者其数量或质量难以确定,

注册会计师需要运用职业判断,根据存货的实际情况,设计恰当的审计程序,对存货的数量和状况获取审计证据。

(6) 存货监盘结束时的工作。在被审计单位存货盘点结束前,注册会计师应当做好如下工作。

① 观察盘点现场,以确定所有应纳入盘点范围的存货是否均已盘点。

② 取得并检查已填用、作废及未使用盘点表单的号码记录,确定其是否连续编号,查明已发放的表单是否均已收回,并与存货盘点的汇总记录进行核对。

注册会计师应当根据自己在存货监盘过程中获取的信息对被审计单位最终的存货盘点结果汇总记录进行复核,并评估其是否正确地反映了实际盘点结果。

(7) 存货盘点日不是资产负债表日的处理。

① 无论管理层通过年度实地盘点还是采用永续盘存制确定存货数量,由于实际原因,存货的实地盘点均有可能在财务报表日以外的某一天或某几天进行。

② 如果被审计单位采用永续盘存制,管理层可能执行实地盘点或其他测试方法,确定永续盘存记录中的存货数量信息的可靠性。

③ 当设计审计程序以获取关于盘点日的存货总量与期末存货记录之间的变动是否已被适当记录的审计证据时,注册会计师考虑的相关事项包括:对永续盘存记录的调整是否适当;被审计单位永续盘存记录的可靠性;从盘点获取的数据与永续盘存记录存在重大差异的原因。

【情境案例7-1】 沈诚实正在对行录制药有限公司的存货进行盘点,并发现下列问题。

(1) 产成品仓库中有数箱产品未挂盘点单,经询问,属于被审计单位的已售出产品。

(2) 一间小仓库中有3种沾满灰尘的原材料,每种材料都挂有盘点标签,并且数额与实物相符。

(3) 材料明细账上有一批存货记录,存货盘点表上没有,经询问,得知该批材料存放在外地。

对上述问题沈诚实应当采取进一步的审计程序。

(1) 查阅有关购销协议,结算凭证等,以确定该批产品的所有权。如果该批产品的销售尚未实现,应将其列入被审计单位的存货中。

(2) 向有关生产主管查询该批材料是否还能用于生产,如果不能用于生产,属于报废或毁损的材料,则不应当列入被审计单位的存货中。

(3) 派人前往存放地进行盘点,在存货量不大时,也可向寄存的单位函证。

4. 对存货监盘特殊情况的处理

(1) 在存货盘点现场实施存货监盘不可行时的处理。由存货性质和存放地点等因素造成在存货盘点现场实施存货监盘不可行,注册会计师应当实施替代审计程序(如检查盘点日后出售盘点日之前取得或购买的特定存货的文件记录),以获取有关存货的存在和状况的充分、适当的审计证据。

(2) 因不可预见的情况导致无法在存货盘点现场实施监盘时的处理。

① 注册会计师无法亲临现场,即由于不可抗力导致其无法到达存货存放地实施存货监盘。

②气候因素,即由于恶劣的天气导致注册会计师无法实施存货监盘程序,或由于恶劣的天气无法观察存货,如木材被积雪覆盖。

如果由于不可预见的情况,无法在存货盘点现场实施监盘,注册会计师应当另择日期实施监盘,并对间隔期内发生的交易实施审计程序。

(3) 对由第三方保管或控制的存货的处理。如果由第三方保管或控制的存货对财务报表是重要的,注册会计师应当实施下列一项或两项审计程序,以获取有关该存货存在和状况的充分、适当的审计证据。

① 向持有被审计单位存货的第三方函证存货的数量和状况。

② 实施检查。

③ 实施其他审计程序,包括实施或安排其他注册会计师实施对第三方的存货监盘(如可行);获取其他注册会计师或服务机构注册会计师针对用以保证存货得到恰当盘点和保管的内部控制的适当性而出具的报告;检查与第三方持有的存货相关的文件记录,如仓储单;当存货被作为抵押品时,要求其他机构或人员进行确认。

(二)存货计价测试

监盘程序主要是对存货的结存数量予以确认。为验证财务报表上存货余额的真实性,还必须对存货的计价进行审计,即确定存货实物数量和永续盘存记录中的数量是否经过正确的计价和汇总。

存货计价测试主要是针对被审计单位所使用的存货单位成本是否正确所做的测试。

1. 存货计价测试的目的

(1) 确认存货的计价和分摊认定。

(2) 重点是对存货单位成本进行测试。

2. 存货计价实施审计抽样

(1) 选取样本范围。应从存货数量已经盘点、单价和总金额已经计入存货汇总表的结存存货中选择。

(2) 选取样本对象。着重选择结存余额较大且价格变化比较频繁的项目,同时考虑所选样本的代表性。

3. 测试样本的内容

(1) 应对存货价格的组成内容予以审核。

(2) 按照所了解的计价方法对所选择的存货样本进行计价测试。

(3) 测试结果出来后,应与被审计单位账面记录对比,编制对比分析表,分析形成差异的原因。

(4) 如果差异过大,应扩大测试范围,并根据审计结果考虑是否应提出审计调整建议。

4. 存货跌价准备的测试

在存货计价审计中,由于被审计单位对期末存货采用成本与可变现净值孰低的方法计价,所以注册会计师应充分关注其对存货可变现净值的确定及存货跌价准备的计提。

可变现净值是指企业在日常活动中,存货的估计售价减去至完工时估计将要发生的成本、估计的销售费用以及相关税费后的金额。企业确定存货的可变现净值,应当以取得的确凿证据为基础,并且考虑持有存货的目的以及资产负债表日后事项的影响等因素。

【学中做 7-4】 利信会计师事务所的注册会计师林菲负责审计胜大公司 2022 年度财务报表,与存货审计相关的部分事项如下。

林菲获取了该公司的存货货龄分析表,考虑了生产和仓储部门上报的存货损毁情况以及存货监盘中对存货状况的检查情况,认为该公司财务人员编制的存货可变现净值计算表中计提跌价准备的项目不存在遗漏。

要求:指出注册会计师林菲做法是否恰当。如不恰当,简要说明理由。

文档:学中做 7-4 解析

任务分析

(1) 不恰当。存货 a 可能会在不同仓库流动,应安排在同一天实施监盘。应要求对存放在仓库 1 和仓库 3 的存货 a 安排同一天盘点。

(2) 不恰当。仅从存货实物中选样追查至存货盘点记录只能获取存货记录完整性的证据。还应从盘点记录中选取项目追查至实物,以获取有关存货存在的证据。

(3) 恰当。

(4) 不恰当。开箱检查时,还应当该抽查每个纸盒中是否有 20 支饮料。

(5) 恰当。

(6) 恰当。

任务五 营业成本审计

任务导入

行录制药有限公司 2021 年度的会计报表由恒信会计师事务所的注册会计师进行审计,并发表了无保留意见审计报告。之后,恒信会计师事务所与该公司续签了 2022 年度会计报表的审计业务约定。在 2022 年会计报表审计的计划阶段,已确定了会计报表的重要性水平为 400 万元,其中存货项目的重要性水平为 80 万元。2023 年 4 月 7 日,注册会计师李敏和孟翔在审查该公司 2022 年度的生产成本等项目前,经控制测试认为公司关于成本项目的内部控制制度可以高度信赖。表 7-5 是收集的行录制药有限公司上期及本期的有关资料。

微课:营业成本审计

表 7-5 行录制药有限公司 2021—2022 年成本项目有关资料

年份/年	年末存货余额/万元	主营业务成本/万元	主营业务收入/万元	存货周转率	毛利率/%
2021	8 111	31 967	40 480	3.94	21
2022	7 993	31 892	39 977	3.99	20

具体任务:假定近两年市场情况平稳,行录制药有限公司的生产经营情况良好,并且注册会计师通过对成本项目的实质性测试已合理确认主营业务成本的数额,指出存货项

目、主营业务收入项目可能存在的问题,并说明理由。

营业成本是指企业对外销售商品、提供劳务等主营业务活动和销售材料、出租固定资产等其他经营活动所发生的实际成本。

一、审计目标

(1) 确定利润表中记录的营业成本是否已发生,且与被审计单位有关。
(2) 确定所有应当记录的营业成本均已记录。
(3) 确定与营业成本有关的金额及其他数据已恰当记录。
(4) 确定营业成本已记录于正确的会计期间。
(5) 确定营业成本已记录于恰当的账户。
(6) 确定营业成本已按照企业会计准则的规定在财务报表中作出恰当的列报。

思政元素融入 | 忠诚无畏·敬业奉献·勇于担当

思政素材: "90后"审计女青年的一天

审计人的青春都奉献给了一张张车票,一卷卷档案,一摞摞凭证和一组组数据。在青年人的审计道路上,没有鲜花和掌声,只有默默低头工作的身影。

"将我最美好的芳华岁月奉献给我最热爱的审计事业,是我最骄傲和自豪的事情,我将为之不懈努力。"这是黄月的心声,是一名审计青年的心声,一名普通审计青年的心声,正因为普通激励着她披星戴月甘之如饴地踏上一个又一个午夜归途,正因为普通而不平凡。(扫码查看全篇文章)

文档:"90后"审计女青年的一天

思政讨论: 领会党的二十大精神内涵,学习基层一线审计人员坚定信念、不畏艰苦、敬业奉献、尽职尽责的优秀品格。

二、实质性程序

(一) 主营业务成本的实质性程序

(1) 获取或编制主营业务成本明细表,复核加计是否正确,并与总账数和明细账合计数核对是否相符,结合其他业务成本科目与营业成本报表数核对是否相符。

(2) 复核主营业务成本明细表的正确性,编制生产成本与主营业务成本倒轧表(表7-6),并与库存商品等相关科目钩稽。

表7-6 生产成本与主营业务成本倒轧表

项 目	未审数	调整或重分类金额借(贷)	审定数
原材料期初余额			
加:本期购进			

续表

项 目	未审数	调整或重分类金额借(贷)	审定数
减:原材料期末余额			
其他发生额			
＝直接材料成本			
加:直接人工成本			
制造费用			
＝生产成本			
加:在产品期初余额			
减:在产品期末余额			
＝产品生产成本			
加:产成品期初余额			
减:产成品期末余额			
＝主营业务成本			

(3) 检查主营业务成本的内容和计算方法是否符合会计准则规定,前后期是否一致。

(4) 对主营业务成本实施实质性分析程序,检查本期内各月之间及前期同一个产品的单位成本是否存在异常波动,是否存在调节成本现象。

(5) 抽取若干月的主营业务成本结转明细清单,结合生产成本的审计,检查销售成本结转数额的正确性,比较计入主营业务成本的商品品种、规格、数量与计入主营业务收入的口径是否一致;是否符合配比原则。

(6) 针对主营业务成本中重大调整事项(如销售退回)、非常规项目,检查相关原始凭证,评价真实性和合理性,检查其会计处理是否正确。

(7) 在采用计划成本、定额成本、标准成本或售价核算存货的条件下,应检查产品成本差异或商品进销差价的计算、分配和会计处理是否正确。

(8) 检查营业成本是否已按照企业会计准则的规定在财务报表中做出恰当列报。

【学中做 7-5】 制造业企业胜大公司是利信会计师事务所的常年审计客户。注册会计师林菲负责审计胜大公司 2022 年度财务报表。与存货审计相关的部分事项如下。

(1) 在测试 2022 年度营业成本时,注册会计师林菲检查了成本核算系统中结转营业成本的设置,并检查了财务经理对营业成本计算表的复核审批记录,结果满意,据此认可了甲公司 2022 年度的营业成本。

文档:学中做
7-5解析

(2) 林菲取得了该公司 2022 年年末存货跌价准备明细表,测试了明细表中的存货数量、单位成本和可变现净值,检查了明细表的计算准确性,结果满意,据此认可了年末的存货跌价准备。

(3) 该公司对生产工人采用计件工资制。在对直接人工成本实施实质性分析程序时,林菲取得了生产部门提供的产量统计报告和人事部门提供的计件工资标准,评价了相关信息的可靠性,据此计算了直接人工成本的预期值。

要求:针对上述第(1)至(3)项,逐项指出注册会计师林菲的做法是否恰当。如不恰当,简要说明理由。

(二)其他业务成本的实质性程序

(1)获取或编制其他业务成本明细表,复核加计是否正确,并与总账数和明细账合计数核对是否相符,结合主营业务成本科目与营业成本报表数核对是否相符。

(2)检查其他业务成本是否有相应的收入,并与上期其他业务收入、其他业务成本比较,检查是否有重大波动,如有,应查明原因。

(3)检查其他业务成本内容是否真实,计算是否正确,配比是否恰当,并择要抽查原始凭证予以核实。

(4)对异常项目,应追查入账依据及有关法律文件是否充分。

(5)检查其他业务成本是否已按照企业会计准则的规定在财务报表中做出恰当列报。

任务分析

因为注册会计师对行录制药有限公司2021年度财务报表出具了无保留意见审计报告,在分析2022年度数据时可以信赖该公司2021年度财务报表的数据。

(1)由于该公司的生产经营情况平稳,因此作为公司内在规律的存货周转率应当是稳定的。公司2021年度的存货周转率为3.94次。在2022年,如果存货周转率不变,则在已确认主营业务成本的前提下,推算的存货预期余额为 31 892÷3.94≈8 094(万元),但公司列示的存货余额为 7 993 万元,比预期数额低 101 万元,因为这一差异高于存货项目的重要性水平,有必要将存货的低估问题列为重要问题。

(2)毛利率为行业规律及市场规律,也是稳定的。在 2021 年,公司的毛利率为(1−31 967÷40 480)×100%≈21.03%。在毛利率不变的情况下,依据 2022 年主营业务成本推算的 2022 年主营业务收入额为 31 892÷(1−21.03%)≈40 385(万元),而公司的未审主营业务收入为 39 977 万元,比推算的预期数额低 408 万元,且这一差异超过了财务报表层次的重要性水平。基于此,有理由怀疑该公司的主营业务收入有重大的低估情况。

思政德育课堂

红星心食品厂生产与存货循环的控制测试

一、案例描述

2023年5月,沈诚实对红星心食品厂原料的购入、验收、储存、发出等程序的内部控制制度进行了解,基本内容如下。

(1)原料(主要是价值较高的电子元件)存放于加锁的仓库内,库房人员包括一位主管和四名保管人员。生产车间以书面或口头通知的形式从仓库领取材料。

(2)该厂未建立永续盘存制度,因此仓库保管人员未记录原料的发出,而是在每月通

过实地盘点存货来倒算本期的发出存货,存货盘点的程序比较完善。

(3) 实地盘点后,仓库主管将盘点数量与预先确定的再订货点进行比较。如果某一原料低于再订货点,主管就将这种原料编号写在请购单上,然后送交采购部门,由采购部门负责进行材料的选购。

(4) 在采购的原料运到公司时,由仓库保管员进行验收、清点,并与送货单上注明的数量、品种、规格进行核对。

思政德育课堂:
红星心食品厂生产与存货循环的控制测试

二、案例意义

结合生产与存货循环控制测试的相关知识点,同学们每经过一段时间要进行反省,找出自身的优缺点,采取正确的态度与方法面对、改正,争取以后少犯同样的错误。

问题:用学习情境七学到的知识,判断红星心食品厂的内部控制是否存在缺陷,如果存在缺陷,应如何改进?

职业能力训练

一、单项选择题

1. 下列关于存货审计中的考虑中,错误的是(   )。
   A. 针对存货数量的实质性程序包括对第三方保管的存货实施函证
   B. 针对存货单价的实质性程序包括对购买和生产成本的审计程序和对存货可变现净值的审计程序
   C. 在产品和产成品的成本的计量较为简单,通常通过对采购成本的审计进行测试
   D. 通过存货监盘和对已收存货的截止测试取得的,与外购商品或原材料存货的完整性和存在认定相关的证据,自动为同一期间原材料和商品采购的完整性和发生提供了保证

2. 注册会计师在执行监盘程序时,下列做法不恰当的是(   )。
   A. 注册会计师应当观察管理层制订的盘点程序的执行情况,以获取有关存货真实存在的审计证据
   B. 对于监盘中存货的截止测试,注册会计师通常可观察存货的验收入库地点和装运出库地点以执行截止测试
   C. 在抽盘已盘点的存货时,注册会计师应当从存货盘点记录中选取项目追查至存货实物,以测试盘点记录的真实性
   D. 注册会计师应当把所有过时、毁损或陈旧存货的详细情况记录下来,以便进一步追查这些存货的处置情况以及为测试公司存货跌价准备计提的准确性提供证据

3. 关于注册会计师与被审计单位管理层、治理层在存货盘点中应承担的责任,下列说法中,错误的是(   )。
   A. 定期盘点存货、合理确定存货的数量和状况是被审计单位管理层的责任

B. 获取有关存货存在和状况的充分、适当的审计证据是注册会计师的责任

C. 注册会计师无法通过存货监盘获取有关存货所有权的审计证据

D. 存货监盘不足以为注册会计师提供存货所有权的充分、适当的审计证据

4. A 和 B 注册会计师在对 Y 公司存货的内部控制进行调查记录时,注意到以下情况,其中可能不存在缺陷的是( )。

A. Y 公司在审计年度内未对存货实施盘点,但有完整的存货会计记录和仓库记录

B. 采用预先编号、采购价格已确定并按获得批准的购货订单进行购货,且定期清点存货

C. Y 公司生产产品所需的零星 Z 材料由 XYZ 公司代管,Y 公司对 Z 材料的变动暂不进行会计记录;另外,Y 公司财务部门会计记录和仓库明细账均反映了代 XYZ 公司保管的 E 材料

D. Y 公司每年 12 月 25 日后发出的存货在仓库的明细账上记录,不在财务部门的会计账上反映

5. 下列关于注册会计师对存货不同的存放地点的说法中,不正确的是( )。

A. 注册会计师可以根据不同地点所存放存货的重要性以及对各个地点与存货相关的重大错报风险的评估结果,选择适当的地点进行监盘

B. 注册会计师选择适当的地点进行监盘,不必进行记录

C. 如果识别出由于舞弊导致的影响存货数量的重大错报风险,注册会计师可能决定在不预先通知的情况下对特定存放地点的存货实施监盘

D. 在连续审计中,注册会计师可以考虑在不同期间的审计中变更所选择实施监盘的地点

6. 因不可预见的情况导致无法在存货盘点现场实施监盘,下列有关说法中,注册会计师不认可的是( )。

A. 由于不可预见情况可能导致无法在预定日期实施存货监盘,如由于不可抗力导致注册会计师无法到达存货存放地实施存货监盘

B. 由于不可预见情况可能导致无法在预定日期实施存货监盘,如由于恶劣的天气导致注册会计师无法实施存货监盘程序

C. 由于不可预见情况可能导致无法在预定日期实施存货监盘,如被盘点的木材被积雪覆盖

D. 如果由于不可预见的情况无法在存货盘点现场实施监盘,注册会计师应当实施替代审计程序

7. 以下说法中甲注册会计师认为正确的是( )。

A. 对于所有权不属于 A 公司的存货,为了确定其数量、金额的正确性,需要将其纳入存货的盘点范围

B. 如果观察程序表明 A 公司的组织管理得当,盘点、监督以及复核程序充分有效,甲注册会计师可以据此减少所需检查的存货项目

C. 为了使得检查程序效率更高,节省时间,可以提前与 A 公司相关人员进行沟通

抽取检查的项目

D. 检查已盘点的存货时,甲注册会计师应当从存货实物中选取项目追查至盘点记录,以测试存货盘点记录的真实性

8. 下列有关存货监盘的相关表述中,错误的是( )。

A. 在对存货盘点结果进行测试时,注册会计师可以从存货盘点记录中选取项目追查至存货实物,以及从存货实物中选取项目追查至盘点记录,以获取有关盘点记录准确性和完整性的审计证据

B. 除记录注册会计师对存货盘点结果进行的测试情况外,获取管理层完成的存货盘点记录的复印件也有助于注册会计师日后实施审计程序,以确定被审计单位的期末存货记录是否准确地反映了存货的实际盘点结果

C. 针对煤炭类存货,可供实施的审计程序包括选择样品进行化验与分析,或利用专家的工作

D. 如果被审计单位采用永续盘存制,管理层可能执行实地盘点或其他测试方法,确定永续盘存记录中的存货数量信息的可靠性。在某些情况下,管理层或注册会计师可能识别出永续盘存记录和现有实际存货数量之间的差异,这可能表明对存货变动的控制没有有效运行

9. 下列关于存货监盘计划的主要内容的说法中,错误的是( )。

A. 注册会计师结合被审计单位存货的数量、分布以及管理层的盘点计划确定存货监盘的范围

B. 存货监盘的时间包括实地察看盘点现场的时间、观察存货盘点的时间和对已盘点存货实施检查的时间

C. 存货监盘计划的要点有注册会计师实施存货监盘程序的方法、步骤,各个环节应注意的问题以及所要解决的问题

D. 注册会计师需要重点关注盘点期间的存货移动

10. A注册会计师在观察被审计单位仓库时,发现一批商品已经蒙了厚厚一层灰尘,经询问仓库人员,得知该批商品已经过时,下列各项有关存货余额的认定中,注册会计师通常认为存在重大错报风险的是( )。

A. 存在 B. 完整性
C. 准确性、计价和分摊 D. 准确性

二、多项选择题

1. 有关存货审计的下列表述中,正确的有( )。

A. 对存货进行监盘是证实存货完整性以及计价认定的重要程序

B. 在对存货进行截止测试时,可以抽查存货盘点日前后的购货发票与验收报告(或入库单),确定每张发票均附有验收报告(或入库单)

C. 存货计价测试包括对存货跌价准备计提是否恰当的测试

D. 对难以盘点的存货,应根据企业存货收发制度确认存货数量

2. A注册会计师在对甲公司期末存货进行截止测试时,通常应当关注( )。

A. 所有在截止日以前入库的存货项目是否均已包括在盘点范围内,并已反映在截止日以前的会计记录中

B. 任何在截止日期以后入库的存货项目是否均未包括在盘点范围内,也未反映在截止日以前的会计记录中

C. 所有在截止日以前装运出库的存货项目是否均未包括在盘点范围内,且未包括在截止日的存货账面余额中

D. 任何在截止日期以后装运出库的存货项目是否均已包括在盘点范围内,并已包括在截止日的存货账面余额中

3. 在甲公司存货监盘结束前,A注册会计师应当(　　)。

A. 复核盘点结果汇总记录,评估其是否正确地反映了实际盘点结果

B. 再次观察盘点现场,以确定所有应纳入盘点范围的存货是否均已盘点

C. 取得并检查已填用、作废及未使用盘点表单的号码记录,确定其是否连续编号,查明已发放的表单是否均已收回,并与存货盘点的汇总记录进行核对

D. 如果存货盘点日不是资产负债表日,A注册会计师应当实施适当的审计程序,确定盘点日与资产负债表日之间存货的变动是否已作出正确的记录

4. 针对存货过时或者状况恶化,以至于其账面价值可能超过可变现净值的风险,注册会计师可以采取的控制测试程序有(　　)。

A. 检查管理层复核存货过时和存货减值的证据

B. 确认行业标准并考虑被审计单位的假设是否合理

C. 询问计算存货减值准备人员的胜任能力

D. 测试确定存货销售量的程序化的控制

5. 下列关于在生产与存货循环中设计进一步审计程序时的考虑,正确的有(　　)。

A. 与存货的存在认定相关的重大错报风险为特别风险

B. 实质性方案是指注册会计师实施的进一步审计程序以实质性程序为主

C. 综合性方案是指注册会计师在实施进一步审计程序时,将控制测试与实质性程序结合使用

D. 风险评估程序和审计计划是贯穿整个审计过程的

6. 甲公司的会计记录显示,2022年12月某类存货销售激增,导致该类存货库存下降为零。A注册会计师对该类存货采取的以下措施中,有助于发现可能存在虚假销售的有(　　)。

A. 进行销售的截止测试

B. 仍将该类存货列入监盘范围

C. 选择2022年12月大额销售客户寄发询证函

D. 计算该类存货2022年12月的毛利率,并与以前月份的毛利率进行比较

7. 下列有关生产与存货循环涉及的主要凭证与会计记录的说法中,正确的有(　　)。

A. 生产任务通知单,是企业下达制造产品等生产任务的书面或口头文件,用以通知供应部门组织材料发放,生产车间组织产品制造,会计部门组织成本计算

B. 领发料凭证是企业为控制材料发出所采用的各种凭证,如材料发出汇总表、领料单、限额领料单、领料登记簿、退料单等

C. 产量和工时记录是登记工人或生产班组在出勤时间内完成产品数量、质量和生产这些产品所耗费工时数量的原始记录

D. 工薪汇总表是为了反映企业全部工薪的结算情况,并据以进行工薪总分类核算和汇总整个企业工薪费用而编制的,它是企业进行工薪费用分配的依据

8. 下列关于生产与存货循环的业务活动的说法,错误的有( )。

A. 生产计划部门的职责是根据客户订购单或者对销售预测和产品需求的分析来决定生产授权。如决定授权生产,即签发预先顺序编号的生产通知单并编制材料需求报告

B. 仓库部门的责任是根据从生产部门收到的领料单发出原材料。领料单一式二联,一联连同材料交给领料部门,一联留在仓库登记材料明细账

C. 生产部门在收到生产通知单及领取原材料后,便将生产任务分解到每一个生产工人,并将所领取的原材料交给生产工人,据以执行生产任务

D. 为了正确核算并有效控制产品成本,必须建立健全成本会计制度,将生产控制和费用核算有机结合在一起

9. 注册会计师在监盘过程中注意到但并未反映在被审计单位存货盘点表上的存货,如果管理层解释这些存货为代第三方保管的存货,注册会计师执行的下列程序中恰当的有( )。

A. 查看与这些存货权属相关的证明文件

B. 检查生产记录

C. 检查仓库入库记录

D. 向第三方函证

10. 存货的审计目标一般可以证实的有( )。

A. 账面存货余额对应的实物是否真实存在

B. 属于被审计单位的存货是否均已入账

C. 存货是否属于被审计单位

D. 存货单位成本的计量是否准确

三、判断题

1. 在任何情况下,注册会计师都应当对被审计单位的存货实施现场监盘。( )
2. 被审计单位盘点存货前,注册会计师不需要观察盘点现场。( )
3. 如果被审计单位委托其他单位保管或控制的存货对财务报表是重要的,注册会计师应当实施函证程序,以获取有关该存货存在和状况的充分、适当的审计证据。( )
4. 如果在存货盘点现场实施存货监盘不可行,注册会计师应当实施替代审计程序,以获取有关存货存在和状况的充分、适当的审计证据。( )
5. 为提高工作效率,审计人员可事先将审计监盘计划的内容告知被审计单位。( )

实训项目

审计营业成本实训

一、实训背景

2023年2月7日,北京弘信会计师事务所负责审计山东星辰股份有限公司2022年度财务报表,审计人员赵芳负责审计该企业的营业成本项目,2021年度财务报表已经过审计,金额可以确认。请查找2022年主营业务成本明细账及总账、2022年原材料明细账及总账、2022年库存商品明细账及总账、存货审计工作底稿、营业成本其他审计数据、会计凭证及2022年财务报表。

二、实训资料

扫码查看原始单据。

实务操作视频: 　　文档:审计营业
审计营业成本　　成本实训资料

三、实训要求

任务1:编制营业成本审定表。
任务2:编制主营业务成本明细表。
任务3:编制主营业务成本检查表。
任务4:编制主营业务成本倒轧表。

四、实训提示

(1)变动额＝本期数－上期数;变动比例＝变动额÷上期数。
(2)"未审数"根据各明细账及营业成本其他审计数据填写。
(3)"审定数"请在查看实训资料之后,结合存货审计工作底稿计算填列。
(4)"制造费用""在产品期初余额""在产品期末余额""其他在产品发出额"的相关数据为已知条件且审定数与未审数一致。如果存在问题,请在"审计说明"中详细列明。

文档:审计营业　　文档:学习情境七
成本实训提示　　拓展训练

学习情境八

运筹帷幄　事半功倍——筹资与投资循环审计

🖊 情境导航

投资活动是指企业为享有被投资单位分配的利润,或为谋求其他利益,将资产让渡给其他单位而获得另一项资产的活动。投资活动主要由权益性投资交易和债权性投资交易组成。筹资活动是指企业为满足生存和发展的需要,通过改变企业资本及债务规模和构成而筹集资金的活动。筹资活动主要由借款交易和股东权益交易组成。对一般企业而言,与其他循环相比,企业每年投资与筹资循环涉及的交易数量较少,而每笔交易的金额通常较大,这就决定了对该循环涉及的财务报表项目审计通常采用实质性方案。筹资活动是在遵守国家法律、法规和相关契约的规定下进行的,因而对筹资循环的财务报表项目审计侧重合法性审查。

本情境主要引导学生掌握投资与筹资循环控制测试的方法,明确长期股权投资和短期借款、长期借款的审计目标,掌握长期股权投资和短期借款、长期借款的实质性程序。本情境主要包括以下3个任务:筹资与投资循环控制测试;借款审计;长期股权投资审计。

📖 学习目标

- 了解投资与筹资循环的内部控制。
- 掌握投资与筹资循环控制测试的方法。
- 明确长期股权投资和短期借款、长期借款的审计目标。
- 掌握长期股权投资和短期借款、长期借款的实质性程序。

🎬 课程思政

- 运筹帷幄,提高审计人员的决策能力。
- 增强职业判断。
- 增强专业胜任能力。
- 深刻领悟党的二十大报告的精神内涵,德技并修,做合格的审计人。

 情 境 认 知

正确对待工作底稿"退稿"

有一次,部门经理在复核沈诚实编制的长期股权投资的审计工作底稿时,发现了不少差错,他便提出了"退稿"的意见。沈诚实牢骚满腹地对孟翔说:"部门经理在复核工作底稿时,没有做到一视同仁,他在看我的工作底稿时特别仔细,经常退稿给我,真是鸡蛋里面挑骨头。"

孟翔说:"有时候,部门经理根据实际情况看看人头也是正常的,我不是在唱高调,因为我也是这样一步一步过来的。我刚进事务所的时候,他对我的报告也看得很仔细,后来,我逐渐成了信得过对象,他就按一般程序进行复核了。所以,他对你们这些新手不太放心,在时间允许的情况下,看得仔细一点也是正常的,这不存在一碗水端不端平和公不公正的问题。有时候,领导对自己严格一点,反而有利于自己业务上的进步。"

沈诚实委屈地说:"有些只是小小的差错,不必那么认真吗!"孟翔说:"当然得认真,部门经理在复核工作底稿时,应该遵循重要性原则,有自己的侧重点,你也要摆正心态,正确对待部门经理的退稿,形成一种良性循环,在磨炼中不断提高自己。"

沈诚实问:"孟老师,要减少退稿,有什么窍门没有?"孟翔说:"首先还是要做好基本的复核程序,其次,也要了解部门经理的复核要点和关注点。我们做到了知己知彼以后,就能最大限度地减少退稿,从而不断提高工作效率。"

沈诚实听了孟翔的话以后,心态好多了,在以后的工作中,她能够正确对待部门经理的"退稿",认真编制工作底稿,业务上进步很快。

任务一　筹资与投资循环的控制测试

 任 务 导 入

微课:测试筹资与投资循环内部控制

注册会计师孟翔和沈诚实接受委派,对昌法公司2021年度会计报表进行审计。孟翔和沈诚实于2022年11月1日至11月7日对该公司的内部控制进行了解和测试,并在相关审计工作底稿中记录了对投资循环内部控制制度了解和测试的事项,摘录如下。

(1)昌法公司股东大会批准董事会的投资权限为1亿元以下,董事会决定由总经理负责实施,总经理决定由证券部负责总额在1亿元以下的股票买卖。该公司规定:公司划入营业部的款项由证券部申请,由会计部审核,总经理批准后划转入公司在营业部开立的资金账户。经总经理批准,证券部直接从营业部资金账户支取款项。证券买卖、资金存取的会计记录由会计部处理。注册会计师了解和测试投资循环的内部控制制度后发现:证

券部在某营业部开户的有关协议及补充协议未经会计部门或其他部门审核。根据总经理的批准,会计部已将8 000万元汇入该户。证券部处理证券买卖的会计记录,月底将证券买卖清单交给会计部,会计部据以汇总登记。

(2)为保证公司投资业务的不相容岗位相互分离、制约和监督,投资业务分由不同部门或不同职员负责。其中,投资部的职员小杜负责对外投资预算的编制,投资部的职员小林负责对外投资项目的分析论证及评估,财务部负责对外投资业务的相关会计记录。

具体任务:根据上述资料指出昌泫公司投资循环内部控制中存在的缺陷,并简要说明理由,同时提出改进建议。

筹资与投资循环由筹资活动和投资活动的交易事项构成。筹资活动是指企业为满足生存和发展的需要,通过改变企业资本及债务规模和构成而筹集资金的活动。投资活动是指企业为享有被投资单位分配的利润,或为谋求其他利益,将资产让渡给其他单位而获得另一项资产的活动。

一、筹资与投资循环涉及的主要业务活动

(一)筹资循环涉及的主要业务活动

企业所需的资金是企业生存与发展的重要环节。企业拥有的大部分资产源于债权人和股东提供的资金,企业的筹资业务由取得和偿还资金有关的交易组成,分为负债筹资交易和所有者权益交易两部分。具体来说,筹资活动的业务主要有以下环节。

(1)审批授权。企业通过借款筹集资金需经管理部门的审批,其中债券的发行每次均要由董事会授权;企业发行股票必须依据国家有关法规或企业章程的规定,报经企业最高权力机构(如董事会)及国家有关管理部门批准。

(2)签订合同或协议。向银行或其他金融机构融资需签订借款合同,发行债券需签订债券契约和债券承销或包销合同。

(3)取得资金。企业实际取得银行或金融机构划入的款项或债券、股票的融入资金。

(4)计算利息或股利。企业应按有关合同或协议的规定,及时计算利息或股利。

(5)偿还本息或发放股利。银行借款或发行债券应按有关合同或协议的规定偿还本息,融入的股本根据股东大会的决定发放股利。

筹资活动中主要涉及的凭证和会计记录有以下几种。

(1)债券或股票。债券或股票是被审计单位在融资过程中给予投资者或债权人的权利凭证。

(2)债券契约。它是一张明确债券持有人与发行企业双方所拥有的权利与义务的法律性文件。

(3)股东名册。股东名册对于记名股票和无记名股票所记载的内容不同。发行记名股票应记载的内容一般包括:股东姓名或名称及住所;各股东所持股份数;各股东所持股票的编号;各股东取得其股份的日期。发行无记名股票,公司应记载其股票数量、编号及发行日期。

(4)公司债券存根簿。发行记名公司债券的公司应记载的内容一般包括:债券持有

人的姓名或名称及住所;债券持有人取得债券的日期及债券的编号;债券总额、债券的票面金额、债券的利率、债券还本付息的期限和方式;债券的发行日期。发行无记名债券,公司应记载债券总额、利率、偿还期限和方式、发行日期和债券编号。

(5) 承销或包销协议。公司向社会公开发行股票或债券时,应由依法设立的证券公司承销或包销,公司应与证券公司签订承销或包销协议。

(6) 借款合同或协议。公司在向银行或其他非银行金融机构借入款项时,与其签订的合同或协议。

(7) 有关记账凭证、有关会计科目的明细账和总账。

筹资主要业务活动一般程序如图 8-1 所示。

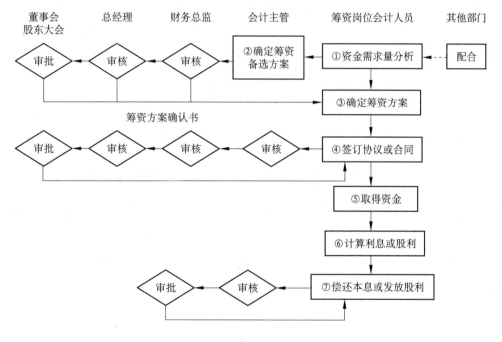

图 8-1　筹资业务流程

(二) 投资循环涉及的主要业务活动

投资活动主要包括权益性投资活动和债券性投资活动。投资活动的主要环节如下。

(1) 投资决策。投资业务应由企业的高层管理机构进行审批。

(2) 实施投资。企业可以通过购买股票或债券进行投资,也可以通过与其他单位联合形成投资。

(3) 取得投资收益。企业可以取得股权投资的股利收入、债券投资的利息收入和其他投资收益。

(4) 转让或回收投资。企业可以通过转让证券实现投资的回收;其他投资已经投出,除联营合同期满,或由于其他特殊原因联营企业解散外,一般不得抽回投资。

投资活动中主要涉及的凭证和会计记录有以下几种。

(1) 股票或债券。

（2）经纪人通知书。

（3）债券契约。

（4）被投资企业的章程及有关协议。

（5）投资协议。

（6）与投资有关的记账凭证、有关会计科目的明细账和总账。

对外投资主要业务活动一般程序如图 8-2 所示。

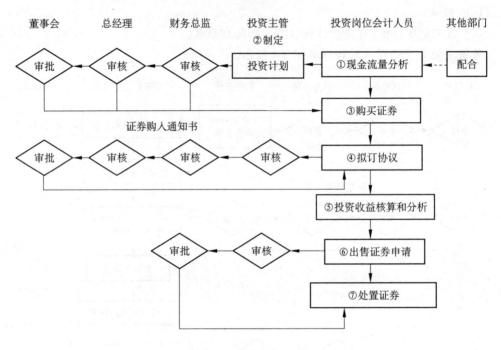

图 8-2 投资业务流程

二、了解筹资与投资循环的内部控制

（一）筹资循环的内部控制

（1）筹资的授权审批控制。适当授权及审批可降低筹资风险，提高筹资效率，防止由于缺乏审批授权而出现的舞弊现象。

（2）筹资循环的职务分离控制。职务分离、职责分工是筹资循环内部控制的重要手段，筹资业务中职务分离的情况包括以下几种。

① 筹资计划编制人与审批人适当分离。

② 经办人员与会计记录人员分离。

③ 会计记录人员与负责收、付款人员相分离。

④ 证券保管人员与会计记录人员分离。

（3）筹资收入款项控制。为防止以筹资业务为名进行不正当活动或者伪造会计记录来掩盖不正当活动的事项发生，企业最好委托独立的代理机构筹资。

(4) 筹资支付款项的控制。筹资中的利息支付、鼓励发行等支付问题，企业可以委托代理机构代发，降低舞弊的可能性。另外，还需定期同代理机构核对。

(5) 实物保管控制。发行的债券应设立相应的登记簿，详细记录签发日期、到期日、付息方式、票面利率、市场利率、票面金额等，未发行的债券必须由专人负责。

(6) 会计记录控制。企业应及时、准确地在适当的账户和合理的会计期间予以记录。

思政元素融入 ｜ 学而思，思责任之重；思而行，行审计之方；行而悟，悟审计之道

思政素材：基层青年审计"小白"的感悟

审计之路是漫长而艰辛的。一个项目结束后，来不及休息，就要全力奔赴下一个"战场"，但是领导和同事们的工作热情深深鼓舞着我。为了每一个问题的准确性，为了每一份证据的完整收集，为了每一篇报告的客观真实……几个月来，同志们用实际行动丈量着审计的深度与难度，我也深刻体会到了审计的意义与责任。千里之行，始于足下，作为一名青年审计小白，还需常持"笨鸟先飞，不甘落后"的进取意识，常存"滴水石穿，久久为功"的奋斗精神，常守"力戒空谈，马上就办"的务实作风。（扫码查看全篇文章）

文档：基层青年审计"小白"的感悟

思政讨论：磨炼是最好的"成长礼"，实践是最好的"墩苗田"。审计这项工作不仅需要业务精，还需要政治站位高，既需要学习理论知识，又需要总结实践经验，只有政治能力和业务能力"双过硬"，才能做到客观真实的评价。

（二）投资循环的内部控制

一般来讲，投资内部控制的主要内容包括下列几个方面。

(1) 职责分工。合法的投资业务，应在业务的授权、业务的执行、业务的会计记录以及投资资产的保管等方面有明确的分工，不得由一人同时负责上述任何两项工作。这种合理的分工所形成的相互牵制机制有利于避免或减少投资业务中发生错误或舞弊的可能性。

(2) 资产保管制度。不得一人单独接触证券，必须由两名以上人员共同控制。对于任何证券的存入或取出，都要将债券名称、数量、价值及存取的日期、数量等详细记录于证券登记簿内，并由所有在场的经手人员签名。

(3) 会计核算制度。企业的投资资产无论是自行保管还是由他人保管，都要进行会计记录，对其增减变动及投资收益进行相关会计核算。

(4) 记名登记制度。除无记名证券外，企业在购入股票或债券时应在购入的当日尽快登记于企业名下，防止冒名转移并借其他名义牟取私利的舞弊行为发生。

(5) 定期盘点制度。对于企业所拥有的投资资产，应进行定期盘点，检查是否确为企业所拥有，盘点数额与账面记录核对，以确认账实是否一致。

【学中做8-1】 注册会计师李敏在对岚田股份有限公司审计时，了解到该公司投资循环内部控制资料如下。

(1) 公司规定,公司划入营业部的款项由证券部申请,由会计部审核,总经理批准后划入公司营业部开立的资金账户。

(2) 证券部根据实际情况直接从营业部资金账户支取款项,证券买卖等会计记录由会计部处理。

经了解和测试投资的内部控制制度发现,证券部在某营业部开户未经会计部门或其他部门审核;证券部处理证券买卖的会计记录,月底将买卖清单交给会计部,会计部据以记账。

要求:指出岚田股份有限公司内部控制制度中的缺陷,并提出改进意见。

文档:学中做 8-1 解析

三、筹资与投资循环的控制测试要点

(一)筹资活动的控制测试

表 8-1 列示了筹资活动的内部控制目标、关键内部控制程序和内部控制测试的关系。

表 8-1　筹资活动的内部控制目标、关键内部控制程序和内部控制测试一览表

内部控制目标	关键内部控制程序	内部控制测试
借款和所有者权益账面余额在资产负债表日确定存在,借款利息费用和已支付的股利是由被审计期间真实事项引起的(存在或发生)	借款或发行股票经过授权审批;签订借款合同或协议、债券契约、承销或包销协议等相关法律性文件	索取借款或发行股票的授权批准文件,检查权限恰当与否,手续齐全与否;索取借款合同或协议、债券契约、承销或包销协议
借款和所有者权益的增减变动及其利息和股利已登记入账(完整性)	筹资业务的会计记录、授权和执行等方面明确职责分工;借款合同或协议由专人保管;如保存债券持有人的明细资料,应同总分类账核对相符;如由外部机构保存,需定期同外部机构核对	观察并描述其职责分工;了解债券持有人明细资料的保管制度,检查被审计单位是否将其与总账或外部机构核对
借款和所有者权益的期末余额正确(计价和分摊)	建立严密完善的账簿体系和记录制度;核算方法符合会计准则和会计制度的规定	抽查筹资业务的会计记录,从明细账抽取部分会计记录,按原始凭证到明细账、总账顺序核对有关数据和情况,判断其会计处理过程是否合规完整
借款和所有者权益在资产负债表上披露正确(列报)	筹资业务明细账与总账的登记职务应分离;筹资披露符合会计准则和会计制度的要求	观察职务是否分离

(二)投资活动的控制测试

表 8-2 列示了投资活动的内部控制目标、关键内部控制程序和内部控制测试的关系。

表 8-2 投资活动的内部控制目标、关键内部控制程序和内部控制测试一览表

内部控制目标	关键内部控制程序	内部控制测试
投资账面余额为资产负债表日确实存在的投资,投资收益(或损失)是由被审计期间实际事项引起(存在与发生)	投资业务经过授权审批; 与被投资单位签订合同、协议,并获取被投资单位出具的投资证明	索取投资的授权批文,检查权限恰当与否,手续齐全与否; 索取投资合同或协议,检查是否合理有效; 索取被投资单位的投资证明,检查其是否合理有效
投资增减变动及收益损失均已登记入账(完整性)	投资业务的会计记录与授权,执行和保管等方面明确职责分工; 健全证券投资资产的保管制度,或者委托专门机构保管,或者在内部建立至少两名人员以上的联合控制制度,证券的存取均需详细记录和签名	观察并描述业务的职责分工; 了解证券资产的保管制度,检查被审计单位自行保管时,存取证券是否进行详细的记录并由所有经手人员签字
投资均为被审计单位所有(权利与义务)	内部审计人员或其他不参与投资业务的人员定期盘点证券投资资产,检查是否为企业实际拥有	了解企业是否定期进行证券投资资产的盘点; 审阅盘核报告,检查盘点方法是否恰当、盘点结果与会计记录核对情况以及出现差异的处理是否合规
投资的计价方法正确,期末余额正确(计价和分摊)	建立详尽的会计核算制度,按每一种证券分别设立明细账,详细记录相关资料; 核算方法符合准则的规定; 判断期末成本与市价孰低,并正确记录投资跌价准备	抽查投资业务的会计记录,从明细账抽取部分会计记录,按抽查顺序核对有关数据和情况,判断其会计处理过程是否合规完整
投资在资产负债上的披露正确(列报)	投资明细账与总账的登记职务分离; 投资披露符合会计准则的要求	观察职务是否分离

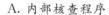【实务辨析 8-1·单选题】 投资的内部控制制度一般不包括(　　)。

A. 内部核查程序
B. 健全的资产保管制度
C. 详尽的会计核算制度
D. 完善的定期盘点制度

文档:实务辨析 8-1 分析

任务分析

(1) 由证券部直接支取款项,使授权与执行职务未得到分离,不易使款项安全。建议昌法公司从资金账户支取款项时,由会计部审核和记录,由证券部办理。

与证券投资有关的活动要由两个部门控制。有关的协议未经独立的部门审查,会使

有关条款未全部在协议中载明,可能存在协议外的约定。建议该公司与营业部的协议应经会计部或法律部审查。

证券部自己处理证券买卖的会计记录,业务的执行与记录的不相容职务未分离,并且未得到适当的授权和批准。

月末会计部汇总登记证券投资记录,未及时按每一种证券分别设立明细账详细核算。建议昌浤公司由会计部负责对投资进行核算,及时分品种设立明细账详细核算。

(2)"投资部的职员小林负责对外投资项目的分析论证及评估"不恰当,对外投资项目的分析论证及评估属于两个不相容岗位,不应由同一职员负责。

任务二 借款审计

任务导入

微课:借款审计

昌浤公司为了增加产品品种,增强市场竞争能力,2022 年 5 月申请长期借款 192 000 元购置一台新设备。计划 3 个月内安装调试结束,投入生产。预计每月增加产值 40 000 元,产值利润率为 20%,每月增加利润 8 000 元,两年后还清借款。该项设备于 2022 年 10 月完工投产,审计人员于 2023 年 1 月对该公司长期借款进行审计,得到以下资料。

(1) 10 月,增加产值 20 000 元,增加销售收入 14 000 元,增加利润 3 400 元。

(2) 11 月,增加产值 30 000 元,增加销售收入 24 000 元,增加利润 5 300 元。

(3) 12 月,增加产值 40 000 元,增加销售收入 30 000 元,增加利润 6 400 元。

3 个月共计增加产值 90 000 元,增加销售收入 68 000 元,增加利润 15 100 元。

该公司 2022 年计划利润为 560 000 元,实际完成 619 000 元。12 月用利润归还长期借款 18 000 元,支付利息 5 400 元。

具体任务:根据上述资料对昌浤公司长期借款的使用与偿还作出恰当的评价。

一、短期借款的审计

(一)短期借款的审计目标

(1)确定期末短期借款是否存在。

(2)确定期末短期借款是否为被审计单位应履行的偿还义务。

(3)确定短期借款的借入、偿还及计息的记录是否完整,确定短期借款的期末余额是否正确。

(4)确定短期借款的披露是否恰当。

(二)短期借款的实质性程序

(1)获取或编制短期借款明细表。注册会计师应首先获取或编制短期借款明细表,复核其加计数是否正确,并与明细账和总账数核对是否相符。

（2）函证短期借款的实有数。注册会计师应在期末短期借款余额较大或认为必要时向银行或其他债权人函证短期借款。

银行询证函基本范例如下。

银行询证函

编号：

××（银行）：

本公司聘请的××会计师事务所正对本公司××年度财务报表进行审计,按照中国注册会计师审计准则的要求,应当询证本公司以贵行的相关信息。下列信息出自本公司账簿记录,如与贵行记录相符,请在本函下端"信息证明无误"处签章证明；如有不符,请在"信息不符"处列明不符项目及具体内容；如存在与本公司有关的未列入本函的其他重要信息,也请在"信息不符"处列出其详细资料。回函请直接寄至××会计师事务所。

回函地址：　　　　　　　　　　　　　邮编：
电话：　　　　　传真：　　　　　联系人：
截至　年　月　日止,本公司与贵行相关的信息列示如下：

借款人名称	币种	本息余额	借款日期	到期日期	利率	借款条件	抵(质)押品/担保人	备注

除上述银行借款外,本公司并无在贵行的其他借款。
注:此项仅函证截至资产负债表日本公司尚未归还的借款。
（公司盖章）

　　　　　　　　　　　　　　　　　　　　年　月　日

以下仅供被询证银行使用

结论：1. 信息证明无误。

（银行盖章）
年　月　日
经办人：

2. 信息不符,请列明不符项目及具体内容。

（银行盖章）
年　月　日
经办人：

（3）检查短期借款的增加。对年度内增加的短期借款,注册会计师应检查借款合同和授权批准,了解借款数额、借款条件、借款日期、还款期限、借款利率,并与相关会计记录相核对。

（4）检查短期借款的减少。对年度内减少的短期借款，注册会计师应检查相关记录和原始凭证，核实还款数额。

（5）检查短期借款的使用。注册会计师通过对照检查借款合同、短期借款明细表等资料，主要查明被审计单位短期借款是否按规定用途使用，是否用于弥补流动资金不足及临时采购或结算等规定事项。

（6）检查有无到期未偿还的短期借款。注册会计师应审查相关记录和原始凭证，检查被审计单位年末有无到期未偿还的短期借款，如果有，应查明原因，同时了解逾期借款是否已向银行提出申请并经同意后办理了延期手续，并做适当记录。

（7）复核短期借款利息。资产负债表日，注册会计师应根据短期借款的利率和期限，验算被审计单位短期借款的利息，检查会计处理是否正确，有无多计或少计，从而调节当期利润的情况。

（8）检查短期借款在资产负债表上的列报是否恰当。

确定短期借款是否已按照企业会计准则的规定在财务报表中作出恰当的列报。主要包括：①检查被审计单位短期借款是否按信用借款、抵押借款、质押借款、保证借款分别披露；②检查期末逾期借款是否按贷款单位、借款金额、逾期时间、年利率、逾期未偿还原因和预期还款期等进行披露。

【情境案例8-1】 审计人员李敏在审查岚田股份有限公司"短期借款——生产周转借款"使用情况时发现，该公司2022年6月至12月平均贷款为85万元，存货合计为24万元，其他应收款为40万元。李敏分析，该公司其他应收款占用比重过大，可能有非法使用或占用短期借款的行为。

首先，李敏调阅了6月1日借入"短期借款"的78号凭证，其记录如下。

借：银行存款　　　　　　　　　　　　　　　　390 000
　　贷：短期借款——生产周转借款　　　　　　　　　390 000

78号凭证附"入账通知"和"借款契约"两张凭证，借款期限为6个月。李敏追踪调查存款的去向，在审阅银行存款日记账时，发现6月25日银付字206号凭证，减少银行存款38万元。调阅该凭证时，其记录如下。

借：其他应收款——陈锋　　　　　　　　　　　380 000
　　贷：银行存款　　　　　　　　　　　　　　　　　380 000

其摘要为"汇给××公司货款"。经核实，以上凭证所记汇出款项，是该公司为职工垫付的购买空调50台的款项，陈锋是向职工收回垫付款的负责人，全部款项于2022年7月至12月陆续收回。

李敏认为，该公司为职工垫付的空调款，实际上是占用短期借款，不按借款用途使用借款，同时增加了公司的财务费用。

上述问题查实后，李敏提出处理意见：公司收回的垫付款应归还借款，已入账的借款利息费用由职工承担。按借款占用时间计算，应负担利息1.9万元，该公司应调整有关账簿记录，会计分录如下。

借：其他应收款　　　　　　　　　　　　　　　19 000
　　贷：财务费用　　　　　　　　　　　　　　　　　19 000

二、长期借款的审计

（一）长期借款的审计目标

(1) 确定期末长期借款是否存在。

(2) 确定期末长期借款是否为被审计单位应履行的偿还义务。

(3) 确定长期借款的借入、偿还及计息的记录是否完整。

(4) 确定长期借款的期末余额是否正确。

(5) 确定长期借款的披露是否恰当。

思政元素融入 | **勇担使命，开拓创新**

思政素材：担当审计新使命，奋进时代新征程

紧盯国家政策走向，发散审计思维，拓宽审计思路，以新修订的《中华人民共和国审计法》为准绳，深刻理解和准确把握新时代的新特点、新使命、新部署、新要求，保持审计在新形势下与时代的契合度，进一步提高审计为经济发展保驾护航的能力，切实担负起新时代审计工作的职责和使命。（扫码观看完整视频）

视频：担当审计新使命，奋进时代新征程

思政讨论：新时代赋予我们新使命，新使命需要我们有新担当，新担当鼓舞我们要有新作为。作为青年审计人，我们要不断提高自己的政治修养和业务能力，使自己成为一名业务精湛的高素质审计人员，方能不负新时代。

【**实务辨析8-2·多选题**】 注册会计师为了证实被审计单位长期借款的完整性，以下审计程序中，能实现该审计目标的有（　　）。

A. 函证银行存款余额的同时函证银行负债业务

B. 分析财务费用，确定支付的利息是否有异常

C. 向被审计单位索取债务声明书

D. 审查"一年内到期的非流动负债"是否列示在流动负债下

文档：实务辨析8-2分析

（二）长期借款的实质性程序

(1) 获取或编制长期借款明细表。获取或编制长期借款明细表，复核表内数据是否正确，并与明细账和总账核对相符，减去将于一年内偿还的长期借款后与报表数是否相符。

(2) 审查长期借款条件。借款企业必须符合以下条件才可申请贷款：①借款企业必须实行独立核算，自负盈亏，具有法人资格，有健全的管理机构和相应的企业管理和技术人才；②借款企业的经营方向和业务范围符合国家政策，借款用途属于银行贷款管理规定的范围，并能够提供有关借款的可行性报告和相关文件；③借款企业具有一定的物资保证，担保单位具有相应的经济实力；④借款企业具有偿还贷款本息的能力；⑤借款企业具有良好的财务管理和经济核算制度，资金使用效益好；⑥借款企业在贷款单位开立账户，

办理结算。同时,注册会计师还应了解金融机构对被审计单位的授信情况和对被审计单位的信用等级的评估情况,以及被审计单位获得长期借款的抵押和担保情况,评估被审计单位的信誉和融资能力。

(3) 审查长期借款的抵押和担保。注册会计师应查明抵押资产的所有权是否属于被审计单位,其价值和现实状况是否与抵押契约中的规定相一致。如果企业的长期借款是由其他单位进行担保,应查明担保单位是否具备担保条件,担保契约是否完善,内容是否合规合理。

(4) 审查年度内增加的长期借款。注册会计师应检查借款合同和授权批准,了解借款数额、借款条件、借款日期、还款期限、借款利率,并与相关会计记录相核对。

(5) 审查长期借款的使用。注册会计师应查明被审计单位长期借款的使用是否符合借款合同的规定,是否为扩大生产经营规模所必需,是否真正用于购建固定资产或无形资产等。

(6) 函证重大的长期借款。审计人员应向银行或其他债权人函证重大的长期借款。

(7) 核实长期借款的减少。对年度内减少的长期借款,审计人员应检查相关记录和原始凭证,核实还款数额。存在利息调整余额的,核实是否已作调整,相关账务处理是否正确。

(8) 检查年末有无到期未偿还的借款。注册会计师应检查年末有无到期未偿还的借款,逾期借款是否办理了延期手续,分析计算逾期贷款的金额、比率和期限,判断被审计单位的资信程度和偿债能力。

(9) 核对利息支出。计算短期借款、长期借款在各个月份的平均余额,选取适用的利率匡算利息支出总额,并与财务费用的相关记录核对,判断被审计单位是否高估或低估利息支出,必要时进行适当调整。

(10) 检查借款费用的会计处理是否正确。借款费用是指企业因借款而发生的利息及其他相关成本,包括借款利息、折价或溢价的摊销和辅助费用,以及因外币借款而发生的汇兑差额等。按照《企业会计准则第 17 号——借款费用》的规定,企业发生的借款费用,可直接归属于符合资本化条件的资产的购建或者生产,应当予以资本化,计入相关资产成本;其他借款费用,应当在发生时根据其发生额确认费用,计入当期损益。

(11) 检查长期借款是否已作出恰当列报。检查长期借款是否已按照企业会计准则的规定在财务报表中作出恰当的列报,包括:①是否按信用借款、抵押借款、质押借款、保证借款分别披露;②对于期末逾期借款,是否分别按贷款单位、借款金额、逾期时间、年利率、逾期未偿还原因和预期还款期等进行披露;③是否在附注中披露与借款费用有关的当期资本化的借款费用金额,以及当期用于计算确定借款费用资本化金额的资本化率等信息;④一年内到期的长期借款是否列为一年内到期的非流动负债;⑤被审计单位在资产负债表日或之前违反了长期借款协议,导致贷款人可随时要求清偿的负债。

本案例主要是从长期借款使用的合理性、是否具有偿债能力两方面分析。昌泓公司利用长期借款购置设备,符合原借款合同的使用规定。实例中,原计划设备于 8 月安装调试结束,投入生产,但实际延误两个月,至10月才完工投产,12月达到预计每月增加产值40 000元的目标,但还未达到每月增加利润8 000元的目标,产值利润率仅为16%,明显低于原定20%的目标。按这样的情况,可以预计该公司两年内是难以还清借款的。根据生产经营要求,长期借款应于项目投产后用新增的利润归还,否则会加剧流动资金紧张的状况,而该公司原定用来归还借款的利润大于实际项目投产后新增的利润,这是不现实的。所以,昌浵公司不能按期归还借款。

任务三 长期股权投资审计

任务导入

注册会计师审计昌浵公司2022年度长期股权投资,发现以下情况。

(1) 该公司长期股权投资仅有对光华公司的一项投资,"长期股权投资"项目金额为10 000 000元,投资收益项目金额为1 200 000元。

(2) 查阅相关账簿及资料,了解到该公司于2022年1月购入光华公司股票1 000 000股,每股10元,共支付10 000 000元,占光华公司股份总额的30%。

微课:长期股权投资审计

(3) 2022年年末,光华公司实现税后利润5 000 000元,并发放给昌浵公司股利1 100 000元,昌浵公司已收到股利并存入银行。

具体任务:根据上述资料讨论昌浵公司上述处理中存在的问题,并代注册会计师提出相应的审计建议。同时,核实2022年年末该公司"长期股权"和"投资收益"项目的实有数。

长期股权投资核算企业持有的采用权益法或成本法核算的长期股权投资,具体包括:①企业持有的能够对被投资单位实施控制的权益性投资,即对子公司的投资;②企业持有的能够与其他合营方一同对被投资单位实施共同控制的权益性投资,即对合营企业的投资;③企业持有的能够对被投资单位施加重大影响的权益性投资,即对联营企业的投资;④企业对被投资单位不具有控制、共同控制或重大影响,且在活跃市场中没有报价、公允价值不能可靠计量的权益性投资。

一、长期股权投资的审计目标

(1) 确定资产负债表中列示的长期股权投资是否存在。
(2) 确定所有应当列示的长期股权投资是否均已列示。
(3) 确定列示的长期股权投资是否归被审计单位拥有或控制。
(4) 确定长期股权投资是否以恰当的金额包括在财务报表中,与之相关的计价调整是否已恰当记录。

(5) 确定长期股权投资是否已按照企业会计准则的规定在财务报表中作出恰当列报。

二、长期股权投资的实质性程序

（一）获取或编制长期股权投资明细表

获取或编制长期股权投资明细表,加计复核后,与总账数和明细账合计数核对相符,并结合长期股权投资减值准备科目与报表数核对相符。

（二）确定长期股权投资的正确性

确定长期股权投资是否存在,并归被审计单位所有,分类是否正确、是否符合管理层的意图和能力,各分类计价方法、期末余额是否正确。

(1) 取得被投资单位的章程、营业执照、组织机构代码证等资料,并根据有关合同和文件,确认长期股权投资的股权比例和时间,检查长期股权投资核算方法是否正确。

(2) 分析被审计单位管理层的意图和能力,检查有关原始凭证,验证长期股权投资分类的正确性(分为对子公司、对联营企业、对合营企业和对其他企业的投资四类),是否不包括应由金融工具确认和计量准则核算的长期股权投资。

(3) 对于重大的投资,向被投资单位函证被审计单位的投资额、持股比例及被投资单位发放股利等情况。

(4) 对于采用权益法核算的长期股权投资,获取被投资单位经注册会计师审计的年度财务报表(如果未经注册会计师审计,则应考虑对被投资单位的财务报表实施适当的审计或审阅程序),检查复核有关投资损益及其他变动情况。具体包括:①复核投资损益,以取得投资时被投资单位各项可辨认资产的公允价值为基础,对被投资单位的净损益进行调整后加以确认;被投资单位采用的会计政策及会计期间与被审计单位不一致的,按照被审计单位的会计政策及会计期间对被投资单位的财务报表进行调整,据以确认投资损益,并做出详细记录。②将重新计算的投资损益与被审计单位计算的投资损益相核对,如有重大差异,查明原因,并作适当调整。③检查被审计单位按权益法核算的长期股权投资,关注被审计单位在其被投资单位发生净亏损或以后期间实现盈利时的会计处理是否正确。④检查除净损益以外被投资单位所有者权益的其他变动,是否调整计入所有者权益。

(5) 对于采用成本法核算的长期股权投资,检查股利分配的原始凭证及分配决议等资料,确定会计处理是否正确;对被审计单位实施控制而采用成本法核算的长期股权投资,比照权益法编制变动明细表,以备合并报表使用。

(6) 对于成本法和权益法相互转换的,检查投资成本的确定是否正确。

（三）确定长期股权投资增减变动记录的完整性

(1) 检查本期增加的长期股权投资,追查至原始凭证、相关的文件或决议及被投资单位验资报告或财务资料等,确认长期股权投资是否符合投资合同、协议的规定并已确实投资,会计处理是否正确。

(2) 检查本期减少的长期股权投资,追查至原始凭证,确认长期股权投资的收回是否有合理的理由及授权批准手续并已确实收回投资,会计处理是否正确。

(四)确定长期股权投资是否发生减值

逐项检查期末长期股权投资,以确定长期股权投资是否已经发生减值。

(1) 核对长期股权投资减值准备本期与以前年度计提方法是否一致,如有差异,查明政策调整的原因,并确定政策改变对本期损益的影响,提请被审计单位作适当披露。

(2) 对长期股权投资逐项进行检查,根据被投资单位经营政策的变化、法律环境的变化、市场需求的变化、行业的变化、盈利能力的变化等各种情形予以判断长期股权投资是否存在减值迹象。确有出现导致长期股权投资可收回金额低于账面价值的,将可收回金额低于账面价值的差额作为长期股权投资减值准备予以计提,并与被审计单位已计提数相核对,如有差异,查明原因。

(3) 将本期减值准备计提金额与利润表资产减值损失中的相应数字核对无误。

(4) 长期股权投资减值准备按单项资产计提,计提依据充分,得到适当批准。减值损失一经确认,在以后会计期间不得转回。

(五)确定长期股权投资是否存在质押、担保

结合银行借款等的检查,了解长期股权投资是否存在质押、担保情况。如存在,则应详细记录,并提请被审计单位进行充分披露。

(六)确定是否存在被投资单位向被审计单位转移资金能力受限的情况

与被审计单位人员讨论确定是否存在被投资单位由于所在国家或地区及其他方面的影响,向被审计单位转移资金的能力受到限制的情况。如存在,应详细记录受限情况,并提请被审计单位充分披露。

(七)确定长期股权投资是否已恰当列报

(1) 检查子公司、合营企业和联营企业清单,包括企业名称、注册地、业务性质、投资企业的持股比例和表决权比例。

(2) 检查合营企业和联营企业当期的主要财务信息,包括资产、负债、收入、费用等的合计金额。

(3) 检查被投资单位向投资企业转移资金的能力受到严格限制的情况。

(4) 检查当期及累计未确认的投资损失金额。

(5) 检查与对子公司、合营企业及联营企业投资相关的或有负债。

【情境案例 8-2】 审计人员李敏在对岚田股份有限公司进行长期股权投资审计时发现,岚田股份有限公司对肽华公司的长期股权投资的期末价值为-15万元,经进一步查验发现岚田股份有限公司对肽华公司投资210万元,占被投资单位股权比例为30%,采用权益法核算。肽华公司2022年发生亏损750万元,岚田股份有限公司应承担225万元。岚田股份有限公司的账务处理如下。

借:投资收益 2 250 000
　　贷:长期股权投资——肽华公司 　　2 250 000

根据规定,被投资单位发生亏损时,投资单位承担的亏损额应以投资额为限,即以"长期股权投资"账户余额减记至零为限;如果以后被投资单位实现利润,投资单位将计算分得的收益减去未确认的投资亏损后的差额,确认为投资收益。因此,岚田股份有限公司长期股权投资账户,不能出现负数。审计人员应编制如下调整分录。

借:长期股权投资——肽华公司　　　　　　　　　150 000
　　贷:投资收益　　　　　　　　　　　　　　　　　150 000

昌浤公司对光华公司拥有30%的股权,采用成本法进行长期股权投资核算不符合企业会计准则的规定,应改用权益法进行核算。

采用权益法核算,2022年年末,两个项目实有数计算如下。

长期股权投资项目实有数＝10 000 000＋5 000 000×30%－1 100 000
　　　　　　　　　　＝10 400 000(元)

投资收益项目实有数＝5 000 000×30%＝1 500 000(元)

思政德育课堂

注册会计师发现了舞弊怎么办

一、案例描述

沈诚实问:"孟老师,注册会计师如果在审计过程中,真的发现了舞弊行为,会怎么做呢?"

孟翔说:"一般在事务所内部都会做这样的培训。注册会计师会被要求一切行动如常,不要打草惊蛇,要装作若无其事。但是,这一舞弊问题会在事务所内部迅速报告给资深的合伙人及在这方面有经验的人,例如事务所内部的律师,来研究如何处理这样的事情。"

沈诚实说:"哦,原来如此。企业管理层可能还以为自己做的事情没有被注册会计师发现,一切都按计划进行呢。殊不知,注册会计师可能早已经发现问题了,只是正在内部研究如何解决问题。"

孟翔说:"是的,会计师事务所对于发现的舞弊行为,最可能的处理方法是与企业管理层开会,暗示企业管理层将有关问题讲清楚。如果不能得到管理层的坦诚交流,会计师事务所的一般选择如下:第一步,将该收的审计费收到手;第二步,撤队伍,终止审计。一家企业如果被注册会计师无故踹了,就比较麻烦了。按照审计准则的规定,不管哪一家会计师事务所再来接着审计这家企业,都要与前任注册会计师沟通清楚前任离开的原因。如果一家企业找不到可以给它出'干净'审计意见的注册会计师,公众就有理由怀疑这家企业有问题了。这是审计这个行业淘汰劣质企业的机制。"

二、案例意义

遇到问题要善于透过现象看本质,不要被表面的假象所迷惑、所误导;做事情要脚踏实地,实事求是。

问题:将全班同学分成若干小组,每组推选1名同学担任组长。各组成员分别根据上述资料回答注册会计师在筹资与投资循环审计中发现了舞弊怎么处理,给出合理化建议。

职业能力训练

一、单项选择题

1. 投资与筹资循环的特征是,影响本循环账户余额的业务数量较少,但每笔业务的金额通常都很大。基于这个特点,在审计时,可以采用的审计方法是( )。
   A. 抽样
   B. 实质性分析程序
   C. 大量的控制测试
   D. 细节测试

2. 甲公司 2023 年 1 月 1 日,以 760 万元购入 C 公司 40% 普通股权,并对 C 公司有重大影响,2023 年 1 月 1 日 C 公司可辨认净资产的公允价值为 2 000 万元,款项已以银行存款支付。甲公司会计分录正确的是( )。
   A. 借:长期股权投资——C 公司(成本)　　　　　　760
   　　贷:银行存款　　　　　　　　　　　　　　　　760
   　　借:长期股权投资——C 公司(成本)　　　　　　 40
   　　贷:营业外收入　　　　　　　　　　　　　　　 40
   B. 借:长期股权投资——C 公司(成本)　　　　　　760
   　　贷:银行存款　　　　　　　　　　　　　　　　760
   C. 借:长期股权投资——C 公司(成本)　　　　　　800
   　　贷:银行存款　　　　　　　　　　　　　　　　800
   D. 借:长期股权投资——C 公司(成本)　　　　　　760
   　　贷:银行存款　　　　　　　　　　　　　　　　760
   　　借:长期股权投资——C 公司(成本)　　　　　　 40
   　　贷:投资收益　　　　　　　　　　　　　　　　 40

3. 注册会计师为确定"长期借款"账户余额的真实性,可以进行函证,函证的对象是( )。
   A. 金融监管机构
   B. 银行或其他有关债权人
   C. 公司的主要股东
   D. 公司的法人

4. 企业对外的投资都要有完整的会计记录。在对其进行核算时,不涉及的账户有( )。
   A. 长期股权投资
   B. 持有至到期投资
   C. 交易性金融资产
   D. 在建工程

5. 投资循环所涉及的主要业务活动不包括( )。
   A. 投资决策
   B. 实施投资
   C. 取得投资收益
   D. 计算利息或股利

6. 下列项目中,不应列示在资产负债表非流动负债项目的是( )。
   A. 被审计年度取得的两年期银行借款
   B. 被审计年度发行的五年期公司债券
   C. 一年内将要到期的长期负债

D. 其他长期负债

7. 审查所有者权益时,一般不用( )。

　　A. 详查法　　　　B. 抽查法　　　　C. 审阅法　　　　D. 核对法

8. 注册会计师验证长期投资是否超过净资产的50%,为使审计工作更有效,实施审计程序的最佳时间是( )。

　　A. 审计计划阶段　　　　　　　　B. 符合性测试阶段

　　C. 被审计单位验资时　　　　　　D. 审计完成阶段

二、多项选择题

1. 在成本法下,被审计单位的下列各项中,不应作为长期股权投资取得时初始成本入账的有( )。

　　A. 为取得长期股权投资而发生的间接相关费用

　　B. 投资时支付的不含应收股利的价款

　　C. 投资时支付款项中所含的已宣告而尚未领取的现金股利

　　D. 投资时支付的税金、手续费

2. 属于筹资活动所涉及的主要凭证和会计记录的有( )。

　　A. 股东名册　　　　　　　　　　B. 债券契约

　　C. 承销或包销协议　　　　　　　D. 投资协议

3. 对于长期借款在资产负债表上披露,注册会计师应当审查( )。

　　A. 一年内到期的长期借款是否列入"一年内到期的非流动负债"

　　B. 借款的种类是否列示

　　C. 借款的目的是否说明

　　D. 借款的担保是否说明

4. 在筹资与投资循环的审计中,下列说法正确的是( )。

　　A. 筹资与投资循环每笔交易涉及的金额一般较大

　　B. 如果漏记一笔筹资或投资业务,将对会计报表的公允性产生较大影响

　　C. 因为一般企业筹资与投资循环的交易数量较少,所以漏记或不恰当地对一笔业务进行会计处理,对会计报表影响不大

　　D. 筹资与投资循环交易必须遵守国家法律、法规和相关契约的规定

5. 对长期股权投资进行实质性程序包括( )。

　　A. 获取或编制长期股权投资明细表

　　B. 检查股权投资核算方法是否正确

　　C. 确定长期股权投资的增减变动的记录是否完整

　　D. 对于采用成本法核算的长期股权投资,检查股利分配的原始凭证及分配决议等资料,确定会计处理是否正确

6. 注册会计师通常可运用( )等方法,审查投入资本的真实存在。

　　A. 核对有关原始凭证和会计记录

　　B. 查阅董事会会议纪要

C. 向投资者函证实缴资本额
D. 对有关财产和实物的价值进行鉴定

7. 企业法定盈余公积与任意盈余公积的用途是（　　）。
A. 弥补坏账损失 B. 弥补亏损
C. 转增资本 D. 特别批准后分配股利

8. 资本公积包括的内容有（　　）。
A. 接受捐赠 B. 资本溢价
C. 财产重估增值 D. 资本汇率折算差额

三、判断题

1. 由于短期借款一般较长期借款金额小、还款期限短，因此通常无须抵押，所以注册会计师一般无须审查短期借款的抵押、担保状况。（　　）

2. 采用权益法核算的长期股权投资，其初始投资成本大于投资时应享有的被投资企业可辨认净资产公允价值份额的，不调整已确认的初始投资成本。（　　）

3. 按照《企业会计制度》的规定，企业应将因外币借款而发生的汇兑差额列入资本公积，不能按借款费用处理。（　　）

4. 当长期股权投资的可收回金额低于其账面价值的，应当将长期股权投资的账面价值减记至可收回金额，减记的金额确认为长期股权投资减值损失，计入当期损益，同时计提相应的长期股权投资减值准备。长期股权投资减值损失一经确认，在以后会计期间不得转回。（　　）

5. 由于函证短期借款可以证实未入账的债务，所以函证短期借款是注册会计师在执行短期借款审计时必须执行的程序。（　　）

6. 对负债项目进行审计的目的主要是防止企业高估债务。（　　）

7. 审计年度内筹资与投资循环的交易数量较少，所以，漏计或不恰当地对每笔业务进行会计处理对财务报表影响不大。（　　）

文档:学习情境八
拓展训练

学习情境九

诚信为本　操守为重——货币资金审计

📝 情境导航

货币资金是以货币形态存在的资金,主要包括现金、银行存款及其他货币资金。货币资金是企业流动性最强的资产,是企业进行生产经营必不可少的物质条件。只有保持健康的、正常的现金流,企业才能够继续生存。企业的生产经营过程,实质上就是货币资金的垫支、支付过程和货币资金的回收、分配过程的结合。因此,企业的全部经营活动都可以通过货币资金表现出来,同时货币资金也是不法分子盗窃、贪污、挪用的重要对象。货币资金业务的特点决定了其审计风险较高,所以审计人员应重视货币资金的审计。本项目包括以下3个任务:货币资金控制测试;货币资金的重大错报风险;测试货币资金的内部控制;库存现金审计;银行存款审计。

🎯 学习目标

- 了解货币资金的内部控制。
- 掌握货币资金控制测试的方法。
- 能够识别和评估货币资金的重大错报风险。
- 明确库存现金和银行存款的审计目标。
- 掌握库存现金和银行存款的实质性程序。

🎬 课程思政

- 结合党的二十大精神,树立法治意识,增强谨慎意识。
- 具备正直诚信的品质。
- 增强严谨的专业精神及审计职业能力素养。

❄ 情境认知

监盘不能流于形式

有一次,孟翔带沈诚实一起到某公司审计,孟翔让沈诚实对该公司的"库存现金"科目进行盘点,沈诚实对孟翔说:"现金审计最简单,编一张盘点表就行了。"

孟翔说："你不要小看现金审计,其实,通过现金审计,往往可以由小见大,反映企业的现金管理状况,比如,企业是否有白条抵库、是否有坐支现象、收入与支出是否及时入账等。监盘是审计中的一种方法,即审计人员现场监督被审计单位各种实物资产及现金等盘点,并进行适当抽查。一般来说,现金审计除必要的盘点外,还应该关注和抽查大额现金的收支,即静态与动态要结合起来进行审计,这样,对其他科目的审计也是有帮助的。"

沈诚实瞪大了眼睛说:"现金审计也这么复杂啊!"孟翔说:"我们在审计中,不能有搞形式、走过场的思想,如监盘不能流于形式。除现金外,存货、固定资产等监盘也是同样的道理,如果仅为了应付填写盘点表,这样的审计是发现不了问题的。比如,有一次,我在某企业固定资产监盘中,通过观察和询问,发现该企业'在建工程'科目中许多设备已投入使用但未转入'固定资产'科目,从而少计提折旧,虚增了利润。如果我们只是应付填写一下盘点表,那就发现不了这个问题。"

沈诚实恍然大悟:"哦,我懂了,审计有许多种方法和程序,监盘要与观察、询问、抽查等方式结合起来,才能真正做到不流于形式呀!"

任务一　货币资金的控制测试

任务导入

注册会计师沈诚实对昌法公司2022年度财务报表实施审计,审计中对该公司的货币资金内部控制进行了了解,发现以下情况。

(1)该公司设立出纳员。出纳员负责办理现金、银行存款收支业务,登记库存现金日记账和银行存款日记账,并兼任会计档案保管职务。月底,出纳员取得银行对账单并编制银行存款余额调节表。

(2)该公司对货币资金支付建立了授权批准制度。审批人根据货币资金授权批准制度的规定,一般情况下在授权范围内进行审批,同时也可以超越审批权限审批,事后再按审批程序补办手续。

(3)该公司采取分散收款方式。各部门收款员所收现金每隔三天向财务部门出纳员汇总解交一次。

具体任务:根据上述资料指出昌法公司货币资金内部控制中存在的缺陷,并简要说明理由,同时提出改进建议。

一、货币资金涉及的主要业务活动

(一)现金管理

(1)出纳员每日对库存现金自行盘点,编制现金报表,计算当日现金收入、支出及结余额,并将结余额与实际库存额进行核对,如有差异及时查明原因。

(2) 会计主管不定期检查现金日报表。

(3) 每月末,会计主管指定出纳员以外的人员对现金进行盘点,编制库存现金盘点表,将盘点金额与现金日记账余额进行核对。

(4) 会计主管复核库存现金盘点表,如果盘点金额与现金日记账余额存在差异,需查明原因并报经财务经理批准后进行财务处理。

(二) 银行存款管理

(1) 银行账户管理。企业银行账户的开立、变更或注销需经财务经理审核,报总经理审批。

(2) 编制银行存款余额调节表。每月末,会计主管指定出纳员以外的人员核对银行存款日记账和银行对账单,编制银行存款余额调节表,使银行存款账面余额与银行对账单调节相符。如调节不符,查明原因。会计主管复核银行存款余额调节表,对需要进行调整的项目及时进行处理。

(3) 票据管理。出纳员登记银行票据的购买、领用、背书转让及注销等事项。每月末,会计主管指定出纳员以外的人员对空白票据、未办理收款和承兑的票据进行盘点,编制银行票据盘点表,并与银行票据登记簿进行核对。会计主管复核库存银行票据盘点表,如果存在差异,需查明原因。

(4) 印章管理。企业的财务专用章由财务经理保管,办理相关业务中使用的个人名章由出纳员保管。

二、货币资金涉及的主要凭证与会计记录

货币资金主要涉及以下凭证和会计记录。

(1) 现金盘点表。

(2) 银行对账单。

(3) 银行存款余额调节表。

(4) 有关科目的记账凭证。

(5) 有关会计账簿。

三、相关内部控制

为了确保货币资金的安全完整,被审计单位应当根据国家有关法律、法规的规定,结合本部门或系统实际,建立适合本企业业务特点和管理要求的货币资金内部控制制度,并组织实施。

货币资金的内部控制一般包括岗位分工及授权批准、现金和银行存款的管理、票据及有关印章的管理、监督检查四个方面的内容。

(一) 岗位分工及授权批准

(1) 企业应当建立货币资金业务的岗位责任制,明确相关部门和岗位的职责权限,确保办理货币资金业务的不相容岗位相互分离、相互制约和监督。出纳人员不得兼任稽核、

会计档案保管和收入、支出、费用、债权债务账目的登记工作。企业不得由一人办理货币资金业务的全过程。

（2）企业办理货币资金业务，应当配备合格的人员，并根据企业具体情况进行岗位轮换。

（3）企业应当对货币资金业务建立严格的授权批准制度，明确审批人对货币资金业务的授权批准方式、权限、程序、责任和相关控制措施，规定经办人办理货币资金业务的职责范围和工作要求。

（4）企业应当按照规定的程序（如支付申请、支付审批、支付复核、办理支付）办理货币资金支付业务。

（5）严禁未经授权的机构或人员办理货币资金业务或直接接触货币资金。

（二）现金和银行存款的管理

（1）企业应当加强现金库存限额的管理，超过库存限额的现金应及时存入银行。

（2）企业必须根据《现金管理暂行条例》的规定，结合本企业的实际情况，确定本企业现金的开支范围。不属于现金开支范围的业务应当通过银行办理转账结算。

（3）企业现金收入应当及时存入银行，不得用于直接支付企业自身的支出。因特殊情况需坐支现金的，应事先报经开户银行审查批准。

（4）企业取得的货币资金收入必须及时入账，不得私设"小金库"，不得账外设账，严禁收款不入账。

（5）企业应当严格按照《支付结算办法》等国家有关规定，加强银行账户的管理，严格按照规定开立账户，办理存款、取款和结算。

（6）企业应当严格遵守银行结算纪律，不准签发没有资金保证的票据和远期支票，套取银行信用；不准签发、取得和转让没有真实交易和债权债务的票据，套取银行和他人资金；不准无理拒绝付款，任意占用他人资金；不准违反规定开立和使用银行账户。

（7）企业应当指定专人定期核对银行账户，每月至少核对一次，编制银行存款余额调节表，使银行存款账面余额与银行对账单调节相符。如调节不符，应查明原因，及时进行处理。

（8）企业应当定期和不定期地进行现金盘点，确保现金账面余额与实际库存相符。若发现不符，应及时查明原因，进行处理。

（三）票据及有关印章的管理

（1）企业应当加强与货币资金相关的票据的管理，明确各种票据的购买、保管、领用、背书转让、注销等环节的职责权限和程序，并专设登记簿进行记录，防止空白票据的遗失和被盗用。

（2）企业应当加强银行预留印鉴的管理。财务专用章应由专人保管，个人名章必须由本人或其授权人员保管。严禁一人保管支付款项所需的全部印章。

（四）监督检查

企业应当建立对货币资金业务的监督检查制度，明确监督检查机构或人员的职责权限，定期和不定期地进行检查。检查内容包括：货币资金业务相关岗位及人员的设置情况、授权批准制度的执行情况、支付款项印章的保管情况、票据的保管情况。对监督检查过程中发现的货币资金内部控制中的薄弱环节,应当及时采取措施加以纠正和完善。

【实务辨析 9-1·单选题】 货币资金内部控制的以下关键环节中,存在重大缺陷的是( )。

A. 财务专用章由专人保管,个人名章由本人或其授权人员保管
B. 对重要货币资金支付业务,实行集体决策
C. 现金收入及时存入银行,特殊情况下,经主管领导审查批准方可坐支现金
D. 指定专人定期核对银行账户,每月至少核对一次,编制银行存款余额调节表,使银行存款账面余额与银行对账单调节相符

文档:实务辨析 9-1分析

任务分析

(1) 出纳员兼任会计档案保管职务不符合内部控制的要求,因两者是不相容职务,应由出纳员以外的人员担任会计档案保管职务;出纳员取得银行对账单并编制银行存款余额调节表不符合内部控制的要求,应指定专人定期核对银行账户并编制银行存款余额调节表。

(2) 审批人超越授权范围审批不符合内部控制的要求,属于无效审批。应严格按照审批权限审批,对越权审批的货币资金支付业务,经办人员应拒绝办理,并及时向审批人的上级授权部门报告。

(3) 现金收入每隔 3 天解交一次不符合规定,因为收入的现金应及时存入银行并入账,应于每天营业结束后及时把收入的现金解交财务部门。

任务二 货币资金的重大错报风险

任务导入

审计项目组发现中国银行询证函回函上的印章与以前年度的不同,昌泫公司管理层解释中国银行于 2020 年中变更了印章样式,并提供了中国银行的收款回单,审计项目组通过比对印章样式,认可了昌泫公司管理层的解释。

具体任务:指出项目组做法是否恰当,如不恰当提出改进建议。

一、认定层次的重大错报风险

货币资金业务交易、账户余额和列报的认定层次的重大错报风险可能包括以下几项。

(1) 被审计单位存在虚假的货币资金余额或交易,因而导致银行存款余额的存在性或交易的发生存在重大错报风险。

(2) 被审计单位存在大额的外币交易和余额,可能存在外币交易或余额未被准确记录的风险(准确性、计价和分摊)。

(3) 银行存款的期末收支存在大额的截止性错误。

(4) 被审计单位可能存在未能按照企业会计准则的规定对货币资金作出恰当披露的风险。

二、识别应对可能发生错报环节的内部控制

识别应对可能发生错报环节的内部控制如表9-1所示。

表9-1 识别应对可能发生错报环节的内部控制

货币资金内部控制	良好的内部控制示例	内部控制的检查和执行,重点关注的内容
库存现金内部控制	① 现金收支与记账的岗位分离 ② 现金收支要有合理、合法的凭据 ③ 全部收入及时准确入账,并且现金支出应严格履行审批、复核制度 ④ 控制现金坐支,当日收入现金及时送存银行 ⑤ 按月盘点现金,以做到账实相符 ⑥ 对现金收支业务进行内部审计	① 库存现金的收支是否按规定的程序和权限办理 ② 是否存在与被审计单位经营无关的款项收支情况 ③ 出纳与会计的职责是否严格分离 ④ 库存现金是否妥善保管,是否定期盘点、核对等
银行存款内部控制	① 银行存款收支与记账的岗位分离 ② 银行存款收支要有合理、合法的凭据 ③ 全部支出及时准确入账,全部支出要有核准手续 ④ 按月编制银行存款余额调节表,以做到账实相符 ⑤ 加强对银行存款收支业务的内部审计	① 银行存款的收支是否按规定的程序和权限办理 ② 银行账户的开立是否符合《银行账户管理办法》等相关法律、法规的要求 ③ 银行账户是否存在与本单位经营无关的款项收支情况 ④ 是否存在出租、出借银行账户的情况 ⑤ 出纳与会计的职责是否严格分离 ⑥ 是否定期取得银行对账单并编制银行存款余额调节表等

三、与货币资金相关的重大错报风险

(一) 货币资金业务交易、账户余额和列报的认定层次的重大错报风险

(1) 被审计单位存在虚假的货币资金余额或交易,因而导致银行存款余额的存在性或交易的发生存在重大错报风险。

(2) 被审计单位存在大额的外币交易和余额,可能存在外币交易或余额未被准确记

录的风险。例如,对于有外币现金或外币银行存款的被审计单位,企业有关外币交易的增减变动或年底余额可能因未采用正确的折算汇率而导致计价错误(准确性、计价和分摊)。

(3)银行存款的期末收支存在大额的截止性错误(截止)。例如,被审计单位期末存在金额重大且异常的银付企未付,企收银未收事项。

(4)被审计单位可能存在未能按照企业会计准则的规定对货币资金作出恰当披露的风险。例如,被审计单位期末持有使用受限制的大额银行存款,但在编制财务报表时未在财务报表附注中对其进行披露。

(二)如果被审计单位存在以下事项或情形,注册会计师需要保持警觉

(1)被审计单位的现金交易比例较高,并且与其所在的行业常用的结算模式不同。

(2)库存现金规模明显超过业务周转所需资金。

(3)银行账户开立数量与企业实际的业务规模不匹配,或存在多个零余额账户且长期不注销。

(4)在没有经营业务的地区开立银行账户或将高额资金存放于其经营和注册地之外的异地。

(5)企业资金存放于管理层或员工个人账户,或通过个人账户进行被审计单位交易的资金结算。

(6)货币资金收支金额与现金流量表中的经营活动、筹资活动、投资活动的现金流量不匹配,或经营活动现金流量净额与净利润不匹配。

(7)不能提供银行对账单或银行存款余额调节表,或提供的银行对账单没有银行印章、交易对方名称或摘要。

(8)存在长期或大量银行未达账项。

(9)银行存款明细账存在非正常转账。例如,短期内相同金额的一收一付或相同金额的分次转入转出等大额异常交易。

(10)存在期末余额为负数的银行账户。

(11)受限货币资金占比较高。

(12)存款收益金额与存款的规模明显不匹配。

(13)针对同一交易对方,在报告期内存在现金和其他结算方式并存的情形。

(14)违反货币资金存放和使用规定,如上市公司将募集资金违规用于质押、未经批准开立账户转移募集资金、未经许可将募集资金转作其他用途等。

(15)存在大额外币收付记录,而被审计单位并不涉足进出口业务。

(16)被审计单位以各种理由不配合注册会计师实施银行函证、不配合注册会计师至人民银行或基本户开户行打印已开立银行结算账户清单。

(17)与实际控制人(或控股股东)、银行(或财务公司)签订集团现金管理账户协议或类似协议。

(三)其他需要保持警觉的事项或情形

会计师在审计其他财务报表项目时,还可能关注到其他需保持警觉的事项或情形。

(1)存在没有真实业务支持或与交易不相匹配的大额资金或汇票往来。

(2) 存在长期挂账的大额预付款项等。

(3) 存在大量货币资金的情况下仍高额或高息举债。

(4) 付款方全称与销售客户名称不一致、收款方全称与供应商名称不一致。

(5) 开具的银行承兑汇票没有银行承兑协议支持。

(6) 银行承兑票据保证金余额与应付票据相应余额比例不合理。

(7) 存在频繁的票据贴现。

(8) 实际控制人(或控股股东)频繁进行股权质押(冻结)且累计被质押(冻结)的股权占其持有被审计单位总股本的比例较高。

(9) 存在大量货币资金的情况下,频繁发生债务违约,或者无法按期支付股利或偿付债务本息。

(10) 首次公开发行股票(IPO)公司申报期内持续现金分红。

(11) 工程付款进度或结算周期异常等。

当被审计单位存在以上事项或情形时,可能表明存在舞弊风险。

思政元素融入 | **遵守准则·职业怀疑·勤勉尽责**

思政素材:康美药业审计失败原因与对策分析

2019年8月16日,证监会发布《证监会对康美药业等作出处罚及禁入告知》,通告了在2016—2018年,康美药业涉嫌虚增营业收入、货币资金、固定资产等财务造假行为,对康美药业及多名相关当事人作出行政处罚及证券市场禁入的决定,对涉嫌犯罪的,将依法追究刑事责任,以高压态势坚决维护上市公司信息披露制度,康美药业为我国上市公司及监管机构敲响了警钟。(扫码阅读全文)

文档:康美药业审计失败原因与对策分析

思政讨论:列举描述与货币资金相关的重大错报风险迹象;审计人员如何验证银行存款的真实性、准确性和完整性相关认定。

【**学中做 9-1**】 审计项目组在审计工作底稿中记录了所了解的被审计单位的内部控制,部分内容摘录如下。

(1) 负责记录应收账款账目的财务部人员每月向各经销商寄送应收账款对账单,并负责跟踪处理对账不符的金额。

(2) 采购部负责验收所采购的原材料,并将验收合格的原材料交予仓储部门保管。

文档:学中做 9-1 解析

(3) 负责记录应付账款账目的财务部人员每月根据相关部门交来的存货采购发票,记录应付账款。

(4) 支票的签发需要加盖财务总监签名章,并加盖财务章。平时,财务总监签名章由自己保管,财务章由财务经理保管。财务总监出差时,则授权财务经理保管其签名章。

要求:根据上述资料,假定不考虑其他条件,逐项判断被审计单位相关内部控制是否存在缺陷。如果存在缺陷,简要提出改进建议。

任务分析

不恰当。不能仅获取昌滋公司的解释和提供的收款回单,而不实施其他审计程序。审计项目组应实施其他审计程序,例如亲自到银行进行核实等。

任务三 测试货币资金的内部控制

任务导入

恒信会计师事务所接受委托对戴怡通科技公司进行审计,其中注册会计师林菲负责货币资金项目的审计。林菲到戴怡通科技公司后对其货币资金的内部控制制度进行了了解,该公司与货币资金相关的内部控制制度主要包括:公司财务专用章由财务负责人本人或其授权人员保管,出纳员个人名章由其本人保管;对重要货币资金支付业务,公司实行集体决策授权控制;公司现金收入及时存入银行,特殊情况下,经开户银行审查批准方可坐支现金;公司指定出纳员每月必须核对银行账户,针对每一银行账户分别编制银行存款余额调节表,使银行存款账面余额与银行对账单调节相符。

具体任务:根据上述资料指出戴怡通科技公司货币资金内部控制是否存在的缺陷,并简要说明理由。

一、库存现金的控制测试

(一)现金付款的审批和复核

注册会计师可以在选取适当样本的基础上实施以下控制测试程序。

(1)询问相关业务部门的部门经理和财务经理其在日常现金付款业务中执行的内部控制,以确定其是否与被审计单位内部控制政策要求保持一致。

(2)观察财务经理复核付款申请的过程,是否核对了付款申请的用途、金额及后附相关凭据,以及在核对无误后是否进行了签字确认。

(3)重新核对经审批及复核的付款申请及相关凭据,并检查是否经签字确认。

(二)现金盘点

注册会计师针对被审计单位的现金盘点实施的现金监盘可能涉及以下事项。

(1)检查现金以确定其是否存在,并检查现金盘点结果。

(2)观察执行现金盘点的人员对盘点计划的遵循情况,以及用于记录和控制现金盘点结果的程序的实施情况。

(3)获取有关被审计单位现金盘点程序可靠性的审计证据。如被审计单位库存现金存放部门有两处或两处以上的,应同时进行盘点。

二、银行存款的控制测试

（一）银行账户的开立、变更和注销

注册会计师可以实施以下控制测试程序。

（1）询问会计主管被审计单位本年开户、变更、撤销的整体情况。

（2）取得本年度账户开立、变更、撤销申请项目清单，检查清单的完整性，并在选取适当样本的基础上检查账户的开立、变更、撤销项目是否已经财务经理和总经理审批。

（二）银行付款的审批和复核

注册会计师可以在选取适当样本的基础上实施以下控制测试程序。

（1）询问相关业务部门的部门经理和财务经理在日常银行付款业务中执行的内部控制，以确定其是否与被审计单位内部控制政策要求保持一致。

（2）观察财务经理复核付款申请的过程，是否核对了付款申请的用途、金额及后附相关凭据，以及在核对无误后是否进行了签字确认。

（3）重新核对经审批及复核的付款申请及相关凭据，并检查是否经签字确认。

（三）编制银行存款余额调节表

注册会计师可以实施以下控制测试程序。

（1）询问应收账款会计和会计主管，以确定其执行的内部控制是否与被审计单位内部控制政策要求保持一致，特别是针对未达账项的编制及审批流程。

（2）针对选取样本，检查银行存款余额调节表。

（3）针对调节项目，检查是否经会计主管的签字复核。

（4）针对大额未达账项进行期后收付款的检查。

三、评价货币资金的内部控制

审计人员在完成上述程序之后，即可对货币资金的内部控制进行评价。评价时，应首先确定货币资金的内部控制可依赖的程度以及存在的薄弱环节和缺点，然后据以确定在货币资金实质性程序中对哪些环节可以适当减少审计程序，哪些环节应增加审计程序，以减少审计风险。

林菲了解到上述内部控制制度后，认为戴怡通科技公司货币资金内部控制制度存在缺陷。根据规定公司应当指定专人定期核对银行账户（每月至少核对一次），编制银行存款余额调节表，使银行存款账面余额与银行对账单调节相符，但是这一工作不能由出纳员兼任。

任务四　库存现金审计

微课：库存现金审计

2023年1月20日，注册会计师张强和林菲在对昌浤公司2022年12月31日的资产负债表审计中，查得"货币资金"项目中的库存现金为1 062.10元。该公司2023年1月20日库存现金日记账余额为832.10元。1月21日上午8时，张强和林菲对该公司出纳员王英所经管的库存现金进行了清点，清点结果如下：

(1) 库存现金实有数627.34元。

(2) 在保险柜中有下列单据已收、付款但未入账：①职工刘阳预借差旅费200元，已经领导批准；②职工刘刚借据一张，金额140元，未经领导批准，也没有说明用途；③已收款但未记账的凭证共4张，金额135.24元。

(3) 银行核定该公司库存现金限额为800元。

(4) 经核对2023年1月1日—1月20日的收付款凭证和库存现金日记账，核实1月1日—1月20日收入现金数为2 350元、支出现金数为2 580元，正确无误。

具体任务：根据上述资料编制库存现金盘点表，核实库存现金实有数，并调整核实该公司2022年12月31日的资产负债表所列数字是否正确，对现金收支、留存管理的合理性提出审计意见。

一、库存现金的审计目标

(1) 确定被审计单位资产负债表的"货币资金"项目中的库存现金在资产负债表日是否确实存在。

(2) 确定被审计单位所有应当记录的现金收支业务是否均已记录完毕，有无遗漏。

(3) 确定记录的库存现金是否为被审计单位所拥有或控制。

(4) 确定库存现金是否以恰当的金额包含在财务报表的"货币资金"项目中，与之相关的计价调整是否已恰当记录。

(5) 确定库存现金是否已按照企业会计准则的规定在财务报表中作出恰当列报。

二、库存现金的实质性程序

(一) 进行账账核对

核对库存现金日记账与总账的金额是否相符，如果不相符，应查明原因，必要时应建议做出适当调整。

(二) 监盘库存现金

监盘库存现金时，被审计单位的现金出纳员和会计主管人员必须参加，并由注册会计师进行监盘。

（1）制订监盘计划，确定监盘时间。监盘时间最好选择上午上班前或下午下班时，以突击性检查最好。盘点范围应包括被审计单位各部门经管的现金。在盘点前，应由出纳员将现金集中起来存入保险柜，必要时可加以封存，然后由出纳员把已办妥现金收付手续的收付款凭证登入库存现金日记账。如果被审计单位库存现金存放部门有两处或两处以上的，应同时进行盘点。

（2）审阅库存现金日记账并同时与现金收付凭证相核对。

（3）由出纳员根据库存现金日记账加计累计数额，结出结余额。

（4）盘点保险柜内的现金实存数，同时由注册会计师编制"库存现金监盘表"。

（5）将盘点金额与库存现金日记账余额进行核对。

（6）如有冲抵库存现金的借条、未提现支票、未作报销的原始凭证，应在"库存现金监盘表"中注明，必要时应提请被审计单位做出调整。

（7）在非资产负债表日进行盘点、监盘时，应调整至资产负债表日的金额。

【情境案例 9-1】 恒信会计师事务所审计人员李敏、林菲在对昌浤公司 2022 年 12 月 31 日资产负债表审计时发现，"货币资金"项目中的库存现金数额为 3 183 元。为确定资产负债表中货币资金的正确性，于 2023 年 1 月 12 日上午 8:00 对该公司库存现金进行突击性盘点，盘点结果表明库存现金实有数为 2 886.50 元，其中，100 元币 15 张、50 元币 20 张、10 元币 20 张、5 元币 20 张、2 元币 39 张、1 元币 6 张、5 角币 1 张、2 角币 5 张、1 角币 10 张。银行核定该公司库存现金限额为 3 000 元。进一步审计发现以下情况。

（1）销售产品收款收据 1 张尚未入账，金额 1 050 元。

（2）职工李明出差借款单 1 张尚未入账，金额 1 020 元，已经领导批准。

（3）职工张丽借款单 1 张，金额 240 元，白条抵库。

（4）1 月 1 日至 12 日收入现金 2 986.50 元，支付现金 3 043 元。

（5）2023 年 1 月 11 日现金账面余额 3 096.50 元。

李敏根据盘点结果编制库存现金监盘表见表 9-2。

表 9-2 库存现金监盘表

被审计单位：昌浤公司　　　　　　　　　索引号：_____
项目：库存现金　　　　　　　　　　　　财务报表截止日/期间：2022.12.31
编制：李敏　　　　　　　　　　　　　　复核：林菲
日期：2023.01.12　　　　　　　　　　　日期：2023.01.13

项　目	检查盘点记录			实有库存现金盘点记录						
	项次	人民币	美元	某外币	币种	人民币		美元		某外币
					面额	张	金额	张	金额	张	金额
上一日账面库存余额	①	3 096.50			1 000 元	0	—				
盘点日未记账传票收入金额	②	1 050.00			500 元	0	—				

续表

项目	项次	检查盘点记录			实有库存现金盘点记录						
		人民币	美元	某外币	币种	人民币		美元		某外币	
					面额	张	金额	张	金额	张	金额
盘点日未记账传票支出金额	③	1 020.00			100元	15	1 500.00				
盘点日账面应有金额	④=①+②−③	3 126.50			50元	20	1 000.00				
盘点实有库存现金数额	⑤	2 886.50			10元	20	200.00				
盘点日应有与实有差异	⑥=④−⑤	240.00			5元	20	100.00				
差异原因分析 白条抵库(张)	1	240.00			2元	39	78.00				
					1元	6	6.00				
					0.5元	1	0.50				
					0.2元	5	1.00				
					0.1元	10	1.00				
					合计		2 886.50				
追溯调整 报表日至审计日库存现金付出总额		3 043.00									
报表日至审计日库存现金收入总额		2 986.50									
报表日库存现金应有余额		3 183.00									
报表日账面汇率											
报表日余额折合本位币金额											
本位币合计		3 183.00									

出纳员:刘红　　会计主管人员:王刚　　监盘人:李敏　　检查日期:2023年1月12日

审计说明:

(1)该公司库存现金收支、余额存在不合理现象:一是库存现金收支入账不及时;二是白条抵库240元,违反现金管理制度。(2)该公司盘点日库存现金短缺。库存现金账面余额应为3 126.50元,而库存现金实有数为2 886.50元,库存现金短缺240元,属于白条抵库。

(三)分析日常库存现金余额是否合理

分析被审计单位日常库存现金余额是否合理,关注是否存在大额未缴存的现金。

（四）抽查大额库存现金

抽查大额库存现金收支原始凭证是否齐全、原始凭证内容是否完整、有无授权批准、记账凭证与原始凭证是否相符、账务处理是否正确、是否记录于恰当的会计期间等内容。

（五）抽查现金收支的正确截止

对资产负债表日前后若干天、一定金额以上的现金收支凭证实施截止测试，以确定是否存在跨期事项，是否应考虑提出调整建议。

（六）检查库存现金是否已恰当列报

检查库存现金是否在资产负债表中作出恰当列报。

【学中做 9-2】 2023 年 1 月 12 日，恒信会计师事务所的注册会计师林菲对大华公司 2022 年 12 月 31 日的资产负债表进行审计，查得"货币资金"项目中的库存现金为 860 元。1 月 13 日上午 8:00，林菲对大华公司出纳员所经管的现金进行了清点。该公司 1 月 12 日库存现金日记账余额为 760 元，清点结果如下。

文档：学中做 9-2 解析

（1）现金实有数 760 元。

（2）银行核定该公司库存现金限额为 900 元。

（3）经核对 1 月 1 日至 12 日的收付款凭证和库存现金日记账，核实 1 月 1 日至 12 日收入现金数为 2 400 元，支出现金数为 2 500 元正确无误。

要求：核实 2022 年 12 月 31 日资产负债表上的"货币资金"项目中所列现金数是否正确。

任 务 分 析

注册会计师应在监盘库存现金的基础上编制库存现金盘点表（见表 9-3）。

表 9-3 库存现金盘点表

被审计单位：昌浤公司　　　编制：张强　　　日期：2023.1.21
　　　　　　　　　　　　　复核：林菲　　　日期：2023.1.22
币种：人民币　　　2023 年 1 月 21 日　　　单位：元

项　目	工作底稿	金　额	备　注
实点库存现金金额		627.34	
加：已付讫未入账的支出凭证 1 份		200.00	
加：白条抵库数 1 份		140.00	
减：已收入未入账的收入凭证 4 份		135.24	
减：代保管现金情况			
库存现金实际占用额		832.10	
库存现金账面金额（2023 年 1 月 20 日）		832.10	
银行核定库存现金金额		800.00	

根据表 9-3 可以得出以下内容。

(1) 该公司库存现金没有发生短缺。按会计制度规定调整后,账面余额应为 767.34(＝832.10＋135.24－200)元;现金实有数为 627.34 元,加上白条抵库数(应由出纳员退回)140 元,与账面余额相符。

(2) 2022 年 12 月 31 日库存现金应有数为 997.34(＝767.34－2 350＋2 580)元,与 2022 年度资产负债表中"货币资金"项目的库存现金数 1 062.10 元不相符,说明该库存现金数 1 062.10 元是不正确的,应调整为 997.34 元。

(3) 该公司库存现金收支、留存中存在不合法现象:一是有白条抵库 140 元,违反现金管理制度;二是超现金限额留存现金,2022 年 12 月 31 日超限额 197.34 元,违反现金限额的有关规定。

任务五　银行存款审计

任务导入

注册会计师沈诚实对昌泫公司 2022 年 12 月 31 日的资产负债表进行审计。在审查资产负债表"货币资金"项目时,注册会计师发现该公司 2022 年 12 月 31 日的银行存款数为 33 500 元,银行存款账面余额为 35 000 元,派审计助理人员向开户银行取得对账单一张,2022 年 12 月 31 日的银行对账单存款余额为 42 000 元。另外,查有下列未达账项和记账差错。

(1) 12 月 24 日,公司送存转账支票 5 800 元,银行尚未入账。

(2) 12 月 26 日,公司开出转账支票 5 300 元,持票人尚未到银行办理转账手续。

(3) 12 月 28 日,公司委托银行收款 10 300 元,银行已收妥入账,但收款通知尚未到达公司。

(4) 12 月 30 日,银行代付水费 3 150 元,但银行付款通知单尚未到达公司。

(5) 12 月 16 日,收到银行收款通知单金额为 3 850 元,公司入账时将银行存款增加错记成 3 500 元。

具体任务:根据上述资料编制银行存款余额调节表,核实 2022 年 12 月 31 日资产负债表"货币资金"项目中银行存款数额的正确性。

微课:银行存款审计

一、银行存款的审计目标

(1) 确定被审计单位资产负债表的"货币资金"项目中的银行存款在资产负债表日是否确实存在。

(2) 确定被审计单位所有应当记录的银行存款收支业务是否均已记录完毕,有无遗漏。

(3) 确定记录的银行存款是否为被审计单位所拥有或控制。

(4)确定银行存款是否以恰当的金额包含在财务报表的货币资金项目中,与之相关的计价调整是否已恰当记录。

(5)确定银行存款是否已按照《企业会计准则》的规定在财务报表中作出恰当列报。

二、银行存款的实质性程序

（一）获取或编制银行存款余额明细表

获取或编制银行存款余额明细表,复核加计是否正确,并与总账数和日记账合计数核对是否相符,检查非记账本位币银行存款的折算汇率及折算金额是否正确。

（二）实施实质性分析程序

实施实质性分析程序,计算银行存款累计余额应收利息收入,分析比较被审计单位银行存款应收利息收入与实际利息收入的差异是否恰当,评估利息收入的合理性,检查是否存在高息资金拆借,确认银行存款余额是否存在,利息收入是否已经完整记录。

（三）编制银行存单检查表

编制银行存单检查表,检查存单表是否与账面记录金额一致,是否被质押或限制使用,存单是否为被审计单位所拥有。

（四）检查银行存款余额对账单和银行存款余额调节表

取得并检查银行存款余额对账单和银行存款余额调节表,具体包括:①将资产负债表日的银行存款余额对账单与银行询证函回函核对,确认是否一致,抽样核对账面记录的已付票据金额及存款金额是否与对账单记录一致;②获取资产负债表日的银行存款余额调节表,检查银行存款余额调节表中加计数是否正确,调节后银行存款日记账余额与银行对账单余额是否一致;③检查调节事项的性质和范围是否合理。

对银行存款余额调节表的检查见表9-4。

表9-4　对银行存款余额调节表的检查

被审计单位:昌泫公司　　　　　　　　索引号ZA4
项目:对银行存款余额调节表的检查　　财务报表截止日/期间:2022.12.31
编制:沈诚实　　　　　　　　　　　　复核:孟翔
日期:2023.1.11　　　　　　　　　　　日期:2023.1.12
开户银行:工行和平路支行　　　　　　银行账号:2120600××××　　　　币种:人民币

项目	金额/元	调节项目说明	是否需要审计调整
银行对账单余额	2 405 950.13		
加:企业已收,银行尚未入账合计金额			
其中:1.			
2.			
减:企业已付,银行尚未入账合计金额			
其中:1.			
2.			

续表

项 目	金额/元	调节项目说明	是否需要审计调整
调整后银行对账单余额	2 405 950.13		
企业银行存款日记账余额	2 405 950.13		
加:银行已收,企业尚未入账合计金额			
其中:1.			
2.			
减:银行已付,企业尚未入账合计金额			
其中:1.			
2.			
调整后企业银行存款日记账余额	2 405 950.13		

经办会计人员(签字):　　　　　　　　　　　略会计主管(签字):略

审计说明:

该公司拥有4个银行账户,截至2022年12月31日,各银行账户的银行存款日记账余额与银行对账单位余额一致。

(五)函证银行存款余额

注册会计师应向被审计单位的开户银行函证银行存款余额。对于零余额账户和在本期内注销的账户,注册会计师也应当实施函证,以防止被审计单位隐瞒银行存款或借款。

银行询证函的格式如下。

银行询证函

索引号:ZA6

编　号:00×1

工行和平路支行:

　　本公司聘请的恒信会计师事务所正在对本公司2022年度财务报表进行审计,按照中国注册会计师审计准则的要求,应当询证本公司与贵行相关的信息。下列信息出自本公司记录,如与贵行记录相符,请在本函下端"信息证明无误"处签章证明;如有不符,请在"信息不符"处列明不符项目及具体内容;如存在与本公司有关的未列入本函的其他重要信息,也请在"信息不符"处列出其详细资料。回函请直接寄至N会计师事务所。

　　回函地址:　　　　　　　　邮编:

　　电话:　　　　　　　　传真:　　　　　　　　联系人:

　　截至2022年12月31日,本公司与贵行相关的信息列示如下:

1. 银行存款

账户名称	银行账号	币种	利率	余额/元	起止日期	是否被抵押、用于担保或存在其他使用限制	备注
ABC公司	2120600××××	人民币		2 405 950.13		否	

除上述列示的银行存款外,本公司并无在贵行的其他存款。

2. 银行借款

……

（昌浤公司盖章）

2023年1月10日

———————— 以下仅供被函证银行使用 ————————

结论:

1. 信息证明无误。	2. 信息不符,请列明不符项目及具体内容。
（工行和平路支行盖章）	（银行盖章）
2023年1月15日	年 月 日
经办人:×××	经办人:

（六）检查银行存款账户存款人是否为被审计单位

若存款人非被审计单位,应获取该账户户主和被审计单位的书面声明,确认资产负债表日是否需要提请被审计单位进行调整。

（七）关注是否存在质押、冻结或存放在境外的款项

关注是否存在质押、冻结等对变现有限制或存放在境外的款项。如果存在,是否已提请被审计单位作必要的调整和披露。

（八）列明不符合现金及现金等价物条件的银行存款

列明不符合现金及现金等价物条件的银行存款,以考虑对现金流量表的影响。

（九）抽查大额银行存款收支的原始凭证

抽查大额银行存款收支的原始凭证,检查原始凭证是否齐全、记账凭证与原始凭证是否相符、账务处理是否正确、是否记录于恰当的会计期间等内容,检查是否存在非营业目的的大额货币资金转移,并核对相关账户的进账情况。如有与被审计单位生产经营无关的收支事项,应查明原因并做相应的记录。

（十）检查银行存款收支的截止是否正确

选取资产负债表日前后若干张、一定金额以上的凭证实施截止测试,关注业务内容及对应项目,如有跨期收支事项,应考虑是否提请被审计单位进行调整。

（十一）检查银行存款是否已恰当列报

注册会计师应检查银行存款是否已在资产负债表中做出恰当列报。

【学中做9-3】 2023年1月15日恒信会计师事务所的审计人员李敏审查堂谛公司银行存款项目时,发现该公司有两个银行账户,随后李敏在审阅不同存款账户明细账时,发现其中一个银行账户中银行存款为负数。

要求:做出审计判断和处理。

文档:学中做9-3解析

注册会计师根据收集的资料,编制了银行存款余额调节表(见表9-4)。

表9-4 银行存款余额调节表

编制单位:昌浤公司　　　　2022年12月31日　　　　金额单位:元

项　目	金额	项　目	金额
企业银行存款账面余额	35 000	开户银行对账单余额	42 000
加:银行已收款入账而公司未收款入账的款项	10 300	加:公司已收款入账而银行未收款入账的款项	5 800
减:银行已付款入账而公司未付款入账的款项	3 150	减:公司已付款入账而银行未付款入账的款项	5 300
加:公司记账差错数	350		
调节后的存款余额	42 500	调节后的存款余额	42 500

从表9-4中可以看出,该公司2022年12月31日银行存款的数额双方都为42 500元,从而证明该公司银行存款账面余额35 000元基本属实。由此可见,资产负债表"货币资金"项目中的银行存款数33 500元的真实性较差,应加以调整。

思政德育课堂

货币资金挪用案例

一、案例描述

曾在国家某科研基金管理机构工作的会计卞某涉嫌贪污挪用公款2亿元一案,是北京市自中华人民共和国成立以来涉案金额最高的一起职务侵占案件,最终卞某被法院判处死缓。

从媒体报道来看,卞某在案发前的8年时间里,利用掌管该科研基金的专项资金下拨权,采用谎称支票作废、偷盖印鉴、削减拨款金额、伪造银行进账单和信汇凭证、伪造银行对账单等手段贪污、挪用公款人民币2亿余元。卞某担负着资金收付的出纳职能,同时所有的银行单据和银行对账单也都由他一手经办,使得他得以作案长达8年时间,却一直没有被察觉。案发当年的春节刚过,基金委财务局经费管理处刚来的一名大学生提前休假回来,去银行办事时顺手将此前都是由卞某经手的银行对账单取回,而此时卞某还没有对这次的对账单作假。取回对账单后,这名大学生开始将对账单和内部账目

思政德育课堂:货币资金挪用案例

进行核对,一笔金额为2 090万元的支出引起了这名大学生的注意,在其印象里他没有听说过此项开支。这个初入社会的大学生找到卞某刨根问底,慌乱之下卞某道出实情,这桩涉案金额超过2亿元的大案也因此浮出水面。

据办案人员介绍:"作为入账凭证,每一笔资金的流向都体现在银行的对账单上,而在基金管理机构,卞某既管记账又管拨款,身份是会计却又掌握出纳的职能,这样就给他实施贪污挪用提供了业务上的便利。比如,他挪出去3 000万元或者1 980万元,他把真对账单拿出来自己留下,而在假对账单里,这笔钱他自己做得根本体现不出来。""咱们的银行对账单都是从计算机中打出来的,既然是计算机做的,卞某也有计算机,他也可以按照那种纸张和程序往下打。"打印出对账单后还必须要加盖银行印章,卞某长期和银行打交道,与银行工作人员之间非常熟悉,有时候银行直接就把印章给他,让他自己盖,这时候卞某就可以一次盖很多。

二、案例意义

货币资金是流动性最强、控制风险最高的资产,企事业单位的货币资金遭挪用、贪污和诈骗等案例屡见报端,而这些案例的发生与单位的货币资金内部控制不健全或未能有效执行有密切关系。新时代大学生一定要遵纪守法,守住底线,不为金钱利益所诱惑,做诚实守信的人。

问题:用学习情境九学到的知识,结合党的二十大精神,分析上述案例带给我们哪些启示。

职业能力训练

一、单项选择题

1. 下列情形中,不违反货币资金"不相容岗位相互分离"控制原则的是(　　)。
   A. 由出纳人员兼任收入总账和明细账的登记工作
   B. 由出纳人员保管签发支票所需全部印章
   C. 由出纳人员兼任固定资产明细账的登记工作
   D. 由出纳人员兼任会计档案保管工作

2. 监盘库存现金是注册会计师证实被审计单位资产负债表所列库存现金存在与否的一项重要程序,被审计单位必须参加盘点的人员是(　　)。
   A. 出纳员和内部审计人员　　　　B. 出纳员和会计主管人员
   C. 会计主管人员和内部审计人员　　D. 现金出纳员和银行出纳员

3. 如果被审计单位银行对账单余额与银行存款日记账余额不符,下列最有效的审计程序是(　　)。
   A. 检查银行存款日记账中记录的资产负债表日前后的收付情况
   B. 重新测试相关的内部控制
   C. 检查银行对账单中记录的资产负债表日前后的收付情况
   D. 检查该银行账户的银行存款余额调节表

4. 下列说法中正确的是( )。
   A. 被审计单位资产负债表上的银行存款余额,应以编制或取得银行存款余额调节表日银行存款账户数额为准
   B. 如果现金盘点不是在资产负债表日进行的,注册会计师应将资产负债表日至盘点日的收付金额调整至盘点日金额
   C. 出纳人员可以同时从事银行对账单的获取、银行存款余额调节表的编制等工作
   D. 在对银行存款实施函证程序时,要对所有存款的银行都寄发询证函

5. 注册会计师执行的以下实质性程序中属于审查企业收到的现金是否已经全部登记入账的是( )。
   A. 对库存现金执行监盘程序
   B. 对被审计单位结账日前一段时间内现金收支凭证进行审计,以确定是否存在应记入下期的事项
   C. 检查现金收入的日记账、总账和应收账款明细账的大额项目与异常项目
   D. 从被审计单位当期收据存根中抽取大额现金收入追查到相关的凭证和账簿记录

6. A 注册会计师在 2023 年 1 月 25 日对 B 企业现金实施监盘审计程序,实际的现金盘点金额为 1 325 元,已知被审计单位账面显示 2022 年资产负债表日至现金盘点日企业共收到现金 266 500 元,付出现金 271 109 元,假设上面的数据都正确,B 企业资产负债表日现金余额为( )元。
   A. 5 582   B. 5 934   C. 5 870   D. 5 627

7. 如果注册会计师已经从被审计单位内部获得了银行对账单,该注册会计师( )。
   A. 无须再向银行函证   B. 仍需再向银行函证
   C. 复核银行对账单   D. 可根据实际需要,确定是否向银行函证

8. 函证银行存款不能实现的目标是( )。
   A. 确定被审计单位银行存款使用的合法性
   B. 了解银行存款的存在
   C. 了解被审计单位欠银行的债务
   D. 发现被审计单位未登记的银行借款

9. 针对现金管理业务活动涉及的内部控制,下列说法中恰当的是( )。
   A. 出纳员每日对库存现金自行盘点,编制现金报表,计算当日现金收入、支出及结余额,并将结余额与实际库存额进行核对,如有差异及时查明原因
   B. 会计主管定期检查现金日报表
   C. 每月末,会计主管指定出纳员对现金进行盘点,编制库存现金盘点表,将盘点金额与现金日记账余额进行核对
   D. 会计主管复核库存现金盘点表,如果盘点金额与现金日记账余额存在差异,会计主管需按盘点金额进行调整

10. 针对银行存款管理业务活动涉及的内部控制,下列说法中不恰当的是( )。
   A. 企业的银行账户的开立、变更或注销需经财务经理审核,报总经理审批
   B. 每月末,会计主管指定出纳员核对银行存款日记账和银行对账单,编制银行存款余额调节表,使银行存款账面余额与银行对账单调节相符
   C. 出纳员登记银行票据的购买、领用、背书转让及注销等事项
   D. 企业的财务专用章由财务经理保管,办理相关业务中使用的个人名章由出纳员保管

二、多项选择题

1. 下列各项属于货币资金内部控制的有( )。
   A. 现金和银行存款的管理   B. 岗位分工及授权批准
   C. 票据及有关印章的管理   D. 货币资金的核算制度

2. 出纳人员不得兼任的工作有( )。
   A. 收入支出账目的登记   B. 债权债务账目的登记
   C. 会计档案保管   D. 稽核

3. 货币资金监督检查的内容主要包括( )。
   A. 检查是否存在货币资金业务不相容职务混岗的现象
   B. 检查货币资金支出的授权批准手续是否健全
   C. 检查付款业务所需全部印章保管情况
   D. 检查票据保管情况

4. A注册会计师拟对B公司的库存现金实施实质性程序。以下审计程序中,属于实质性程序的有( )。
   A. 盘点库存现金   B. 检查现金收支的正确截止
   C. 库存现金的控制测试   D. 抽查大额现金收支

5. 注册会计师在对银行存款函证时,下列各项,可能作为函证对象的有( )。
   A. 余额较小的账户   B. 在本期存过款的银行
   C. 零余额账户   D. 本期注销的账户

6. 为了做到银行存款在财务报表上的正确截止,对于以下未达账项( ),注册会计师应当要求被审计单位编制会计分录调整。
   A. 企业已付,银行未入账的支出   B. 企业已收,银行未入账的收入
   C. 银行已付,企业未入账的支出   D. 银行已收,企业未入账的收入

7. 针对被审计单位与货币资金相关的内部控制,下列说法中不恰当的有( )。
   A. 企业取得的货币资金收入必须及时入账,严禁收款不入账
   B. 在办理费用报销的付款手续后,出纳人员应及时登记现金、银行存款日记账和相关费用明细账
   C. 对于重要货币资金支付业务,企业应当实行集体决策和审批,并建立责任追究制度
   D. 期末应当核对银行存款日记账余额和银行对账单余额,对余额核对相符的银

行存款账户,无须编制银行存款余额调节表

8. 下列各项中,属于一个良好的货币资金内部控制应该达到的要求有(　　)。
  A. 货币资金收支与记账的岗位分离
  B. 货币资金收支要有合理、合法的凭据
  C. 全部收支及时准确入账,并且资金支付应严格履行审批、复核制度
  D. 特殊情况下,支出可以没有审批、复核的手续

9. 下列各项中,有关企业货币资金授权审批制度的说法中恰当的有(　　)。
  A. 审批人在授权范围内进行审批,不得超越审批权限
  B. 经办人应当在职责范围内,按照审批人的批准意见办理货币资金业务
  C. 对于审批人超越授权范围审批的货币资金业务,经办人员有权拒绝办理,并及时向审批人的上级授权部门报告
  D. 对于审批人超越授权范围审批的货币资金业务,经办人员应先予以办理,随后向审批人的上级授权部门报告

10. 货币资金业务交易、账户余额和列报的认定层次的重大错报风险可能包括(　　)。
  A. 被审计单位存在虚假的货币资金余额或交易,因而导致银行存款余额的存在性或交易的发生存在重大错报风险
  B. 对于有外币现金或外币银行存款的被审计单位,被审计单位有关外币交易的增减变动或年底余额可能因未采用正确的折算汇率而导致计价错误
  C. 被审计单位期末存在金额重大且异常的银付企未付,企收银未收事项
  D. 被审计单位期末持有使用受限制的大额银行存款,但在编制财务报表时未在财务报表附注中对其进行披露

三、判断题

1. 注册会计师向银行函询企业银行存款余额,一般采用积极式函询方式,也可以采用消极式函询。(　　)

2. 被审计单位因特殊情况需要坐支现金的,应事先报经开户银行审查批准。(　　)

3. 注册会计师编制的银行存款余额调节表,调整后的余额相符,就说明企业银行存款收付不存在问题。(　　)

4. 企业不得由一人办理货币资金业务的全过程。(　　)

5. 对于审批人超越授权范围审批的货币资金业务,经办人员有权拒绝办理,无须报告。(　　)

6. 监盘库存现金最好选择上午上班前或下午下班时。(　　)

7. 审查结算日银行存款余额调节表是为了证实资产负债表所列"货币资金"项目中银行存款是否存在。(　　)

8. 一年以上的定期银行存款或限定用途的存款,不属于企业的银行存款,应列于其他资产类下。(　　)

实训项目

审计银行存款实训

一、实训背景

2023年3月10日,山东星辰股份有限公司从宏盛公司购入钢材20吨,金额为120 000元,用汇票结算,该公司收到货后根据宏盛公司出具的发票作了以下账务处理。

借:原材料——钢材　　　　　　　120 000
　贷:银行存款　　　　　　　　　　　　　120 000

为了促进销售,宏盛公司决定实行商品销售折扣战略,按购价的5%折扣,退给山东星辰股份有限公司折扣款6 000元,并于3月16日通过银行汇入该公司开户银行。山东星辰股份有限公司会计人员李某收到该款后,认为有机可乘,想要侵吞此折扣款。于是,便将银行汇款单及相关单据销毁。2023年3月17日,李某又开出现金支票将此款支取,收入个人私囊,月末,将3月的银行对账单销毁,以逃避检查。

审计人员在对银行存款进行审查时,首先对审查日的银行存款日记账的账面余额与银行对账单进行调整,验证银行对账单余额同银行存款日记账余额相符。随后,审计人员又将山东星辰股份有限公司银行存款日记账与对账单进行逐笔核对,在搜集对账单时,发现缺少3月的对账单,于是便到银行复印了一份,经核对发现3月16日的一笔6 000元的银行收入未入账,同时又发现山东星辰股份有限公司于次日开出一张支票提出现金6 000元未入账,一收一付金额相等,均未入该公司的银行存款日记账。针对这一贪污嫌疑,山东星辰股份有限公司的财务经理向李某进行询问,李某如实交代了自己的行为。

实务操作视频:
审计银行存款

二、实训要求

任务1:会计人员李某是如何作弊的。
任务2:企业如何健全自身的防范措施。
任务3:审计人员在审计过程中采用了哪些审计程序和方法。
任务4:说明货币资金审计的重要性。

三、实训提示

扫码查看实训提示。

文档:审计银行
存款实训提示

文档:学习情境九
拓展训练

落实成果　形成结论——
完成审计工作与编制审计报告

✒ 情 境 导 航

　　审计报告是审计人员在完成审计工作后向委托(委派)人递交的最终产品。为了明确责任,审计人员应当在审计报告中清楚地表达对财务报表的意见,并对出具的审计报告负责。本情境主要引导学生明确审计终结阶段应完成哪些工作,明确审计报告的基本内容和不同意见审计报告符合的条件,掌握审计报告编制的方法。学习时,要根据实际查明的情况,结合重要性标准、可接受的审计风险及各种审计报告符合的条件,判明应发表什么意见,并掌握审计报告的编制方法。本项目包括以下两个任务:完成审计工作;编制审计报告。

📖 学 习 目 标

- 明确审计终结阶段的主要任务。
- 明确审计报告的意义和基本内容。
- 明确标准审计报告的条件。
- 明确非标准审计报告的条件。
- 掌握审计报告的编制方法。

🎬 课 程 思 政

- 以党的二十大精神为引领,树立责任重于泰山的担当意识。
- 坚持质量宛如生命的价值追求,实现审计成果优质化。

❄ 情 境 认 知

保留意见与管理建议

　　沈诚实跟了师傅孟翔两年以后,孟翔让他试着撰写审计报告。有一次,沈诚实与被审计单位交换意见后,将应该发表保留意见的问题列入管理建议,将原发表保留意见的审计报告修改成"无保留意见"的审计报告,理由是如发表保留意见,客户那里通不过。原来,事情是这样的:被审计单位原账面应亏损3 000多元,因为上级规定账面不能出现亏损,所以企业将该笔亏损金额挂在"待摊费用"中,将利润总额调节为"零"。

孟翔对沈诚实说:"我们讲客户至上,并不等于放弃原则迁就客户,我们不能与违反会计制度的行为妥协,不能将应该发表保留意见的问题列入管理建议。企业会计政策的采用、会计估计的做出或会计报表的披露,不符合国家颁布的企业会计准则和相关会计制度的规定,我们应判断其影响的金额是否重要,如果其金额对企业财务报表影响程度较大,甚至会引起财务报表所反映的企业财务状况发生质的变化,我们必须取得充分适当的审计证据,运用正确的审计判断,根据影响金额对报表的影响程度,分别表示保留意见或否定意见。"

沈诚实翻出自己的工作笔记问:"孟老师,那么,我们在审计中发现了一些问题,如何判断是应该发表保留意见还是提出管理建议呢?"

孟翔看了一下沈诚实的笔记,其中罗列了以下一些问题:企业将无法支付的应付账款冲减营业成本,注册资金与实收资本不符;某货运企业挂靠车辆的运输收入按其折旧额确认收入;企业实行行业会计制度,但未按规定对房屋计提折旧;企业部分固定资产带有改建性质的装潢费计入"长期待摊费用";企业预付设备款两年以上,由于对方未开发票而长期挂账;企业预付工程款已取得发票,未及时转入"在建工程";企业业务招待费超过计税标准,如纳税调整后,财务报表中的盈利将变为亏损等。

孟翔说:"我们审计过程中应该做到具体情况具体分析,并在工作底稿中留下痕迹,以证明自己尽到了关注责任。有些问题虽然金额不大,但属于性质重要,会引起财务报表所反映的企业财务状况发生质的变化,如果客户不愿调整财务报表,我们应该出具保留意见的审计报告。"

任务一 完成审计工作

在对昌浍公司的审计业务中,注册会计师孟翔被指定为项目经理。进入审计终结阶段后,孟翔通过分析程序确定了昌浍公司报表整体的合理性。因工作繁多,孟翔安排沈诚实收集审计组各成员编制的审计工作底稿,由沈诚实对这些审计工作底稿进行了复核,并签署复核意见。然后沈诚实将复核过的工作底稿交给孟翔,由孟翔起草了审计报告。

微课:完成审计工作

具体任务:

(1)在会计报表的审计中,注册会计师应在何时执行分析性程序?

(2)孟翔安排审计人员沈诚实复核审计工作底稿并签署复核意见的做法是否妥当?

(3)审计工作底稿复核时应复核哪些内容?

在审计完成阶段,编制审计报告前,注册会计师应完成评价审计中的重大发现、汇总审计差异、复核审计工作底稿和财务报表、考虑被审计单位持续经营假设的合理性、或有事项、期后事项和索取管理层声明等工作。

一、汇总审计差异

（一）审计差异的含义

审计差异是指审计人员在审计过程中发现的被审计单位对经济业务的确认、计量或者列报与有关会计准则、会计制度不一致的地方。

（二）编制审计差异调整表

审计差异内容按是否需要调整账户记录可分为核算错误和重分类错误。

（1）核算错误是因企业对经济业务进行了不正确的会计核算而引起的错误。

（2）重分类错误是因企业未按企业会计准则列报财务报表而引起的错误。其中较为常见的,例如,企业在应收账款项目中反映的预收账款,在应付账款项目中反映的预付账款等。

通常需要将建议调整的不符事项、重分类错误和未调整不符事项分别汇总至"账项调整分录汇总表"（见表10-1）、"重分类调整分录汇总表"（见表10-2）与"未更正错报汇总表"（见表10-3）。

表10-1 账项调整分录汇总表

被审计单位：_____　　索引号：_____
项目：_____　　财务报表截止日/期间：_____
编制：_____　　复核：_____
日期：_____　　日期：_____

序号	内容及说明	索引号	调整内容				影响利润表 +（一）	影响资产负债表 +（一）
			借方项目	借方金额	贷方项目	贷方金额		

与被审计单位的沟通：
参加人员：
被审计单位：_____
审计项目组：_____
被审计单位的意见：_____
结论：
是否同意上述审计调整：_____
被审计单位授权代表签字：_____　　日期：_____

表 10-2　重分类调整分录汇总表

被审计单位：_____　　索引号：_____
项目：_____　　财务报表截止日/期间：_____
编制：_____　　复核：_____
日期：_____　　日期：_____

序号	内容及说明	索引号	调整项目和金额			
			借方项目	借方金额	贷方项目	贷方金额

与被审计单位的沟通：
参加人员：
被审计单位：_____
审计项目组：_____
被审计单位的意见：_____
结论：
是否同意上述审计调整：_____
被审计单位授权代表签字：_____　日期：_____

表 10-3　未更正错报汇总表

被审计单位：_____　　索引号：_____
项目：_____　　财务报表截止日/期间：_____
编制：_____　　复核：_____
日期：_____　　日期：_____

序号	内容及说明	索引号	未调整内容				备注
			借方项目	借方金额	贷方项目	贷方金额	

未更正错报的影响：

项目	金额	百分比	计划百分比
1. 总资产	_____	_____	_____
2. 净资产	_____	_____	_____
3. 销售收入	_____	_____	_____
4. 费用总额	_____	_____	_____
5. 毛利润	_____	_____	_____
6. 净利润	_____	_____	_____

结论：
被审计单位授权代表签字：_____　日期：_____

（三）编制试算平衡表

试算平衡表是注册会计师在被审计单位提供未审财务报表的基础上，考虑调整分录、

重分类分录等内容以确定已审数与报表披露数的表式。有关资产负债表和利润表的试算平衡表的参考格式分别见表10-4和表10-5。试算平衡表的钩稽关系有以下要点。

(1) 试算平衡表中的"期末未审数"和"审计前金额"列,应根据被审计单位提供的未审计财务报表填列。

(2) 试算平衡表中的"账项调整"和"调整金额"列,应根据经被审计单位同意的"账项调整分录汇总表"填列。

(3) 试算平衡表中的"重分类调整"列,应根据经被审计单位同意的"重分类调整分录汇总表"填列。

(4) 在编制完试算平衡表后,应注意核对相应的钩稽关系。如资产负债表试算平衡表左边的"期末未审数"列合计数、"期末审定数"列合计数应分别等于其右边相应各列合计数;资产负债表试算平衡表左边的"账项调整"列中的借方合计数与贷方合计数之差应等于右边的"账项调整"列中的贷方合计数与借方合计数之差;资产负债表试算平衡表左边的"重分类调整"列中的借方合计数与贷方合计数之差应等于右边的"重分类调整"列中的贷方合计数与借方合计数之差等。

表10-4 资产负债表试算平衡表

项目	期末未审数		账项调整		重分类调整		期末审定数	项目	期末未审数	账项调整	重分类调整	期末审定数
	借方	贷方	借方	贷方	借方	贷方			借方	贷方	借方	贷方
合计								合计				

表10-5 利润表试算平衡表

被审计单位:_____   索引号:_____
项　目:_____   财务报表截止日/期间:_____
编　制:_____   复核:_____
日　期:_____   日期:_____

项　目	审计前金额	调整金额		审定金额
		借方	贷方	
一、营业收入				
减:营业成本				
税金及附加				
……				
二、营业利润				
加:营业外收入				

续表

项　　目	审计前金额	调整金额		审定金额
		借方	贷方	
减：营业外支出				
三、利润总额				
减：所得税费用				
四、净利润				

【实务辨析10-1·单选题】 在资产负债表试算平衡表中，左边"账项调整"列中（　　）的金额应等于右边"账项调整"列中贷方合计数减去借方合计数的金额。

A. 借方合计数减去贷方合计数

B. 贷方合计数

C. 借方合计数加上贷方合计数

D. 借方合计数

文档：实务辨析10-1分析

二、或有事项审计

（一）或有事项的含义

或有事项是指过去的交易或事项形成的，其结果需由某些未来事项的发生或不发生时才能决定的不确定事项。

常见的或有事项主要包括未决诉讼或仲裁、债务担保、产品质量保证（含产品安全保证）、承诺、亏损合同、重组义务、环境污染整治等。

（二）或有事项的审计

将或有事项的审计放在完成审计阶段，主要有两方面的考虑：一是有利于注册会计师掌握有关或有事项的最新信息，有利于提高审计效率和效果；二是在完成审计阶段，需要专门实施一些程序，验证或复核或有事项的完整性。

一般而言，针对或有事项完整性的审计程序如下。

（1）了解被审计单位与识别有关的内部控制。

（2）审阅截至审计工作完成日止被审计单位历次董事会纪要和股东大会会议记录，确定是否存在未决诉讼或仲裁、未决索赔、税务纠纷、债务担保、产品质量保证、财务承诺等方面的记录。

（3）向与被审计单位有业务往来的银行函证，或检查被审计单位与银行之间的借款协议和往来函件，以查找有关票据贴现、背书、应收账款抵借、票据背书和担保。

（4）检查与税务征管机构之间的往来函件和税收结算报告，以确定是否存在税务争议。

（5）向被审计单位的法律顾问和律师进行函证，分析被审计单位在审计期间所发生的法律费用，以确定是否存在未决诉讼、索赔等事项。

（6）向被审计单位管理层获取书面声明，声明其已按照企业会计准则的规定，对全部或有事项做了恰当反映。

（三）获取律师声明书

对律师的函证，通常通过向被审计单位的律师寄发审计询证函的方式来实施。被审计单位律师对函证问题的答复和说明就是律师声明书。

注册会计师对律师回函的评价如下。

（1）注册会计师应根据该律师的职业水准和声誉情况来确定律师声明书的可靠性。

（2）如果律师声明书表明或暗示律师拒绝提供信息，或隐瞒信息，注册会计师应将其视为审计范围受到限制。

对律师的函证，通常以被审计单位的名义，通过寄发审计询证函的方式实施。律师声明书所用的格式和措辞并没有定式。单位不同或情况不同，律师出具的声明书也不相同。

三、期后事项审计

期后事项是指资产负债表日至审计报告日之间发生的事项以及审计报告日后发现的事实。其中，资产负债表日是指被审计年度的12月31日，审计报告日是指注册会计师完成审计工作的日期。

根据期后事项的定义，期后事项可以按时段划分为3个阶段，如图10-1所示。第一时段是资产负债表日后至审计报告日；第二时段是审计报告日后至财务报表报出日；第三时段是财务报表报出日后。

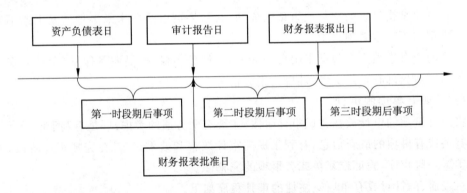

图 10-1 期后事项分段

（一）期后事项的种类

被审计单位管理层考虑需要两类期后事项，注册会计师需要审计以下内容。

1. 资产负债表日后调整事项

资产负债表日后调整事项是指对资产负债表日已经存在的情况提供了新的或进一步证据的事项。被审计单位发生的资产负债表日后调整事项，通常包括下列各项。

（1）资产负债表日后诉讼案件结案，法院判决证实了企业在资产负债表日已经存在现时义务，需要调整原先确认的与该诉讼案件相关的预计负债，或确认一项新负债。

（2）资产负债表日后取得确凿证据，表明某项资产在资产负债表日发生了减值或者需要调整该项资产原先确认的减值金额。

（3）资产负债表日后进一步确定了资产负债表日前购入资产的成本或售出资产的收入。

（4）资产负债表日后发现了财务报表舞弊或差错。

2. 资产负债表日后非调整事项

资产负债表日后非调整事项是指表明资产负债表日后发生的情况的事项。被审计单位资产负债表日后发生的某些事项，虽然对被审计年度资产负债表日的会计数据没有直接的影响，但可能会影响被审计单位未来期间的财务状况和经营成果，为了保证会计报表使用者能够全面、正确地理解会计报表信息，应以附注的形式披露这类信息。

资产负债表日后非调整事项，通常包括下列各项。

（1）资产负债表日后发生重大诉讼、仲裁、承诺。

（2）资产负债表日后资产价格、税收政策、外汇汇率发生重大变化。

（3）资产负债表日后因自然灾害导致资产发生重大损失。

（4）资产负债表日后发行股票和债券以及其他巨额举债。

（5）资产负债表日后资本公积转增资本。

（6）资产负债表日后发生巨额亏损。

（7）资产负债表日后发生企业合并或处置子公司。

（8）财务报表日后企业利润分配方案中拟分配的以及经审议批准宣告发放的股利或利润。

【实务辨析10-2·单选题】 下列期后事项中，注册会计师认为不属于资产负债表日后调整事项的期后事项是（   ）。

A. 已证实某项资产发生了减值损失

B. 已确认销售的货物被退回

C. 外汇汇率发生较大变动

D. 已确定将要支付赔偿额大于该赔偿在资产负债表日的估计金额

文档：实务辨析 10-2 分析

（二）期后事项的审计

1. 截至审计报告日发生的期后事项（第一时段）

对于这一时段的期后事项，注册会计师负有主动识别的义务，应当设计专门的审计程序来识别这些期后事项，并根据事项的性质判断其对财务报表的影响，确定是进行调整，还是披露。通常情况下，针对期后事项的专门审计程序，其实施时间越接近审计报告日越好。审计程序如下。

（1）复核被审计单位管理层建立的用于确保识别期后事项的程序。

（2）查阅股东会、董事会及专门委员会在资产负债表日后涉及诉讼的相关文件等，以及举行会议的纪要，并在不能获取会议纪要时询问会议讨论的事项。

（3）查阅最近的中期财务报表，如认为必要和适当，还应当查阅预算、现金流量预测及其他相关管理报告。

（4）向被审计单位律师或法律顾问询问有关诉讼和索赔事项。

（5）向管理层询问是否发生可能影响财务报表的期后事项。

(6) 查阅被审计单位与客户、供应商、监管部门等的往来信函。

2. 截至财务报表报出日前发生的期后事项(第二时段)

对于这一时段的期后事项,注册会计师没有责任针对财务报表实施审计程序或进行专门查询。但应对知悉的期后事项实施审计程序。管理层有责任将发现的可能影响财务报表的事实告知注册会计师。

(1) 如果管理层修改了财务报表,根据具体情况实施必要的审计程序,以验证调整或披露是否符合相关规定;针对修改后的财务报表出具新的审计报告和索取新的管理层声明书;将用以识别期后事项的审计程序延伸至新的审计报告日。

(2) 如果管理层不修改财务报表且审计报告未提交,注册会计师应当出具保留意见或否定意见的审计报告。

(3) 如果管理层不修改财务报表且审计报告已提交,注册会计师应当通知治理层不要将财务报表和审计报告向第三方报出;如果财务报表已报出,注册会计师应当采取措施防止财务报表使用者信赖该审计报告。注册会计师采取的措施取决于自身的权利和义务以及所征询的法律意见。

3. 财务报表报出日后发生的期后事项(第三时段)

对于这一时段的期后事项,注册会计师没有义务针对财务报表做出查询。只有同时满足下列两个条件时,注册会计师才采取行动:①期后事项在审计报告日已经存在;②该事实如果被注册会计师在审计报告日前获知,可能影响审计报告。

(1) 如果管理层修改了财务报表,注册会计师应当采取如下必要的措施:①实施必要的审计程序;②复核管理层采取的措施能否确保所有收到原财务报表和审计报告的人士了解这一情况;③针对修改后的财务报表出具新的审计报告,增加强调事项段,提请财务报表使用者注意财务报表附注中对修改原财务报表原因的详细说明,以及注册会计师出具的原审计报告。

(2) 如果管理层未采取任何行动,注册会计师应当采取措施防止财务报表使用者信赖该审计报告,并将拟采取的措施通知治理层。对上市公司客户,注册会计师可以考虑在中国证监会指定的媒体上刊登公告,指出审计报告日已存在的、对已公布的财务报表存在重大影响的事项及影响。

(3) 如果知悉此类期后事项时,已临近公布下一期财务报表或下一期财务报表已编制完成,且能够在下一期财务报表中进行充分披露,注册会计师应当根据法律、法规的规定确定是否仍有必要提请被审计单位修改财务报表,并出具新的审计报告。

四、获取管理层声明

管理层声明是指被审计单位管理层向注册会计师提供的关于财务报表的各项陈述。这些陈述是在审计过程中,注册会计师与被审计单位管理层就财务报表审计相关的重大事项不断进行沟通而形成的。

(一) 管理层声明的作用

(1) 明确管理层对财务报表的责任。被审计单位管理层在声明书中对提供给注册会计师的有关资料的真实性、合法性和完整性做出正面陈述,并明确承认对财务报表负责。

(2) 提供审计证据。被审计单位管理层声明书把管理层对注册会计师的询问所做的答复以书面方式予以记录,可作为书面证据。

(二) 管理层声明的要点

(1) 总体要求。注册会计师应当要求将声明书直接送给注册会计师本人。

(2) 主要内容。关于财务报表;关于信息的完整性;关于确认、计量和列报。

(3) 签署日期。管理层声明书表明的日期通常与审计报告日一致。但是在某些情况下,注册会计师也可能在审计过程中或审计报告日后就某些交易或事项获取单独的声明书。

(4) 签署人。管理层声明书通常由管理层中对被审计单位及财务负主要责任的人员签署。

管理层声明书的基本范例如下。

管理层声明书

××会计师事务所并××注册会计师:

本公司已委托贵事务所对本公司 2022 年 12 月 31 日的资产负债表,2022 年度的利润表、股东权益变动表和现金流量表以及财务报表附注进行审计,并出具审计报告。

为配合贵事务所的审计工作,本公司就已知的全部事项做出如下声明:

1. 本公司承诺,按照企业会计准则和《××会计制度》的规定编制财务报表是我们的责任。

2. 本公司已按照企业会计准则和《××会计制度》的规定编制 2022 年度财务报表,财务报表的编制基础与上年度保持一致,本公司管理层对上述财务报表的真实性、合法性和完整性承担责任。

3. 设计、实施和维护内部控制,保证本公司资产安全和完整,防止或发现并纠正错报,是本公司管理层的责任。

4. 本公司承诺财务报表符合适用的会计准则和相关会计制度的规定,公允反映本公司的财务状况、经营成果和现金流量情况,不存在重大错报,包括漏报。贵事务所在审计过程中发现的未更正错报,无论是单独还是汇总起来,对财务报表整体均不具有重大影响。

5. 本公司已向贵事务所提供了:

(1) 全部财务信息和其他数据;

(2) 全部重要的决议、合同、章程、纳税申报表等相关资料;

(3) 全部股东会和董事会的会议记录。

6. 本公司所有经济业务均已按规定入账,不存在账外资产或未计负债。

7. 本公司认为所有与公允价值计量相关的重大假设是合理的,恰当地反映了本公司的意图和采取特定措施的能力;用于确定公允价值的计量方法符合企业会计准则的规定,并在使用上保持了一贯性;本公司已在财务报表中对上述事项做出恰当披露。

8. 本公司不存在导致重述比较数据的任何事项。

9. 本公司已提供所有与关联方和关联方交易相关的资料,并已根据企业会计准则和《××会计制度》的规定识别和披露了所有重大关联方交易。

10. 本公司已提供全部或有事项的相关资料。除财务报表附注中披露的或有事项外,本公司不存在其他应披露而未披露的诉讼、赔偿、承兑、担保等或有事项。

11. 除财务报表附注披露的承诺事项外,本公司不存在其他应披露而未披露的承诺事项。

12. 本公司不存在未披露的影响财务报表公允性的重大不确定事项。

13. 本公司已采取必要措施防止或发现舞弊及其他违反法规行为,未发现:

(1) 涉及管理层的任何舞弊行为或舞弊嫌疑的信息;

(2) 涉及对内部控制产生重大影响的雇员的任何舞弊行为或舞弊嫌疑的信息;

(3) 涉及对财务报表的编制具有重大影响的其他人员的任何舞弊行为或舞弊嫌疑的信息。

14. 本公司严格遵守了合同规定的条款,不存在因未履行合同而对财务报表产生重大影响的事项。

15. 本公司对资产负债表上列示的所有资产均拥有合法权利,除已披露事项外,无其他被抵押、质押资产。

16. 本公司编制财务报表所依据的持续经营假设是合理的,没有计划终止经营或破产清算。

17. 本公司已提供全部资产负债表日后事项的相关资料,除财务报表附注中披露的资产负债表日后事项外,本公司不存在其他应披露而未披露的重大资产负债表日后事项。

18. 本公司管理层确信:

(1) 未收到监管机构有关调整或修改财务报表的通知;

(2) 无税务纠纷。

19. 其他事项。

注册会计师认为重要而需声明的事项,或者管理层认为必要而声明的事项。

(1) 本公司在银行存款或现金运用方面未受到任何限制。

(2) 本公司对存货均已按照《××会计制度》的规定予以确认和计量;受托代销商品或不属于本公司的存货均未包括在会计记录内;在途物资或由代理商保管的货物均已确认为本公司存货。

(3) 本公司不存在未披露的大股东及关联方占用资金和担保事项。

××有限责任公司(盖章)

法定代表人(签名并盖章)

财务负责人(签名并盖章)

二○二三年×月×日

(三) 管理层拒绝提供声明时的措施

注册会计师应将其视为审计范围受到限制,根据具体情况考虑出具保留意见或无法表示意见的审计报告。

| 思政元素融入 | 客观求实,应审尽审,凡审必严 |

思政素材:审计为防疫"防疫"

新冠感染疫情发生以来,疫情防控资金和捐赠款物是否"公开透明"一直备受社会关注。审计人员通过查阅资料、盘点查验等方式,掌握某市各慈善组织、相关单位社会捐赠款物的总体情况以及捐赠款物的管理、分配情况;针对发现的问题,及时提出审计建议,促进相关单位立审立改,进一步规范管理、健全相关制度,以审计监督实效助力疫情防控工作高效有序开展,为打赢疫情防控阻击战打好"防疫针"。(扫码查看全篇文章)

文档:审计为防疫"防疫"

思政讨论:审计人员严守工作纪律,充分利用大数据,紧扣疫情防控资金物资的"分配、管理、使用"这条主线,围绕资金链、物资链和业务链,做好现场审计与非现场审计的统筹结合,应审尽审,凡审必严;践行边审边改,推动整改规范,坚持客观求实的原则,促进疫情防控资金和物资规范管理、高效使用,为打赢疫情防控阻击战提供有力审计监督保障。

五、考虑持续经营假设

持续经营假设是指被审计单位在编制财务报表时,假定其经营活动在可预见的将来会继续下去,不拟也不必终止经营或破产清算,可以在正常的经营过程中变现资产、清偿债务。可预见的将来通常是指资产负债表日后 12 个月。

财务报表审计的目标是注册会计师对被审计单位财务报表的合法性和公允性发表意见,注册会计师的审计意见旨在提高财务报表的可信赖程度。因此,未提及持续经营能力存在重大不确定性的审计报告,不应被视为注册会计师对被审计单位能够持续经营做出的保证。

被审计单位在财务、经营以及其他方面存在的某些事项或情况可能导致经营风险,这些事项或情况单独或连同其他事项或情况可能导致对持续经营假设产生重大疑虑。注册会计师应当根据获取的审计证据,确定可能导致对被审计单位持续经营能力产生重大疑虑的事项或情况是否存在重大不确定性,并考虑对审计报告的影响。

被审计单位在财务、经营以及其他方面可能导致对持续经营能力产生重大疑虑的事项或情况如下。

(1) 财务方面。

① 债务违约。

② 无法继续履行重大借款合同中的有关条款。

③ 累计经营性亏损数额巨大。

④ 过度依赖短期借款筹资。

⑤ 无法获得供应商的正常商业信用。

⑥ 难以获得开发必要新产品或进行必要投资所需的资金。
⑦ 资不抵债。
⑧ 现金流量困难。
⑨ 大股东长期占用巨额资金。
⑩ 重要子公司无法持续经营且未进行处理。
⑪ 存在大量长期未做处理的不良资产。
⑫ 存在因对外巨额担保等或有事项引发的或有负债。

(2) 经营方面。
① 关键管理人员离职且无人替代。
② 主导产品不符合国家产业政策。
③ 失去主要市场、特许权或主要供应商。
④ 人力资源或重要原材料短缺。
⑤ 企业并购等快速扩张。

(3) 其他方面。
① 严重违反有关法律、法规或政策。
② 异常原因导致停工、停产。
③ 有关法律、法规或政策的变化可能造成重大不利影响。
④ 经营期限即将到期且无意继续经营。
⑤ 投资者未履行协议、合同、章程规定的义务,并有可能造成重大不利影响。
⑥ 因自然灾害、战争等不可抗力因素遭受严重损失。
⑦ 企业股东之间产生纠纷、股权转让频繁。

六、复核审计工作底稿和财务报表

(一) 对财务报表总体合理性实施分析程序

在审计结束或临近结束时,注册会计师运用分析程序的目的是确定经审计调整后的财务报表整体是否与对被审计单位的了解一致,是否具有合理性。如果识别出以前未识别的重大错报风险,注册会计师应当重新考虑对全部或部分各类交易、账户余额、列报评估的风险是否恰当,并在此基础上重新评价之前计划的审计程序是否充分,是否有必要追加审计程序。

(二) 评价审计结果

注册会计师评价审计结果,主要是为了确定审计意见的类型以及在整个审计工作中是否遵循了审计准则。因此,注册会计师必须完成两项工作。

1. 对重要性和审计风险进行最终的评价

对重要性和审计风险进行最终的评价是注册会计师决定发表何种类型审计意见的必要过程,此过程通过以下两个步骤来完成:①确定可能错报金额;②根据财务报表层次重要性水平,确定可能的错报金额的汇总数(即可能错报总额)对财务报表的影响程度。

2. 对被审计单位已审计财务报表形成审计意见并草拟审计报告

对审计所发现的问题,会计师事务所通常要与被审计单位开会沟通,对需要被审计单位做出的改变达成协议。如达成了协议,注册会计师一般即可签发标准审计报告,否则,注册会计师可能不得不发表其他意见类型的审计报告。

(三)复核审计工作底稿

会计师事务所应当建立完善的审计工作底稿分级复核制度。对审计工作底稿的复核可分为两个层次:项目组内部复核和独立的项目质量控制复核。

1. 项目组内部复核

项目组内部复核又分为两个层次:项目经理负责的现场复核和项目合伙人负责的复核。

(1)项目经理负责的现场复核。项目经理负责对工作底稿的复核属于第一级复核。该级复核通常在审计现场完成,以便及时发现和解决问题,争取审计工作的主动。

(2)项目合伙人负责的复核。项目合伙人负责对审计工作底稿实施的复核是项目组内部最高级别的复核。该复核既是对项目负责经理复核的再监督,也是对重要审计事项的把关。

2. 独立的项目质量控制复核

项目质量控制复核也称独立复核,是指在出具报告前,对项目组做出的重大判断和对在准备报告时形成的结论做出客观评价的过程。需要强调的是,独立的项目质量控制复核不能减轻项目组内部复核的责任。

【学中做10-1】 利信会计师事务所接受委托,承办V商业银行2022年度会计报表审计业务,并于2022年年底与V商业银行签订了审计业务约定书。利信会计师事务所指派注册会计师林菲和李敏为该审计项目负责人。审计中,发现以下情况。

文档:学中做10-1解析

(1)V商业银行2022年度经营亏损为由,要求利信会计师事务所降低一定数额的审计收费,允诺给予其正在申请的购买办公楼的按揭贷款利率以相应优惠。利信会计师事务所同意了V商业银行的要求,并与之签订了补充协议。

(2)注册会计师林菲持有V商业银行的股票100股,市值约600元。由于数额较小,注册会计师林菲未将该股票售出,也未予以回避。

(3)注册会计师李敏的妹妹在V商业银行财务部从事会计核算工作,但非财务部负责人。注册会计师李敏未予以回避。

(4)由于计算机专家李先生曾在V商业银行信息部工作,且参与了其现行计算机信息系统的设计,利信会计师事务所特聘李先生协助测试V商业银行的计算机信息系统。

(5)利信会计师事务所与V商业银行信贷评审部进行业务合作:由信贷评审部介绍需要审计的贷款客户,利信会计师事务所负责审计工作,最后由信贷评审部复核审计质量。鉴于双方各自承担的工作,相关审计收费由双方各按50%比例分配。

要求:根据以上情况,分别判断利信会计师事务和注册会计师林菲、李敏是否违反了中国注册会计师职业道德规范的相关规定,并简要说明理由。

任务分析

(1)在会计报表审计中,以下3种情况下可能运用分析性程序。

① 在审计计划阶段,可帮助注册会计师计划其他审计程序的性质、时间和范围。

② 在审计实施阶段，可作为一种实质性测试方法，用来收集与账户余额和各类交易相关的特殊认定的证据事项。

③ 在审计报告阶段，可用以对被审计会计报表的整体合理性作最后的复核。

（2）孟翔安排审计人员沈诚实复核审计工作底稿并签署复核意见的做法不妥当。对审计工作底稿的复核可分为两个层次：项目组内部复核和独立的项目质量控制复核。项目组内部复核又分为两个层次：项目经理负责的现场复核和项目合伙人负责的复核。作为该审计业务的项目经理，孟翔应进行现场复核，而不应安排沈诚实进行工作底稿复核工作。

（3）工作底稿复核的主要内容包括：①所引用的材料是否真实可靠；②所获取的审计证据是否充分恰当；③所做的审计判断是否有理有据；④所形成的审计结论是否正确。

任务二 编制审计报告

微课：编制
审计报告

利信会计师事务所的注册会计师孟翔和助理沈诚实负责审计多家上市公司 2022 年度财务报表，遇到下列与审计报告相关的事项。

（1）昌浤公司管理层在 2022 年度财务报表中确认和披露了年内收购隆盛公司的交易。孟翔将其作为审计中最为重要的事项与治理层进行了沟通，拟在审计报告的关键审计事项部分沟通该事项。同时，因该事项对财务报表使用者理解财务报表至关重要，孟翔拟在审计报告中增加强调事项段予以说明。

（2）胜院公司的某重要子公司因环保问题被监管部门调查并停业整顿。注册会计师孟翔将该事项识别为关键审计事项。因该公司管理层未在财务报表附注中披露该子公司停业整顿的具体原因，孟翔拟在审计报告的关键审计事项部分进行补充说明。

具体任务：请针对上述第（1）、（2）项，逐项指出注册会计师孟翔的做法是否恰当。如不恰当，简要说明理由。

一、审计报告的含义

审计报告是指注册会计师根据审计准则的规定，在执行审计工作的基础上，对财务报表发表审计意见的书面文件。审计报告是审计人员在完成审计工作后向授权者或委托者提供的最终产品，是评价被审计单位财务情况合法性和公允性的重要工具，也是表明审计人员完成了审计任务并愿意承担审计责任的证明文件。因此，审计人员必须慎重对待审计报告，对审计报告的真实性、合法性负责，如实反映审计的范围、审计的依据、实施的审计程序和应发表的审计意见。编写审计报告是审计过程中极为重要的一个环节。审计报告的编写和出具对于反映审计意见，证明审计事项，体现审计质量和效果等均具有重要的意义。

注册会计师应当将已审财务报表附于审计报告之后，以便于财务报表使用者正确理解和使用审计报告，并防止被审计单位替换、更改已审计的财务报表。

二、审计报告的作用

注册会计师签发的审计报告主要具有3个方面的作用。

（一）鉴证作用

注册会计师签发的审计报告，不同于政府审计和内部审计的审计报告，是以超然独立的第三者身份，对被审计单位财务报表合法性、公允性发表意见。这种意见具有鉴证作用，得到了政府及各部门和社会各界的普遍认可。股份制企业的股东主要依据注册会计师的审计报告来判断被投资企业的财务报表是否公允地反映了财务状况和经营成果，以进行投资决策等。

（二）保护作用

注册会计师通过审计，可以对被审计单位财务报表出具不同类型审计意见的审计报告，以提高或降低财务报表信息使用者对财务报表的信赖程度，能够在一定程度上对被审计单位的财产、债权人和股东的权益及企业利害关系人的利益起到保护作用。

（三）证明作用

审计报告是对注册会计师审计任务完成情况及结果所做的总结，它可以对审计工作质量和注册会计师的审计责任起证明作用。因为通过审计报告，可以证明注册会计师在审计过程中，是否实施了必要的审计程序，是否以审计工作底稿为依据发表审计意见，发表的审计意见是否与被审计单位的实际情况相一致，审计工作的质量是否符合要求。

三、审计报告的基本内容

审计报告的内容可视不同的审计主体、审计目的、审计对象和审计报告的读者等而不同。一般来说，审计报告主要包括文字、报表和其他3部分内容。文字部分主要说明审计过程、审计结论、审计建议等，这是审计报告的主体部分。报表部分主要包括已审的会计报表或其他能对审计事项进行说明的附表。其他部分是对文字部分的补充和说明。下面主要以标准的社会审计报告为例进行说明。

社会审计报告是指注册会计师根据中国注册会计师审计准则的规定，在实施审计工作的基础之上对被审计单位财务报表发表审计意见的书面文件。标准社会审计报告包括下列要素。

（一）标题

审计报告的标题应当统一规范为"审计报告"。

（二）收件人

审计报告的收件人是指注册会计师按照业务约定书的要求致送审计报告的对象，一般是指审计业务的委托人。审计报告的收件人应当载明收件人的全称。对于股份有限公司，审计报告的收件人一般可用"××股份有限公司全体股东"；对于有限责任公司，收件人可用"××有限责任公司董事会"。

(三)审计意见

审计意见部分由两部分构成。

(1) 已审计财务报表,应当包括:①指出被审计单位的名称;②说明财务报表已经审计;③指出构成整套财务报表的每一财务报表的名称;④提及财务报表附注;⑤指明构成整套财务报表的每一财务报表的日期或涵盖的期间。

(2) 应当说明注册会计师发表的审计意见。

(四)形成审计意见的基础

审计报告应当包含标题为"形成审计意见的基础"的部分。该部分提供关于审计意见的重要背景,应当紧接在审计意见部分之后,并包括下列方面。

(1) 说明注册会计师按照审计准则的规定执行了审计工作。

(2) 提及审计报告中用于描述审计准则规定的注册会计师责任的部分。

(3) 声明注册会计师按照与审计相关的职业道德要求对被审计单位保持了独立性,并履行了职业道德方面的其他责任。

(4) 说明注册会计师是否相信获取的审计证据是充分、适当的,为发表审计意见提供了基础。

(五)管理层对财务报表的责任

审计报告应当包含标题为"管理层对财务报表的责任"的部分,其中应当说明管理层负责下列方面。

(1) 按照适用的财务报告编制基础编制财务报表,使其实现公允反映,并设计、执行和维护必要的内部控制,以使财务报表不存在由于舞弊或错误导致的重大错报。

(2) 评估被审计单位的持续经营能力和使用持续经营假设是否适当,并披露与持续经营相关的事项(如适用)。对管理层评估责任的说明应当包括描述在何种情况下使用持续经营假设是适当的。

(六)注册会计师对财务报表审计的责任

注册会计师的责任应当说明下列内容。

(1) 注册会计师的责任是在执行审计工作的基础上对财务报表发表审计意见。

(2) 注册会计师按照中国注册会计师审计准则的规定执行审计工作。审计准则要求注册会计师遵守职业道德规范,计划和实施审计工作以对财务报表是否不存在重大错报获得合理保证。

(3) 审计工作涉及实施审计程序,以获取有关财务报表金额和披露的审计证据。选择的审计程序取决于注册会计师的判断,包括对舞弊或错误导致的财务报表重大错报风险的评估。在进行风险评估时,注册会计师考虑与财务报表编制相关的内部控制,以设计适当的审计程序,但目的并非对内部控制的有效性发表审计意见。如果接受委托,结合财务报表审计对内部控制有效性发表审计意见,注册会计师应当省略"但目的并非对内部控制的有效性发表审计意见"的术语。审计工作还包括评价管理层选择会计政策的恰当性和做出会计估计的合理性以及评价会计报表的总体列报。

(4) 注册会计师相信已获得的审计证据是充分、适当的,为其发表审计意见提供了基础。

(七)按照相关法律、法规的要求报告的事项(如适用)

除审计准则规定的注册会计师对财务报表出具审计报告的责任外,相关法律、法规可能对注册会计师设定了其他报告责任。例如,如果注册会计师在财务报表审计中注意到某些事项,可能被要求对这些事项予以报告。此外,注册会计师可能被要求实施额外的规定的程序并予以报告,或对特定事项(如会计账簿和记录的适当性)发表意见。

在某些情况下,相关法律、法规可能要求或允许注册会计师将对这些其他责任的报告作为对财务报表出具的审计报告的一部分。在另外一些情况下,相关法律、法规可能要求或允许注册会计师在单独出具的报告中进行报告。

(八)注册会计师的签名和盖章

审计报告应当由两名具备相关业务资格的注册会计师签名盖章并经会计师事务所盖章方为有效,这样有利于明确法律责任。合伙会计师事务所出具的审计报告应当由一名对审计项目负最终复核责任的合伙人和一名负责该项目的注册会计师签名盖章。有限责任会计师事务所出具的审计报告应当由会计师事务所主任会计师或其授权的副主任会计师和一名负责该项目的注册会计师签名盖章。

(九)会计师事务所的名称、地址及盖章

根据《中华人民共和国注册会计师法》的规定,注册会计师承办业务应由其所在会计师事务所统一受理并与委托人签订委托合同。因此,审计报告除应由注册会计师签名盖章外,还应载明会计师事务所的名称和地址,并加盖会计师事务所公章。

(十)报告日期

审计报告应当注明报告日期。审计报告的日期不应早于注册会计师获取充分、适当的审计证据(包括管理层认可对财务报表的责任且已批准财务报表的证据),并在此基础上对财务报表形成审计意见的日期。

注册会计师在确定审计报告日期时,应当考虑:①应当实施的审计程序已经完成;②应当提请被审计单位调整的事项已经提出,被审计单位已经作出调整或拒绝作出调整;③管理层已经正式签署财务报表。

审计报告的日期非常重要。注册会计师对不同时段的资产负债表日后事项有着不同的责任,而审计报告的日期是划分时段的关键时点。在实务中,注册会计师签署审计报告的日期通常与管理层签署已审计财务报表的日期为同一天,或晚于管理层签署已审计财务报表的日期。

思政元素融入 | **严格依法·遵守准则·客观公正**

思政素材:11家上市公司年报"难产"

随着A股法定年报披露的最后期限已过,2021年报季正式收官。截至目前,11家A股公司未披露2021年报。对于未披露年报,各个公司给出了不同的原因,无外乎归咎于疫情或者与审计师意见不能达成统一。

根据相关规定,不能按期披露年报,将带来一系列严重后果。股票将可能被实施退市风险警示,对于已经"披星戴帽"的企业,则可能被终止上市。(扫码查看全篇文章)

文档:11家上市公司年报"难产"

思政讨论:体会注册会计师必须严格遵守职业准则、谨慎执业,才能担当起维护公众利益的"经济警察"之神圣职责。

四、审计报告的类型

社会审计报告分为标准审计报告和非标准审计报告。审计报告的基本类型如图 10-2 所示。

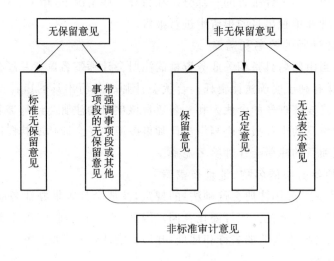

图 10-2 审计报告的基本类型

标准审计报告是指不含有说明段、强调事项段、其他事项段或其他任何修饰性用语的无保留意见的审计报告。包含其他报告责任段,但不含有强调事项段或其他事项段的无保留意见的审计报告也被视为标准审计报告。

非标准审计报告是指带强调事项段或其他事项段的无保留意见的审计报告和非无保留意见的审计报告。非无保留意见的审计报告包括保留意见的审计报告、否定意见的审计报告和无法表示意见的审计报告。

(一)标准无保留意见的审计报告

如果注册会计师认为财务报表符合下列所有条件,应当出具无保留意见的审计报告。

(1)财务报表已经按照适用的会计准则和相关会计制度的规定编制,在所有重大方面公允反映了被审计单位的财务状况、经营成果和现金流量。

(2)注册会计师已经按照中国注册会计师审计准则的规定计划和实施审计工作,在审计过程中未受到限制。

当出具无保留意见的审计报告时,注册会计师应当以"我们认为"作为意见段的开头,并使用"在所有重大方面""公允反映"等术语。当注册会计师出具的无保留意见的审计报告不附加说明段、强调事项段或任何修饰性用语时,该报告称为标准审计报告。标准审计报告的参考格式如下。

审 计 报 告

昌浤股份有限公司全体股东:

一、审计意见

我们审计了昌浤股份有限公司(以下简称"昌浤公司")财务报表,包括 2022 年 12 月

31日的资产负债表,2022年度的利润表、现金流量表、股东权益变动表以及相关财务报表附注。

我们认为,后附的财务报表在所有重大方面按照企业会计准则的规定编制,公允反映了昌滨公司2022年12月31日的财务状况以及2022年度的经营成果和现金流量。

二、形成审计意见的基础

我们按照中国注册会计师审计准则的规定执行了审计工作。审计报告的"注册会计师对财务报表审计的责任"部分进一步阐述了我们在这些准则下的责任。按照《中国注册会计师职业道德守则》,我们独立于昌滨公司,并履行了职业道德方面的其他责任。我们相信,我们获取的审计证据是充分、适当的,为发表审计意见提供了基础。

三、与持续经营相关的重大不确定性(不影响审计意见类型,某次审计业务出具的审计报告中可能没有此部分)

四、关键审计事项(不影响审计意见类型,某次审计业务中很可能包含此部分)

五、强调事项(不影响审计意见类型,某次审计业务中可能没有此部分)

六、其他事项(不影响审计意见类型,某次审计业务中可能没有此部分)

七、其他信息(不影响审计意见类型,某次审计业务中很可能包含此部分)

八、管理层和治理层对财务报表的责任

管理层负责按照企业会计准则的规定编制财务报表,使其实现公允反映,并设计、执行和维护必要的内部控制,以使财务报表不存在由于舞弊或错误导致的重大错报。

在编制财务报表时,管理层负责评估昌滨公司的持续经营能力,披露与持续经营相关的事项(如适用),并运用持续经营假设,除非计划清算昌滨公司、停止运营或别无其他现实的选择。

治理层负责监督昌滨公司的财务报告过程。

九、注册会计师对财务报表审计的责任

我们的目标是对财务报表整体是否不存在由于舞弊或错误导致的重大错报获取合理保证,并出具包含审计意见的审计报告。合理保证是高水平的保证,但并不能保证按照审计准则执行的审计在某一重大错报存在时总能发现。错报可能由于舞弊或错误导致,如果合理预期错报单独或汇总起来可能影响财务报表使用者依据财务报表做出的经济决策,则通常认为错报是重大的。

在按照审计准则执行审计工作的过程中,我们运用了职业判断,保持了职业怀疑。我们同时:

(一)识别和评估由于舞弊或错误导致的财务报表重大错报风险;对这些风险有针对性地设计和实施审计程序,获取充分、适当的审计证据,作为发表审计意见的基础。由于舞弊可能涉及串通、伪造、故意遗漏、虚假陈述或凌驾于内部控制之上,未能发现由于舞弊导致的重大错报的风险高于未能发现由于错误导致的重大错报的风险。

(二)了解与审计相关的内部控制,以设计恰当的审计程序,但目的并非对内部控制的有效性发表意见。

(三)评价管理层选用会计政策的恰当性和作出会计估计及相关披露的合理性。

(四)对管理层使用持续经营假设的恰当性得出结论。同时,根据获取的审计证据,

就可能导致对昌浤公司持续经营能力产生重大疑虑的事项或情况是否存在重大不确定性得出结论。如果我们得出结论认为存在重大不确定性，审计准则要求我们在审计报告中提请报表使用者注意财务报表中的相关披露；如果披露不充分，我们应当发表非无保留意见。我们的结论基于审计报告日可获得的信息。然而，未来的事项或情况可能导致ABC公司不能持续经营。

（五）评价财务报表的总体列报、结构和内容（包括披露），并评价财务报表是否公允反映相关交易和事项。

我们与治理层就计划的审计范围、时间安排和重大审计发现（包括我们在审计中识别的值得关注的内部控制缺陷）等事项进行沟通。

我们还就遵守关于独立性的相关职业道德要求向治理层提供声明，并就可能被合理认为影响我们独立性的所有关系和其他事项，以及相关的防范措施（如适用）与治理层进行沟通。

从与治理层沟通的事项中，我们确定哪些事项对本期财务报表审计最为重要，因而构成关键审计事项。我们在审计报告中描述这些事项，除非法律、法规禁止公开披露这些事项，或在极其罕见的情形下，如果合理预期在审计报告中沟通某事项造成的负面后果超过在公众利益方面产生的益处，我们确定不应在审计报告中沟通该事项。

××会计师事务所	中国注册会计师：×××（项目合伙人）
（盖章）	（签名并盖章）
	中国注册会计师：×××
	（签名并盖章）
中国××市	二〇××年×月×日

（二）带强调事项段和其他事项段的无保留意见的审计报告

1. 带强调事项段的无保留意见审计报告包括的内容

与标准审计报告的基本内容相比，带强调事项段的无保留意见审计报告包括的内容只需在标准审计报告的审计意见段后增加"强调事项段"，用于描述已在财务报表中恰当列报或披露，但根据注册会计师的职业判断，对财务报表使用者理解财务报表至关重要的事项。

2. 带其他事项段的无保留意见审计报告包括的内容

与标准审计报告的基本内容相比，带其他事项段的无保留意见审计报告包括的内容只需在标准审计报告的审计意见段或其他适当位置增加"其他事项段"，用于描述未在财务报表中列报或披露，但根据注册会计师的职业判断，对财务报表使用者理解审计工作，以及与注册会计师的责任或审计报告相关的事项。

"其他事项段"在审计报告中放置的位置取决于拟沟通信息的性质。若是旨在提醒使用者关注与其理解与财务报表审计相关的事项，该段落应置于审计意见段和强调事项段之后；若是旨在提醒使用者关注与审计报告中提及的其他报告责任相关的事项，该段落应置于"按照相关法律、法规的要求报告的事项"内；当其他事项段与注册会计师的责任或使用者理解审计报告相关时，可置于"对财务报表出具的审计报告"和"按照相关法律、法规的要求报告的事项"之后。

带强调事项段和其他事项段的无保留意见审计报告如下。

审计报告

昌浤股份有限公司全体股东：

一、审计意见

我们审计了昌浤股份有限公司（以下简称"昌浤公司"）财务报表，包括2022年12月31日的资产负债表，2022年度的利润表、现金流量表、股东权益变动表以及相关财务报表附注。我们认为，后附的财务报表在所有重大方面按照企业会计准则的规定编制，公允反映了昌浤公司2022年12月31日的财务状况以及2022年度的经营成果和现金流量。

二、形成审计意见的基础

我们按照中国注册会计师审计准则的规定执行了审计工作。审计报告的"注册会计师对财务报表审计的责任"部分进一步阐述了我们在这些准则下的责任。按照《中国注册会计师职业道德守则》，我们独立于昌浤公司，并履行了职业道德方面的其他责任。我们相信，我们获取的审计证据是充分、适当的，为发表审计意见提供了基础。

三、强调事项

我们提醒财务报表使用者关注，财务报表附注×描述了火灾对昌浤公司的生产设备造成的影响。本段内容不影响已发表的审计意见。

四、关键审计事项

关键审计事项是根据我们的职业判断，认为对本期财务报表审计最为重要的事项。这些事项是在对财务报表整体审计并形成意见的背景下进行处理的，我们不对这些事项单独发表意见。

五、其他事项

2022年12月31日的资产负债表、2022年度的利润表、现金流量表、股东权益变动表以及相关财务报表附注由其他会计师事务所审计，并于2022年3月31日发表了无保留意见。

……

××会计师事务所	中国注册会计师：×××
（盖章）	（签名并盖章）
	中国注册会计师：×××
	（签名并盖章）
中国××市	二〇××年×月×日

（三）保留意见的审计报告

如果认为财务报表整体是公允的，但还存在下列情形之一，注册会计师应当出具保留意见的审计报告。

（1）在获取充分、适当的审计证据后，注册会计师认为错报单独或汇总起来对财务报表影响更大，但不具有广泛性。

（2）注册会计师无法获取充分、适当的审计证据以作为形成审计意见的基础，但认为未发现的错报（如存在）对财务报表可能产生的影响重大，但不具有广泛性。

当出具保留意见的审计报告时，注册会计师应当在审计意见段中使用"除……的影响外"等术语。如果因审计范围受到限制，注册会计师还应当在注册会计师的责任段中提及这一情况。保留意见审计报告(财务报表存在重大错报)的参考格式如下。

<h2 style="text-align:center">审 计 报 告</h2>

昌浤股份有限公司全体股东：

一、保留意见

我们审计了昌浤股份有限公司(以下简称"昌浤公司")财务报表,包括2022年12月31日的资产负债表,2022年度的利润表、现金流量表、股东权益变动表以及相关财务报表附注。

我们认为,除"形成保留意见的基础"部分所述事项产生的影响外,后附的财务报表在所有重大方面按照企业会计准则的规定编制,公允反映了昌浤公司2022年12月31日的财务状况以及2022年度的经营成果和现金流量。

二、形成保留意见的基础

昌浤公司2022年12月31日资产负债表中存货的列示金额为×元。管理层根据成本对存货进行计量,而没有根据成本与可变现净值孰低的原则进行计量,这不符合企业会计准则的规定。昌浤公司的会计记录显示,如果管理层以成本与可变现净值孰低来计量存货,存货列示金额将减少×元。相应地,资产减值损失将增加×元,所得税、净利润和股东权益将分别减少×元、×元和×元。

我们按照中国注册会计师审计准则的规定执行了审计工作。审计报告的"注册会计师对财务报表审计的责任"部分进一步阐述了我们在这些准则下的责任。按照《中国注册会计师职业道德守则》,我们独立于昌浤公司,并履行了职业道德方面的其他责任。我们相信,我们获取的审计证据是充分、适当的,为发表保留意见提供了基础。

三、关键审计事项(如适用)

关键审计事项是我们根据职业判断,认为对本期财务报表审计最为重要的事项。这些事项是在对财务报表整体进行审计并形成审计意见的背景下进行处理的,我们不对这些事项提供单独的意见。除"形成保留意见的基础"部分所述事项外,我们确定下列事项是需要在审计报告中沟通的关键审计事项。

(具体事项,此处略)

四、管理层和治理层对财务报表的责任(略)

五、注册会计师对财务报表审计的责任(略)

××会计师事务所	中国注册会计师：×××
（盖章）	（签名并盖章）
	中国注册会计师：×××
	（签名并盖章）
中国××市	二〇××年×月×日

(四)否定意见的审计报告

在获取充分、适当的审计证据后,如果认为错报单独或汇总起来对财务报表的影响重大且具有广泛性,注册会计师应当发表否定意见。

当发表否定意见时,注册会计师应当根据适用的财务报告编制基础在审计意见段中说明:注册会计师认为,由于导致否定意见的事项段所述事项的重要性,财务报表没有在所有重大方面按照适用的财务报告编制基础编制,未能实现公允反映。否定意见审计报告的参考格式如下。

审计报告

昌浤公司股份有限公司全体股东：

一、否定意见

我们审计了昌浤公司股份有限公司及其子公司(以下简称"昌浤公司")的合并财务报表,包括2022年12月31日的合并资产负债表,2022年度的合并利润表、合并现金流量表、合并股东权益变动表以及相关合并财务报表附注。

我们认为,由于"形成否定意见的基础"部分所述事项的重要性,后附的合并财务报表没有在所有重大方面按照××财务报告编制基础的规定编制,未能公允反映昌浤公司2022年12月31日的合并财务状况以及2022年度的合并经营成果和合并现金流量。

二、形成否定意见的基础

如财务报表附注×所述,2022年昌浤公司通过非同一控制下的企业合并获得对昌浤公司的控制权,因未能取得购买日昌浤公司某些重要资产和负债的公允价值,故未将昌浤公司纳入合并财务报表的范围。按照××财务报告编制基础的规定,该公司应将这一子公司纳入合并范围,并以暂估金额为基础核算该项收购。如果将昌浤公司纳入合并财务报表的范围,后附的昌浤公司合并财务报表的多个报表项目将受到重大影响。但我们无法确定未将昌浤公司纳入合并范围对合并财务报表产生的影响。

我们按照中国注册会计师审计准则的规定执行了审计工作。审计报告的"注册会计师对财务报表审计的责任"部分进一步阐述了我们在这些准则下的责任。按照《中国注册会计师职业道德守则》,我们独立于昌浤公司,并履行了职业道德方面的其他责任。我们相信,我们获取的审计证据是充分、适当的,为发表否定意见提供了基础。

三、关键审计事项

关键审计事项是我们根据职业判断,认为对本期财务报表审计最为重要的事项。这些事项的应对以对财务报表整体进行审计并形成审计意见为背景,我们不对这些事项提供单独的意见。除"形成否定意见的基础"部分所述事项外,我们确定不存在其他需要在审计报告中沟通的关键审计事项。

四、管理层和治理层对财务报表的责任

管理层负责按照企业会计准则的规定编制财务报表,使其实现公允反映,并设计、执行和维护必要的内部控制,以使财务报表不存在由于舞弊或错误导致的重大错报。

在编制财务报表时,管理层负责评估昌浤公司的持续经营能力,披露与持续经营相关的事项(如适用),并运用持续经营假设,除非计划清算昌浤公司、停止运营或别无其他现实的选择。

治理层负责监督昌浤公司的财务报告过程。

五、注册会计师对财务报表审计的责任

我们的目标是对财务报表整体是否不存在由于舞弊或错误导致的重大错报获取合理保证,并出具包含审计意见的审计报告。合理保证是高水平的保证,但并不能保证按照审计准则执行的审计在某一重大错报存在时总能发现。错报可能由于舞弊或错误导致,如果合理预期错报单独或汇总起来可能影响财务报表使用者依据财务报表做出的经济决策,则通常认为错报是重大的。

在按照审计准则执行审计工作的过程中,我们运用了职业判断,保持了职业怀疑。我们同时:

(一)识别和评估由于舞弊或错误导致的财务报表重大错报风险;对这些风险有针对性地设计和实施审计程序,获取充分、适当的审计证据,作为发表审计意见的基础。由于舞弊可能涉及串通、伪造、故意遗漏、虚假陈述或凌驾于内部控制之上,未能发现由于舞弊导致的重大错报的风险高于未能发现由于错误导致的重大错报的风险。

(二)了解与审计相关的内部控制,以设计恰当的审计程序,但目的并非对内部控制的有效性发表意见。

(三)评价管理层选用会计政策的恰当性和作出会计估计及相关披露的合理性。

(四)对管理层使用持续经营假设的恰当性得出结论。同时,根据获取的审计证据,就可能导致对昌浤公司持续经营能力产生重大疑虑的事项或情况是否存在重大不确定性得出结论。如果我们得出结论认为存在重大不确定性,审计准则要求我们在审计报告中提请报表使用者注意财务报表中的相关披露;如果披露不充分,我们应当发表非无保留意见。我们的结论基于审计报告日可获得的信息。然而,未来的事项或情况可能导致昌浤公司不能持续经营。

(五)评价财务报表的总体列报、结构和内容(包括披露),并评价财务报表是否公允反映相关交易和事项。

我们与治理层就计划的审计范围、时间安排和重大审计发现(包括我们在审计中识别的值得关注的内部控制缺陷)等事项进行沟通。

我们还就遵守关于独立性的相关职业道德要求向治理层提供声明,并就可能被合理认为影响我们独立性的所有关系和其他事项,以及相关的防范措施(如适用)与治理层进行沟通。

从与治理层沟通的事项中,我们确定哪些事项对本期财务报表审计最为重要,因而构成关键审计事项。我们在审计报告中描述这些事项,除非法律、法规禁止公开披露这些事项,或在极其罕见的情形下,如果合理预期在审计报告中沟通某事项造成的负面后果超过在公众利益方面产生的益处,我们确定不应在审计报告中沟通该事项。

××会计师事务所	中国注册会计师:×××
(盖章)	(签名并盖章)
	中国注册会计师:×××
	(签名并盖章)
中国××市	二〇××年×月×日

(五)无法表示意见的审计报告

如果无法获取充分、适当的审计证据以作为形成审计意见的基础,但认为未发现的错报(如存在)对财务报表可能产生的影响重大且具有广泛性,注册会计师应当发表无法表示意见的审计报告。在极其特殊的情况下,可能存在多个不确定事项,即使注册会计师对每个单独的不确定事项获取了充分、适当的审计证据,但由于不确定事项之间可能存在相互影响,以及可能对财务报表产生累积影响,注册会计师不可能对财务报表形成审计意见。在这种情况下,注册会计师应当发表无法表示意见的审计报告。

当由于无法获取充分、适当的审计证据而发表无法表示意见的审计报告时,注册会计师应当在审计意见段中说明:由于导致无法表示意见的事项段所述事项的重要性,注册会计师无法获取充分、适当的审计证据以为发表审计意见提供基础,因此,注册会计师不对这些财务报表发表审计意见。无法表示意见审计报告的参考格式如下。

审 计 报 告

昌浤股份有限公司全体股东:

一、无法表示意见

我们接受委托,审计昌浤股份有限公司(以下简称"昌浤公司")财务报表,包括2022年12月31日的资产负债表,2022年度的利润表、现金流量表、股东权益变动表以及相关财务报表附注。

我们不对后附的昌浤公司财务报表发表审计意见。由于"形成无法表示意见的基础"部分所述事项的重要性,我们无法获取充分、适当的审计证据以作为对财务报表发表审计意见的基础。

二、形成无法表示意见的基础

我们于2023年1月接受昌浤公司的审计委托,因而未能对昌浤公司2022年年初金额为×元的存货和年末金额为×元的存货实施监盘程序。此外,我们也无法实施替代审计程序获取充分、适当的审计证据。并且,昌浤公司于2022年9月采用新的应收账款电算化系统,由于存在系统缺陷导致应收账款出现大量错误。截至报告日,管理层仍在纠正系统缺陷并更正错误,我们也无法实施替代审计程序,以对截至2022年12月31日的应收账款总额×元获取充分、适当的审计证据。因此,我们无法确定是否有必要对存货、应收账款以及财务报表其他项目作出调整,也无法确定应调整的金额。

三、管理层和治理层对财务报表的责任(略)

四、注册会计师对财务报表审计的责任

我们的责任是按照中国注册会计师审计准则的规定,对昌浤公司的财务报表执行审计工作,以出具审计报告。但由于"形成无法表示意见的基础"部分所述的事项,我们无法获取充分、适当的审计证据以作为发表审计意见的基础。

按照《中国注册会计师职业道德守则》,我们独立于昌浤公司,并履行了职业道德方面的其他责任。

××会计师事务所	中国注册会计师:×××
(盖章)	(签名并盖章)
	中国注册会计师:×××
	(签名并盖章)
中国××市	二○××年×月×日

【情境案例10-1】 利信会计师事务所的注册会计师孟翔对海霎公司2022年度的财务报表进行审计,经过对财务报表实施必要的审计程序,认为该公司财务报表编制符合企业会计准则和相关会计制度的规定,在所有重大方面公允反映了该公司2022年12月31日的财

务状况以及2022年度的经营成果和现金流量,不存在应调整未调整事项。但发现海雯公司原总经理崔××在2022年1月因涉嫌贷款诈骗罪被公安局逮捕,并被检察院提起刑事诉讼。该案中涉嫌被诈骗的两家贷款银行相继起诉海雯公司,要求海雯公司返还借款本金、利息及罚息等共计 25 788 195.36 元(利息及罚息计至起诉之日)。截至 2023 年 1 月 31 日,相关人民法院对上述案件正在审理中,尚未作出最终判决。由于海雯公司从未办理和使用上述贷款,根据海雯公司法律顾问等方面的意见,崔××涉嫌贷款诈骗为个人行为,与海雯公司无关。但海雯公司作为被告,一旦败诉,将要作出赔偿,公司已在财务报表附注中做了说明。

注册会计师孟翔认为,海雯公司 2022 年度的财务报表编制符合企业会计准则和相关会计制度的规定,在所有重大方面公允反映了该公司 2022 年 12 月 31 日的财务状况以及 2022 年度的经营成果和现金流量,不存在应调整未调整事项,符合编制无保留意见审计报告的条件。但海雯公司受原总经理崔××贷款诈骗罪拖累,受到被骗两家贷款银行要求返还借款本息及罚息的起诉,截至 2023 年 1 月 31 日,人民法院还没有作出最终判决,属于重大不确定事项。虽然根据海雯公司法律顾问等方面的意见,崔××涉嫌贷款诈骗为个人行为,与海雯公司无关,并已在财务报表附注中做了说明,但由于本息及罚息数额巨大,海雯公司作为被告,一旦败诉,将要作出赔偿。按照《中国注册会计师审计准则第 1502 号——非标准审计报告》第七条规定:当存在可能对财务报表产生重大影响的不确定事项(持续经营问题除外),但不影响已发表的审计意见时,注册会计师应当考虑在审计意见段之后增加强调事项段对此予以强调。本案例中,海雯公司编制的财务报表符合无保留意见审计报告的条件,存在重大不确定事项,但在财务报表中做出了充分披露,不影响注册会计师发表的审计意见。因此,该情况应出具带强调事项段的无保留意见审计报告。

任务分析

(1)不恰当。注册会计师已经在关键审计事项部分沟通该事项,不应增加强调事项段,该事项同时符合关键审计事项和强调事项的标准,应仅作为关键审计事项。

(2)不恰当。注册会计师不应在关键审计事项部分描述被审计单位的原始信息,关键审计事项不能替代管理层的披露,应要求管理层做出补充披露。

思政德育课堂

被审计单位拒绝调整财务报表

一、案例描述

利信会计师事务所的注册会计师对 SK 公司 2022 年度的财务报表进行审计,确定的财务报表层次重要性水平为 60 万元。SK 公司 2022 年度审计前财务报表反映的资产总额为 8 000 万元,股东权益总额为 2 400 万元,利润总额为 300 万元。注册会计师经审计发现:2022 年 10 月,公司购买 1 辆管理部门用轿车,价格为 24 万元,当月已入账并启用,但当年未计提折旧。公司采用平均年限法

思政德育课堂:
被审计单位拒绝调整财务报表

核算固定资产折旧,该类固定资产预计使用年限为5年,预计净残值率为5%,注册会计师提请SK公司补提折旧,但该公司拒绝调整。

二、案例意义

审计人要从自我做起,从每件事做起,努力做到"立身惟清",保持良好的"阳光"心态,认真履行审计职能,为经济社会发展保驾护航。审计人员还要时刻拥有清醒的头脑、清高的品德、清廉的操守,努力达到业务精通、技能娴熟,善于发现、分析和处理重大及潜在问题。

问题:假定该公司为低风险企业,注册会计师在审计过程中实施了所有认为必要的审计程序,推断的误差是10万元,审计范围没有受到任何限制,能否出具无保留意见审计报告?

职业能力训练

一、单项选择题

1. 下列有关审计报告的特征的说法中,错误的是(　　)。
   A. 注册会计师可以书面形式出具审计报告
   B. 只有在实施审计工作的基础上才能出具审计报告
   C. 注册会计师履行业务约定书约定的责任是通过对财务报表发表意见实现的
   D. 注册会计师应当按照审计准则的规定执行审计工作

2. 下列各项中,不属于审计报告的要素的是(　　)。
   A. 审计报告后附的财务报表和附注
   B. 形成审计意见的基础
   C. 管理层对财务报表的责任
   D. 注册会计师对财务报表审计的责任

3. 如果注册会计师认为被审计单位编制财务报表所依据的持续经营假设是合理的,但存在影响持续经营能力的事项或情况,管理层已经在财务报表附注中进行了披露,此时注册会计师可能出具的审计报告类型是(　　)。
   A. 带强调事项段的无保留意见的审计报告
   B. 带强调事项段的保留意见的审计报告
   C. 保留意见的审计报告
   D. 标准无保留意见的审计报告

4. 如果管理层拒绝提供注册会计师认为必要的声明,下列注册会计师的做法中正确的有(　　)。
   A. 应当通知被审计单位治理层,由治理层提供必要的声明
   B. 应当将其视为审计范围受到限制,出具保留意见或否定意见的审计报告
   C. 应当解除业务约定
   D. 应当将其视为审计范围受到限制,出具保留意见或无法表示意见的审计报告

5. 下列不属于注册会计师对财务报表审计时所出具的审计报告中注册会计师责任段所描述的内容是(　　)。

A. 我们相信,我们获取的审计证据是充分、适当的,为发表审计意见提供了基础
B. 审计工作涉及实施审计程序,以获取有关财务报表金额和披露的审计证据
C. 我们的责任是在实施审计工作的基础上对财务报表发表审计意见
D. 审计工作还包括评价治理层选用会计政策的恰当性和做出会计估计的合理性,以及评价财务报表的总体列报

6. 如果注册会计师认为被审计单位编制财务报表所依据的持续经营假设是合理的,但存在影响持续经营能力的事项或情况,管理层已经在财务报表附注中进行了披露,此时注册会计师可能出具的审计报告类型是( )。

  A. 带强调事项段的无保留意见的审计报告
  B. 带强调事项段的保留意见的审计报告
  C. 保留意见的审计报告
  D. 标准无保留意见的审计报告

7. B公司2022年年末,存在大量的长期未做处理的不良资产,主要财务指标显示其财务状况严重恶化,巨额预期债务无法偿还,而且存在巨额的对外担保,B公司针对这些事项或情况提出了周密的应对计划,但是拒绝在财务报表中进行充分披露,针对这种情况,注册会计师应当出具( )的审计报告。

  A. 保留意见   B. 带有强调事项段的无保留意见
  C. 否定意见   D. 无法表示意见

8. 如果被审计单位财务报表就其整体而言是公允的,但因审计范围受到重要的局部限制,无法按照审计准则的要求取得应有的审计证据时,注册会计师应发表( )。

  A. 否定意见   B. 保留意见
  C. 无法表示意见   D. 带强调事项段的无保留意见

9. 某位注册会计师在编写审计报告时,在意见段中使用了"除……段所述事项产生的影响外"的术语,这种审计报告是( )。

  A. 无保留意见审计报告   B. 保留意见审计报告
  C. 否定意见审计报告   D. 无法表示意见审计报告

10. 下列各项中,导致注册会计师发表否定意见的是( )。

  A. 在获取充分、适当的审计证据后,注册会计师认为错报单独或汇总起来对财务报表影响重大,但不具有广泛性
  B. 注册会计师无法获取充分、适当的审计证据以作为形成审计意见的基础,但认为未发现的错报对财务报表可能产生的影响重大,但不具有广泛性
  C. 在获取充分、适当的审计证据后,注册会计师认为错报单独或汇总起来对财务报表的影响重大且具有广泛性
  D. 注册会计师无法获取充分、适当的审计证据以作为形成审计意见的基础,但认为未发现的错报对财务报表可能产生的影响重大且具有广泛性

二、多项选择题

1. 下列各项中,属于注册会计师在得出审计结论时应当考虑的内容的有( )。

A. 评价财务报表是否在所有重大方面按照适用的财务报告编制基础编制
B. 是否已获取充分、适当的审计证据
C. 评价财务报表是否实现公允反映
D. 评价财务报表是否恰当提及或者说明适用的财务报告编制基础

2. 下列各项中,属于财务报表审计意见类型的有(   )。
   A. 保留意见   B. 否定意见
   C. 无法表示意见   D. 无保留意见

3. 下列有关审计报告的要素的说法中,正确的有(   )。
   A. 注册会计师通常将审计报告致送给财务报表使用者,一般是被审计单位的股东或治理层
   B. 注册会计师应当在对上市实体整套通用目的财务报表出具的审计报告中注明项目合伙人
   C. 审计报告应当包含标题为"注册会计师对财务报表审计的责任"的部分
   D. 审计报告应当载明被审计单位的名称和地址,并加盖被审计单位公章

4. 下列说法中不正确的有(   )。
   A. 审计项目经理对审计工作底稿的全面复核主要是对重要审计事项的重点把关
   B. 对于单笔核算错误大大低于所涉及财务报表项目(或账项)层次重要性水平,并且性质不重要的,直接将其视为未调整不符事项,不用考虑其他情况
   C. 对审计中发现的核算错误,正确编制审计差异调整表的关键是如何运用审计重要性原则来划分建议调整的不符事项与未调整不符事项
   D. 对审计中发现的核算错误,正确编制审计差异调整表的关键是如何运用审计实质重于形式的原则来划分建议调整的不符事项与未调整不符事项

5. 在以下不符事项中,注册会计师可能会建议被审计单位进行调整的有(   )。
   A. 金额超过报表层重要性水平的
   B. 金额不超过报表层重要性水平但超过项目层重要性水平的
   C. 性质重要的但金额不超过项目层重要性水平的
   D. 性质不重要且金额不超过项目层重要性水平的

6. 与试算平衡表有关的下列钩稽关系中,正确的有(   )。
   A. 资产负债表试算平衡表左边的"调整金额"栏中的借方合计数与贷方合计数之差,应等于右边的"调整金额"栏中的贷方合计数与借方合计数之差
   B. 资产负债表试算平衡表左边的"重分类调整"栏中的借方合计数与贷方合计数之差,应等于右边的"重分类调整"栏中的贷方合计数与借方合计数之差
   C. 资产负债表试算平衡表中各项目"审计前金额"栏的数额,应等于P公司提供的同期相应未经审计的资产、负债、所有者权益类会计科目的期末余额
   D. 资产负债表试算平衡表中"未分配利润"项目的"报表反映数贷方"栏的数额,应等于利润表试算平衡表中"净利润"项目的"审定金额"栏中的数额

7. 在完成审计工作时,需项目合伙人对审计工作底稿实施复核,其主要内容包括(   )。
   A. 复核审计工作底稿中重要的钩稽关系是否正确

B. 复查计划确定的重要审计程序是否适当,是否得以较好实施,是否实现了审计目标
C. 复核已审财务报表总体上是否合理、可信
D. 复查对建议调整的不符事项和未调整不符事项的处理是否恰当

8. 下列有关管理层声明的说法中正确的有(　　)。
   A. 如果合理预期不存在其他充分、适当的审计证据,注册会计师应当就对财务报表具有重大影响的事项向管理层获取书面声明
   B. 如果不能获取对财务报表具有或可能具有重大影响的事项的充分、适当的审计证据,而这些证据预期是可以获取的,则如果注册会计师已收到管理层就这些事项做出的声明,注册会计师仍应出具无保留意见的审计报告
   C. 注册会计师应当获取审计证据,以确定管理层认可其按照适用的会计准则和相关会计制度的规定编制财务报表的责任,并且已批准财务报表
   D. 注册会计师不应以管理层声明替代能够合理预期获取的其他审计证据

9. 在审计报告中,下列属于管理层对财务报表的责任段的内容有(　　)。
   A. 已获取的审计证据是充分、适当的,为其发表审计意见提供了基础
   B. 在实施审计工作的基础上对财务报表发表审计意见
   C. 设计、实施和维护与财务报表编制相关的内部控制,以使财务报表不存在由于舞弊或错误而导致的重大错报
   D. 选择和运用恰当的会计政策

10. 注册会计师在提出(　　)审计意见时,应在说明段部分充分叙述对财务报表所持意见的理由。
    A. 无保留　　　　　　　　　　B. 保留
    C. 否定　　　　　　　　　　　D. 无法表示

三、判断题

1. 财务报表审计的目标是注册会计师通过执行审计工作,对财务报表的合法性和公允性发表审计意见。因此,注册会计师应当对财务报表的合法性和公允性负责。(　　)

2. 在对被审计单位财务报表审计后,注册会计师应清楚地表达审计意见并对出具的审计报告负责,因委托人使用审计报告而造成的一切后果应由出具审计报告的注册会计师及会计师事务所负责。(　　)

3. 委托人将财务报表与审计报告一同提交给使用人,可以减轻或免除编报单位对财务报表真实性、合法性所负的责任。(　　)

4. 注册会计师对被审计单位财务报表审计,发表审计意见,具有鉴证作用,政府及有关部门和公众可以据其意见作出相应决策。(　　)

5. 公布的审计报告是指公之于世,供社会大众阅读,不具有保密性的审计报告。这种审计报告都附有被审计单位的财务报表,以供企业股东、投资者、债权人等阅读。(　　)

6. 审计报告的签署日期应为完稿日期或者财务报表截止日期。(　　)

7. 如果被审计单位存在可能导致对持续经营能力产生重大疑虑的事项,如财务方面的债务违约,无法继续履行重大借款合同中的有关条款等,在影响已发表意见的情况下,

注册会计师应发表带强调事项段的审计报告。（ ）

8. 书面声明是注册会计师在财务报表审计中需要获取的必要信息，是重要的审计证据。（ ）

9. 审计报告经部门经理和项目经理签署后便可生效。（ ）

实 训 项 目

出具审计报告实训

一、实训背景

2023年1月12日北京弘信会计师事务所接受委托，审计山东星辰股份有限公司2022年财务报表，北京弘信会计师事务所注册会计师刘洋在执行项目质量控制复核时遇到下列与审计报告相关的事项：山东星辰股份有限公司与长期投资项目审批相关的内部控制存在值得关注的缺陷，并因此导致重大错报，管理层接受了审计调整建议，截至审计报告日，该项缺陷尚未完成整改，管理层在财务报表附注中进行了适当的披露，审计项目组认为该事项对本期财务报表无影响。北京弘信会计师事务所将于2023年2月1日正式签署审计报告。

实务操作视频：
填写审计报告

二、实训资料

扫码查看原始单据。

文档：出具审计报告实训资料

三、实训要求

任务1：出具无保留意见审计报告。
任务2：出具保留意见审计报告。

四、实训提示

3个角色：注册会计师1刘洋，主任会计师2王伟，北京弘信会计师事务所法人代表吕长峰。注册会计师1刘洋填制审计报告。

文档：出具审计报告实训提示　　　文档：学习情境十拓展训练

参考文献

[1] 中国注册会计师协会. 注册会计师全国统一考试辅导教材: 审计(2021)[M]. 北京: 中国财政经济出版社, 2021.

[2] 刘圣妮. 2021年注册会计师考试应试指导及全真模拟测试: 审计(上下册)[M]. 北京: 北京科学技术出版社, 2021.

[3] 颜永廷. 审计基础与实务[M]. 2版. 大连: 东北财经大学出版社, 2021.

[4] 俞校明. 审计实务[M]. 北京: 清华大学出版社, 2021.

[5] 胡中艾, 朱光明. 审计实务[M]. 2版. 北京: 中国人民大学出版社, 2017.

[6] 常红. 审计理论与实务[M]. 2版. 北京: 清华大学出版社, 2017.

[7] 夏伯年. 手把手教你做审计[M]. 北京: 机械工业出版社, 2013.

[8] 彭新媛. 审计理论与实务[M]. 北京: 中国人民大学出版社, 2017.

[9] 孙含晖, 王苏颖, 阎歌. 让数字说话: 审计, 就这么简单[M]. 北京: 机械工业出版社, 2016.

[10] 中国注册会计师协会. 中国注册会计师执业准则应用指南[M]. 苏州: 立信会计出版社, 2021.

[11] 高翠莲. 审计基础与实务[M]. 6版. 北京: 高等教育出版社, 2018.

[12] 胡中艾. 审计[M]. 5版. 大连: 东北财经大学出版社, 2017.

[13] 胡中艾. 审计习题与实训[M]. 5版. 大连: 东北财经大学出版社, 2017.

[14] 王守龙, 王珠强, 杨玉龙. 审计学基础[M]. 4版. 北京: 清华大学出版社, 2020.

[15] 杜海霞. 审计实务[M]. 2版. 北京: 机械工业出版社, 2018.